히크먼 박사(왼쪽), 개리슨 박사(가운데)와 이케다 SGI 회장

래리 히크먼(Larry A. Hickman)

1942년, 미국 텍사스주 출생. 서던일리노이대학교 카본데일캠퍼스 철학 교수, 듀이연구센터 소장. 텍사스 A&M대학교 철학 교수 외에 미국철학진흥협회 회장, 존 듀이 협회 회장 등을 역임했다. 《존 듀이의 실용주의적 기술》, 《듀이를 읽는다: 포스트모던 세대를 위한 해설》, 《존 듀이 서간집》 등 많은 저서를 펴냈다. 세계 20개국이 넘는 나라에서 강연하고, 저서 등은 10개 국어로 번역되었다.

2007년, 전미우등학생우애회(PHI BETA KAPPA) 전미우수학자상(The 2007-2010 Phi Kappa Phi National Scholar Award)을 받았다. 소카대학교, 퀼른대학교 명예박사.

짐 개리슨(Jim Garrison)

1949년, 미국 오하이오주 출생. 버지니아공과대학교 교육철학 교수, 미국철학진흥협회 집행위원. 존 듀이 협회 회장, 교육철학협회 회장 등을 역임했다.

주요 연구분야는 실용주의. 《민주주의의 부흥과 듀이철학의 재구성》, 《듀이 탄생 150년 : 신세기를 향한 고찰》을 비롯해 많은 저서를 펴냈다.

교육철학 분야에서 추진한 연구가 높은 평가를 받아 짐메릿상(Jim Merritt Award), 존 듀이 협회 특별공로상 등을 받았다.

이케다 다이사쿠(池田大作)

1928년, 도쿄 출생. 창가학회 명예회장. 국제창가학회(SGI) 회장. 소카대학교, 미국소카대학교, 소카학원, 민주음악협회, 도쿄후지미술관, 동양철학연구소, 도다기념국제평화연구소 등을 창립했다. 유엔평화상, 세계계관시인상 등 많은 상을 받았다.

저서로는 소설 《인간혁명》(총 12권), 《신·인간혁명》(총 30권) 외에 《21세기를 여는 대화》(아널드 토인비), 《20세기 정신의 교훈》(미하일 고르바초프), 《지구평화를 향한 탐구》(조지프 로트블랫) 등 세계의 수많은 지성과 펴낸 대담집이 있다.

존 듀이 협회의 '종신명예회원증'을 이케다 SGI 회장에게 수여(2008년 8월, 나가노).
©Seikyo Shimbun

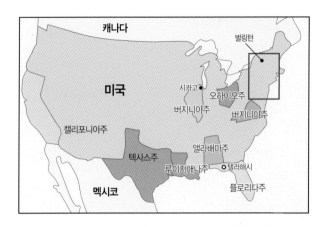

캐나다
미국
벌링턴
시카고
오하이오주
버지니아주
버지니아주
캘리포니아주
앨라배마주
텍사스주
루이지애나주
탤러해시
멕시코
플로리다주

몬트리올
캐나다
샘플레인호
벌링턴
버몬트주
온타리오호
보스턴
허드슨강
매사추세츠주
뉴욕주
로드아일랜드주
펜실베니아주
뉴욕
롱아일랜드섬
필라델피아
워싱턴

인간교육을
위한
새로운 흐름

일러두기

– 인용문은 읽기 쉽도록 편집부에서 한자 발음을 표기한 부분도 있다.
  인용자가 생략한 부분은 (중략)으로 표시했다.
– 어서 쪽수는 《니치렌 대성인 어서전집》(창가학회판)에 따른다.
– 번역되지 않은 문헌은 임시로 제목을 붙였다.

Daisaku Ikeda

Jim Garrison

Larry Hickman

인간교육을
위한
새로운 흐름

이케다 다이사쿠 · 짐 개리슨 · 래리 히크먼

매일경제신문사

Contents

1장   **듀이철학의 광원**

21세기에 빛나는 듀이의 인간과 철학 8

만남이 만드는 인생의 여로 31

'사제정신의 계승'이 인간교육의 진수 49

좋은 스승, 좋은 벗, 좋은 인생 72

전쟁에 맞서 평화의 철학을 실천 96

2장   **교육의 사명**

교육사상의 공통점과 현대의 교육과제 120

바람직한 학교교육과 집단따돌림 문제 141

가정교육의 역할과 인격의 존중 163

차대의 지성을 육성하는 대학의 사명 185

21세기 대학의 사명 203

세계시민의 요건과 교육 228

평생학습과 인간의 성장 245

3장   대화와 민주주의

공생사회를 만드는 '대화'의 힘 266

'대화'를 통한 분쟁해결의 조류 288

민중이 주역인 세기를 향하여 307

'민중의 연대'와 민주주의 사회 329

4장   과학 · 철학 · 종교

인간의 행복을 위한 과학기술 352

창조적 생명을 개화시키는 철학 373

글로벌시대 종교의 사명 394

희망찬 미래는 청년에게서, 여성에게서 413

주석 435

인용·참고문헌 456

1장

———

듀이철학의 광원

21세기에 빛나는
듀이의 인간과 철학

'대화 속에 진정한 가치창조(價値創造)가 있다'

이케다 "민주주의는 대화에서 시작한다."[1]

존 듀이* 박사는 아흔 살 생일을 맞아 어느 강연에서 이렇게 말씀하셨습니다.

이 말에는 미국 최고의 철학자이자 교육자인 듀이 박사의 사상이 집약되어 있습니다. 대화야말로 민주주의의 진수입니다.

마음을 연 '대화'가 없으면, 인간의 혼은 위축되고 성장은 멈춥니다. 자유로운 '정신의 교류'가 없으면, 사회는 경직되고 정체되어 버립니다.

듀이 박사는 인간과 사회를 크게 향상시키고 발전시키는 길을 명쾌하게 제시했습니다.

이번에 그 사상과 철학을 누구보다 깊이 계승하여 현대사회에 전개하고 계시는 짐 개리슨 박사(듀이협회 前회장), 그리고 래리 히크먼 박사(듀이협회 前회장·듀이연구센터 소장)와 새로운 '대화'를 시작하게 되어, 저는 진심으로 기쁘고 영광으로 생각합니다.

개리슨 저야말로 영광입니다.

2008년 8월, 나가노에서 처음 만나 뵌 뒤에 많은 분에게 말씀드렸습니다만, 무엇보다 인상에 남은 것은 이케다 회장의 눈빛입니다.

그날 정말이지 은사 도다 조세이(戶田城聖)* 제2대 회장과 처음 만난 열아홉 살 청년의 눈빛으로 우리의 질문에 답해주셨습니다. 그때 기쁨은 말할 것도 없고 이 대담에서도 활발한 대화를 기대하고 있습니다.

이케다 과분한 말씀입니다. 그때 개리슨 박사는 '대화 속에 진정한 가치창조가 있다'고 말씀하셨습니다. 전적으로 동감합니다.

대화를 시작합시다! 생기발랄한 생명의 숨결로 많은 이야기를 나눕시다!

우리의 대화를 통해 21세기를 짊어질 청년들에게 '인간교육'과 '가치창조'의 빛을 보내고 싶습니다. 그렇게 되기를 진심으로 바라고 있습니다.

'학생 중심의 교육'을 지향한 듀이

히크먼　먼저 이렇게 이케다 회장, 그리고 개리슨 박사와 대담을 시작하게 되어 저 또한 대단히 영광스럽습니다.

회장은 지금까지 평화·인권·교육 등 여러 분야에서 다양한 업적을 남기셨습니다. 그 점을 저는 여러 해에 걸쳐 상찬했습니다.

특히 일본과 미국에 창립한, 탁월한 두 대학은 회장이 인류의 미래를 진보시키고 향상시키는 데 헌신해오셨다는 사실을 증명합니다.

이케다　깊이 이해해주셔서 감사합니다.

히크먼 박사는 미국소카대학교(SUA) 이사로도 취임하셨습니다. 때때로 귀중한 조언을 해주시고, 학생들을 따뜻하게 격려해주셔서 진심으로 감사의 말씀을 드립니다.

개리슨 박사도 SUA 캠퍼스를 방문하여 학생들과 뜻깊은 교류를 나누셨습니다. 학생들도 무척 기뻐했다고 들었습니다.

두 분이 격려해주시는 것은 듀이 박사가 지켜봐주시는 것과도 같습니다.

창립자로서 두 교수님에게 다시 한번 감사의 말씀을 드립니다.

개리슨　듀이를 신봉하는 교육자로서 말씀드리자면, SUA

는 듀이가 지향한 '학생 중심의 교육'을 훌륭하게 체현하고 있다고 생각합니다. 이것은 학생들이 제멋대로 행동하게 내버려둔다는 의미가 아닙니다. 캠퍼스 이곳저곳에서 학생과 교수가, 또 학생들끼리 서로 대화를 나눕니다.

특히 학생과 교수가 교직원과도 자주 이야기를 나누는 모습이 매우 인상적이었습니다. 학생식당 직원이나 관리자, 교직원들과도 밝게 인사를 주고받으며 친근하게 이야기를 나눕니다. 그 모습만으로도 저는 SUA가 참으로 훌륭한 배움터라고 느꼈습니다.

소카대학교, 소카여자단기대학교, 소카학원도 그러한 '학생 중심'의 길을 단단히 걷고 있습니다. 저는 제 눈으로 확인하지 않은 일에 대해서는 판단을 내리지 않습니다. 제가 방문한 창가교육(創価教育) 학교들은 틀림없이 올바른 궤도에 들어섰습니다.

히크먼 SUA 학생들은 모교의 모토에 큰 자부심을 갖고 있습니다.

SUA의 모토는 '생명르네상스를 탐구하는 철학자가 되어라!', '평화연대를 구축하는 세계시민이 되어라!', '지구문명을 창조하는 개척자가 되어라!'입니다.

저는 대학의 경영진, 그리고 교수와 교직원이 한마음 한뜻으로 서로 힘을 합하기에 이러한 모토를 지향하며 전진할 수 있다고 생각합니다.

SUA에서는 경영진이 최첨단 연구를 지원하고, 그것이 우수한 교육 실현을 가능케 합니다. 그리고 그러한 우수한 교육은 교직원들의 지속적인 관심과 참여로 뒷받침됩니다. 교직원들은 자신들의 노력이 대학의 사명을 좌우하는 중요한 요소라고 생각하고 있습니다.

이케다 존경하는 두 교수님이 창가교육에 따뜻한 격려의 말씀을 해주시니 창립자로서 이보다 큰 기쁨은 없습니다. 대학과 학원의 교직원들에게도 커다란 자부심이 될 것입니다. 개리슨 박사는 교수와 학생, 또 학생과 학생 사이에는 배려와 계발(啓發)의 기풍, 그리고 폭넓은 교류가 필요하다며 이렇게 말씀하셨습니다.

"듀이는 자신의 가능성을 개발하려면 '올바른 관계성'을 가져야 한다고 주장했습니다. SUA에는 그러한 '올바른 관계성'이 있습니다."

무엇보다 안심이 되고, 고마운 평가입니다.

히크먼 박사는 SUA 제1회 졸업식(2005년 5월)에 보낸 축하 메시지에서 "위대한 교육자인 마키구치 쓰네사부로(牧口常三郎)*와 존 듀이가 만약 이 졸업식에 참석했다면 두 사람은 저와 함께 SUA의 교육적 가치에 상찬의 박수를 아끼지 않았을 것이라고 확신합니다"라고 말씀하셨습니다.

그리고 "두 사람은 '교육은 삶을 살아가기 위한 **준비**라기보다 오히려 말이 갖는 가장 본질적인 의미에서 **살아가는 것** 그 자체'라는 점에서 견해가 일치했습니다"라고 지적하셨습니다.

저도 '교육은 인생을 위한 준비가 아닌 인생 그 자체'라는 말에 듀이 박사와 마키구치 회장의 탁월한 교육철학의 본질이 담겨 있다고 생각합니다.

개리슨　'법화경'을 읽었을 때 저는 그 생명존엄 사상에 깊이 감동했습니다. 창가학회(創價學會)가 펼치는 사명의 근간에는 이처럼 생명을 경외하는 마음이 있습니다.

'가장 완벽한 의미에서 **살아가는 것**'이라는 말이야말로 생명존엄 사상을 가장 숭고한 형태로 나타낸 것입니다.

이것은 보편적인 지혜입니다. 생명을 경외하는 이 마음이 마키구치 회장과 듀이 박사의 교육철학을 관통하고 있습니다.

그런 의미에서 SUA 학생들은 일상생활에서 다양한 사람들과 창조적인 대화를 통해 배우고 성장할 수 있는 많은 기회를 누리고 있습니다.

세계에 큰 영향을 끼친 철학

이케다　창가교육의 의의에 대해 매우 중요한 점을 예리하게 지적해주셨습니다.

미국소카대학교 캠퍼스

2009년은 듀이 박사 탄생 150주년을 맞은 가절이기도 합니다(10월 20일).

듀이 박사는 긴 생애에 걸쳐 수많은 저서와 논문을 남겨 세계 사조에 큰 영향을 끼쳤습니다.

제1차 세계대전 뒤에 듀이 박사 등이 시작한 '전쟁비합법화 운동*'은 1947년에 시행한 일본의 '평화헌법' 성립에 즈음하여 그 사상적 기반에 영향을 끼쳤다고 알려져 있습니다.[2]

그리고 박사의 교육철학은 제2차 세계대전 뒤 일본에서 교육의 민주화와 개혁이 추진될 때 큰 영향을 끼쳤습니다. 그 뒤에도 교육개혁이 요구될 때마다 박사의 교육철학으로 되돌아가려는 시도가 되풀이되었습니다.

그런 의미에서 듀이 박사와 관계가 없는 일본인은 단 한 사람도 없습니다. 일본은 박사에게서 큰 은혜를 입었습니다.

2010년은 마키구치 초대 회장과 도다 제2대 회장이 창가학회의 전신인 '창가교육학회(創價教育學會)'를 창립한 지 정확히 80주년이었습니다.

마키구치 회장과 도다 회장은 듀이 박사를 진심으로 존경했습니다. 그런 의미에서도 저는 이 대담에 깊은 의의를 느낍니다.

실은 듀이 박사와 마키구치 초대 회장의 이름에도 '뜻밖의' 공통점이 있습니다.

'듀이(Dewey)'라는 가문의 이름은 플라망어 이름인 '드 웨(de Wei)'라는 말에서 유래하였는데 '목초지의'라는 의미가 있다고도 합니다.[3] 그리고 마키구치(牧口)의 마키(牧)도 일본에서는 같은 뜻으로 쓰이기 때문에 마키구치는 '목장 입구'라는 의미가 됩니다.

두 사람 모두 '자연'과 '인간'이 공생하는 사상을 추구했는데, 이름에도 이를 상징하는 듯한 공통점이 있었습니다.

히크먼 실로 흥미로운 관점이군요. 두 사람의 이름에, 그리고 '자연과 인간의 관계'에 연관성이 있다고는 생각지도 못했습니다.

확실히 듀이는 오늘날처럼 환경보호운동이 활발히 벌어지기 훨씬 전부터 요즈음 흔히 말하는 '환경철학'에 크게 공헌했습니다. 1898년, 듀이는 서른여덟 살 때 환경문제에 관한 중요한 논문(《진화와 윤리》)을 발표했습니다.

다윈*이 내세운 진화론의 열성적인 옹호자 토머스 헉슬리*는 '이 세계에는 서로 대립하는 두 가지 질서가 존재한다. 하나는 인위적·윤리적·인간적인 질서이고, 다른 하나는 자연적·초도덕적·우주적인 질서다'라고 주장했는데 듀이는 이러한 사고방식을 거부했습니다.

요컨대 듀이는 우리 인간은 자연계의 중요한 일부이므로 우리는 자연의 질서와 대립하면 안 된다고 주장했습니다.

듀이는 인간이 자연환경의 일부로서 잘 융화하고 다른 부분과 균형을 맞추며 조화를 이룰 수 있느냐 없느냐는 전적으로 인간 자신에게 달렸다고 주장했습니다.

듀이의 이러한 사고방식은 미국의 선구적인 환경보호주의자 알도 레오폴드*의 주장에 매우 가까웠습니다.

개리슨 듀이는 대학생 때 생리학에 관한 헉슬리의 책을 읽고, 그가 주장한 여러 생명체의 결합에 관한 개념(유기적 통합)에 큰 매력을 느꼈습니다.

이케다 회장도 잘 아시는 바와 같이 듀이에게 불교에서 설하는 생명관은 큰 의미가 있었습니다. 즉 듀이가 헉슬리의 이론에서 발견한 것은 지극히 동적이고 항상적(恒常的)인 통합, 다시 말해 여러 생명체의 '유기적 통합'이라는 사고방식이었습니다.

앞서 히크먼 박사도 지적하셨듯이 헉슬리는 훗날 인간과 자연의 이원적(二元的) 질서를 주장하게 됩니다. 듀이는 틀림없이 크게 낙담했을 것입니다. 그리고 그 잘못을 지적하지 않을 수 없었습니다.

이케다 잘 이해했습니다. 듀이 박사는 '인간과 환경'에 대한 자신의 사고방식을 이렇게 말하기도 했습니다.

"삶이라는 과정은 유기체를 통해 펼쳐지는 것과 마찬가지로 환경을 통해서도 펼쳐진다. 왜냐하면 양자는 실제로 하나로 통일되어 있기 때문이다."[4]

'만물은 서로 의존하고 연관되어 있다. 자신과 환경이 하나가 되어 함께 살아가고 서로 영향을 미치면서 변화한다.' 박사의 중요한 사상 중 하나이지만, 이 사상은 불법의 '의정불이(依正不二)'* 사상과도 일맥상통하는 부분이 있습니다.

그런데 헉슬리의 '생명관'을 대하는 자세를 통해서도 알 수 있듯이 듀이 박사는 모든 사상에 대해 철저히 독립적인 자세를 관철했습니다.

다시 말해 특정 학자의 주장을 어떤 부분은 부정하더라도, 어떤 부분은 받아들였습니다. 또 그 학자가 아무리 유명하더라도, 그 권위에 의지하거나 휩쓸리지 않고 하나하나 스스로 확인했습니다. 박사의 경험주의적·실험주의적인 삶의 자세와 철학적 특징이 이러한 사실에서도 잘 드러납니다.

히크먼 그렇습니다.

듀이는 권위를 바탕으로 한 주장에 좌우되지 않았기 때문에 사회과학을 포함하여 실험과학을 높이 평가했습니다.

또 이 세계는 인간이 '사회'라고 부르는 것을 포함하여 우리에게 많은 것을 가르쳐주지만, 그 자체는 단순한 출발점에 지나지 않는다고 생각했습니다.

이러한 출발점에서 인간으로서 경험의 의미를 풍족하게 쌓아 올리는 것은 개인으로서, 또 공동체로서 우리가 져야 할 책임입니다.

그러려면 종래의 견해가 진실인지 아닌지를 늘 주의 깊게 살펴보아야 합니다. 또 설령 가장 권위 있는 유력한 사람의 의견이라 해도, 그것이 듀이가 말하는 '성장'과 마키구치 회장이 말하는 '가치창조'를 방해하는 것이라면 이의를 제기해야 합니다.

듀이가 찰스 퍼스*, 윌리엄 제임스*와 함께 수립한 프래그머티즘(Pragmatism, 실용주의)*의 중심에 있는 것은 "어떤 사상의 '의미'를 구성하는 것은 그 사상이 초래하는 '귀결'이며, 그 원인이 된 '근원'은 아니다"라는 점입니다.

성장 과정과 시대 배경

이케다 듀이 박사의 독보적인 사상과 인격이 어떤 환경에서 형성되었는지 박사의 성장 과정과 시대 배경에 대해 조금 여쭙고자 합니다.

박사는 1859년 10월 20일, 미국 동부 버몬트주 샘플레인호 연안에 있는 벌링턴에서 태어났습니다.

식료품점을 운영하는 부모님과 남자뿐인 4형제 가정에서 박사는 셋째 아들이었습니다. 박사가 태어난 지 2년 뒤인 1861년에는 남북전쟁*이 일어났습니다.

듀이 박사의 부모님은 어떤 분이셨습니까?

개리슨 아버지 아치볼드는 매우 활동적인 사업가였습니다. 남북전쟁이 일어났을 때는 쉰 살의 나이에도 지원병으로 참전하여 전쟁터에 나갔습니다.

어머니 루시나는 열성적인 기독교 신자(회중파 교회)로, 천국에 가는 것은 현세에서 사회적인 책임이나 도덕적인 행위로 결정된다고 믿었습니다. 그렇기 때문에 남편과 자식들을 사랑하면서 지역사회 활동에도 헌신했습니다.

실은 듀이보다 먼저 태어난 장남은 존 아치볼드 듀이라고 이름을 지었는데, 실수로 집 욕조에서 화상을 입고 숨졌습니다. 그 열 달 뒤에 태어난 존 듀이는 장남의 '환생'이라고 부모님은 생각했습니다.

어머니는 평소 아이들에게 '너희는 예수님에게 부끄럽지 않은 올바른 행동을 하고 있겠지?'라고 다짐을 받듯 말했습니다.

그래서 듀이는 도를 넘은 자기반성을 마음속으로 싫어했다고 합니다. 듀이의 책 속에 내성적인 내용이 그다지 언급되지 않는 이유는 여기에 기인하고 있습니다.

한편 어머니는 듀이가 일류 교육을 받기를 원했고, 듀이가 지역 활동과 사회개혁에 힘쓰기를 기대했습니다.

듀이는 어머니의 소망과 기대를 일생 동안 저버리지 않았습니다. 그리고 점점 성장하면서 어머니가 당부한 사회개혁적인 행동에 큰 관심을 갖게 됩니다.

지금 이때 이 세계에서 이룰 수 있는 '개혁적인 행위'는 무엇인가. 이 점을 최대의 관심사로 삼아 정치와 공공활동에 참여했습니다. 그 결과, 사회에 참여하고 영어로 저술하는 지식인 중에서 20세기에 가장 저명한 인물로 알려지게 되었다고 생각합니다.

그렇기 때문에 당연히 논의의 대상이 되는 경우도 많았습니다.

이케다 듀이 박사가 사회에 깊은 관심을 기울인 것은 굳이 말하자면 어머니에게서 물려받은 것이라고 할 수 있겠군요.

'내성적'이기보다는 '행동한다', 이러한 적극적인 자세의 원천도 명쾌하게 설명해주셨습니다. 이 점은 듀이 박사를 이해하는 데 매우 중요한 사항입니다.

박사가 성장한 벌링턴은 당시 어떤 도시였습니까?

히크먼　태어난 고향 벌링턴은 작은 도시였습니다. 다만 이 도시는 몇 가지 점에서 듀이의 인격 형성에 중요한 역할을 했습니다.

첫째, 벌링턴은 버몬트대학교의 소재지였습니다. 대학 교직원 중에는 듀이 일가의 지인이나 이웃도 있어서 듀이에게는 아주 어렸을 때부터 학자의 길로 나아갈 가능성이 열려 있었습니다.

둘째, 벌링턴은 호수나 산과 같은 아름다운 자연으로 둘러싸인 도시였습니다.

듀이는 평생 이처럼 아름다운 장소를 찾아다녔습니다. 뉴욕주 롱아일랜드, 캐나다 노바스코샤, 플로리다주 키웨스트 등입니다.

이러한 장소에서 듀이는 늘 몸과 마음의 기운을 되찾고 활력을 쌓았습니다. 듀이는 몸을 단련하는 일이 얼마나 중요한지를 잘 알고 있었기 때문에 특기인 수영을 80대까지 꾸준히 했습니다. 운동을 좋아한 덕분에 아흔두 살까지 장수하고 활동적인 생애를 보낼 수 있었다고 생각합니다.

셋째, 이 점은 아마도 가장 중요한 요소라고 생각하는데, 벌링턴은 주요한 목재집산지였기 때문에 프랑스어권의 캐나다인을 비롯해 많은 이주민이 일하고 있었습니다.

개리슨　확실히 벌링턴은 자연의 경치가 아름다운 고장이지만, 듀이가 성장할 때는 이미 공업도시로 변모하여 당시 그런 도시에서 흔히 벌어지는 악덕과 악습이 만연하고, 노동환경도 최악이었습니다. 소년기에 듀이가 신문배달을 하거나 목재 세는 일을 할 무렵 벌링턴은 지금처럼 한가롭고 아름다운 버몬트주의 작은 도시와는 전혀 달랐습니다.

히크먼　실은 이 고향에서 생활한 덕분에 듀이는 1894년부터 1904년까지 10년간 시카고에서 마주치게 되는 수많은 이주민이나 격렬한 산업화의 물결에 대해서도 마음의 준비가 되어 있었습니다.

듀이가 '헐 하우스'의 이사로 활동한 때는 시카고 시절의 일입니다. '헐 하우스'는 제인 애덤스*가 개설한 세틀먼트 하우스(인보관, 隣保館)*인데, 애덤스는 이러한 사회복지사업 등으로 훗날 노벨평화상을 받았습니다.

이케다　시카고의 '헐 하우스'는 처음에는 이주민 노동자에게 학습과 사회참여의 기회를 제공하는 일부터 시작했는데, 머지않아 불우한 사람들을 지원하고 노동자의 처우개선을 요구하는 활동을 했습니다.

당시 미국은 자본주의가 급속하게 발전한 반면, 가난과 인종 차별 문제 등 사회의 모순이 심화되어 낡은 가치관이 무너지고 갖가지 대립과 분열이 일어났습니다. 그 모습에서는 이미 현대사회와 똑같은 과제와 병폐를 발견할 수 있습니다.

듀이 박사는 애덤스의 복지사업 등을 비롯해 여러 사회활동에도 적극적으로 참여했습니다. 그리고 새로운 교육방식, 바람직한 사회상을 모색했습니다.

그러한 실천이 서민의 편에 서는 행동적이고 현실적인 듀이 박사의 철학에 큰 영향을 주지 않았을까요.

그런데 개리슨 박사는 듀이 박사의 사상이나 인격에서 자신의 인생과 어떤 공통점이나 친근성을 느낀 적이 있습니까?

다양성을 조화시키는 듀이의 '통합' 사상

개리슨 아니오, 듀이의 인생과 제 인생은 전혀 다릅니다. 그러나 '통합'에 관한 저 자신의 요구를 충족시켜주는 듀이의 통찰에 저는 깊은 친근감을 느낍니다.

다만 이 '통합'은 정적인 것이 아니라, 늘 진화하고 변화하는 지극히 동적인 것이고 '균형'과 '불균형' 그리고 '균형의 회복'에 따른 '통합'입니다. 이것이 성장의 리듬입니다.

많은 사람이 듀이와 그의 작품에 매력을 느낀 이유는 어디에 있는가.

그 이유 중 하나는 듀이가 바란 '통합'이 '차이를 인정하는 통합'이었기 때문이라고 저는 생각합니다.

듀이가 바란 것은 '다종다양한 것의 통합'이지, 여러 차이점을 동일한 것으로 환원하는 '획일화'가 아닙니다. 그렇기 때문에 세계 각지의 사람들이, 그리고 사회 각계각층의 사람들이 듀이에게 매력을 느끼는 것이겠지요.

듀이가 저술한 책은 여러 문화권에서 읽고 높이 평가하고 있습니다. 그것은 듀이의 '통합' 개념에는 다양성이 존재하여 여러 관점을 균질화하려고 하지 않았기 때문입니다. 듀이가 말하는 '통합'은 진화하는 동적인 '통합'으로, 이 점에 사람들은 친근감을 느낀다고 생각합니다.

이케다 잘 알았습니다. 실로 창조적인 통합의 힘이군요. 그것은 생명 그 자체가 갖는 다이너미즘을 생생히 체현한 삶의 방식입니다.

'차이를 인정하고 다양성을 조화시켜 균형을 회복한다.' 듀이 박사의 진화하는 '통합' 사상은 21세기의 평화 사회를 창조하는 데도 매우 중요한 관점을 제시한다고 할 수 있겠지요.

히크먼 박사는 어떻게 생각하십니까?

히크먼 지금 말씀하신 부분은 대단히 중요한 핵심입니다. 이 관점에 대해 통찰하지 않으면, 지구윤리와 세계 평화에 듀이가 공헌한 점을 제대로 평가할 수 없습니다.

예를 들어 듀이는 미국의 다양성이 '도가니'로 표현될 때면 늘 불쾌감을 느낀다고 말했습니다.

듀이의 이러한 감성은 서로 개성을 인정하고 존중하는 방향으로, 더 나아가서는 다른 문화적 특성을 인정하고 존중하는 방향으로 우리를 이끌어줄 것입니다.

이러한 자세를 보였기 때문에 듀이는 중국을 방문했을 때 큰 인기를 얻은 것이겠지요. 중국에서 듀이는 지금도 미국과 중국을 연결하는 '문화의 다리' 그 자체로 인식되고 있습니다.

이케다 그렇습니다. 그 점에 대해서는 저도 중국의 학자들과 이야기를 나눴습니다.

듀이 박사가 보여준 인간의 포용력 속에 우리가 배워야 할 세계시민의 중요한 자질이 있습니다.

앞서 듀이 박사와 마키구치 초대 회장의 공통점이 화제가 되었지만, 마키구치 회장은 듀이 박사보다 열두 살 아래로 격동의 세기를 살아간 동시대인입니다.

이것은 어디까지나 가능성에 지나지 않는 이야기지만, 두 사람이 직접 만났을지도 모른다고 추측하는 사람도 있습니다.

듀이 박사는 90년 전인 1919년 2월, 먼 길을 마다하지 않고 일본을 방문하여 석 달 정도 머무르면서 각지에서 정력적으로 강의와 강연을 했습니다.

그때 듀이 부부가 주로 머무른 곳이 훗날 국제연맹 사무국 차장으로 활약한 니토베 이나조* 박사의 자택이었습니다.

당시 마키구치 회장은 니토베 박사와 깊은 친교가 있어 향토연구그룹 '향토회'의 정례회에 참석하기 위해 달마다 모임 장소인 니토베 박사의 자택을 방문했습니다.

히크먼 그 기록을 발견하는 날이 온다면 이 얼마나 굉장한 일입니까.

그러나 만남의 유무에 관계없이 두 사람이 어떤 이야기를 나눴을지는 꽤 정확히 상상할 수 있습니다.

당시 일본의 학교는 천황 숭배를 통한 과격한 애국열에 지배되어 있었습니다. 듀이는 그중에서도 가장 광신적인 애국자는 초등학교 교사들이라고 전했습니다.

그리고 듀이는 그러한 교사들 중에는 화재 현장에서 천황 사진을 빼내오려고 불 속에 뛰어들어 타 죽거나 초등학생들을 들여보내 타 죽는 일도 있었다고 보고했습니다.

물론 마키구치 회장도 군국주의와 광신적인 국가사상에 반대했습니다. 그렇기 때문에 두 사람은 일본의 학교제도를 어떻게 개혁해야 하는지, 특히 교육의 민주화가 일본 사회를 개혁하는 데 어떤 역할을 하는지에 대해 중요한 대화를 나눴을 것입니다.

'도덕적 용기'를 관철한 마키구치 초대 회장

개리슨　두 사람이 어떤 대화를 주고받았을지 상상하는 것만으로도 즐겁습니다. 두 사람이 만났다는 사실을 알게 된다면 정말 엄청난 일 아닙니까.

그러나 두 사람이 실제로 만났느냐 만나지 않았느냐는 중요한 문제가 아닙니다. 그도 그럴 것이 실제로 지금 두 사람의 사상이 이 대담에서 해후하고 있지 않습니까.

두 사람은 서로 하고 싶은 말이 많았을 것입니다. 먼저 '칸트*철학'에 관해 대화를 나누는 장면을 쉽게 상상할 수 있습니다.

그리고 하나 더 상상해보자면 듀이는 군국주의를 몹시 혐오하고, 경직된 봉건적 계급구조도 싫어했기 때문에 그러한 주제도 틀림없이 화제가 되었을 것입니다.

마키구치 회장 또한 상류계급의 자제를 특별히 취급하기를 거부했기 때문에 궁지에 몰렸습니다. 마키구치 회장은 계급적인 차별이 심한 사회에서 차별을 인정하기를 거부한 교육자였습니다. 듀이를 몹시 괴롭힌 것도 이러한 계급차별 문제였습니다.

듀이는 자신이 쓴 책에서 '도덕적 용기'라는 말을 자주 사용했는데, 동시대의 일본 지식인에게는 그 도덕적 용기가 부족했다고 지적했습니다. 더구나 일본만큼 자신의 소리를 내는 데 도덕적 용기가 필요한 나라는 달리 어디에도 없다고도 논했습니다.[5]

그러한 일본에서 마키구치 회장은 군국주의에 맞서 싸우다 옥사하셨습니다. 이 얼마나 큰 도덕적 용기를 갖고 계셨을까요. '자신의 신념을 위해 목숨을 바친다', 이보다 뛰어난 용기는 없습니다.

　　이케다　바로 그 용기 있는 투쟁, 민중의 행복과 평화를 위해 목숨을 바친 마키구치 회장의 신념 어린 행동에 우리 국제창가학회(SGI) 운동의 원점이 있고, 근본정신이 있습니다.

그 위대한 선사를 영원히 현창하기 위해 소카대학교가 있는 하치오지에 도쿄마키구치기념회관을 세웠습니다.

　　개리슨　저는 그 기념회관을 방문했을 때 무척 감동했습니다.

물론 건물의 위용 때문만은 아닙니다. 그 속에 마키구치 회장이 인간으로서 승리한 모습이 담겨 있었기에 가슴이 뭉클했습니다.

회장이 옥사하신 좁은 독방과 기념회관의 위용, 그 대조적인 모습 자체가 여러 물리적인 장애를 비롯해 위험한 이데올로기와의 싸움을 이겨낸 위대한 정신의 승리를 상징하고 있었습니다.

마키구치 회장은 듀이가 말하는 '도덕적 용기'로 승리했습니다. 그것은 SGI도 마찬가지입니다.

우리 인간은 때로는 '지지 않음'으로써 승리를 얻을 수 있습니다. 마키구치 회장은 군국주의자들에게 목숨을 빼앗겼지만, 결코 그들에게 굴복하지 않았습니다. 감옥에서 돌아가셨지만, 그 신념에는 한 점 부끄러움이 없었습니다.

이케다 선사(先師)의 생애를 그토록 깊이 생각해주시니 참으로 기쁘기 그지없습니다. 듀이 박사 또한 세간의 훼예포폄(毁譽褒貶) 따위는 유유히 내려다보면서 신념의 길을 걸었습니다. 그리고 승리했습니다.

민중과 함께 사회정의를 위해 용기와 신념에 찬 행동을 관철하는 것, 저는 이것이야말로 듀이 박사의 인생과 철학의 핵심이라고 생각합니다.

히크먼 박사와 개리슨 박사는 교육자로서, 또 행동하는 지성으로서 이 숭고한 정신을 스스로 체현하면서 후세에 엄연히 계승하시고 있습니다.

저 또한 마키구치 초대 회장, 그리고 함께 감옥에 들어가 싸우신 도다 제2대 회장, 이 위대한 스승의 신념과 사상을 이어받아 수많은 다기진 서민들, 그중에서도 미래를 짊어질 청년들과 함께 실천했습니다.

히크먼 우인이자 동료이기도 한 짐 개리슨 박사와 저는 늘 듀이가 보여준 모범에 촉발되어, 듀이가 수립한 민주주의와 교육의 이상을 실현하기 위해 각자의 위치에서 계속 노력하고 있습니다.

그리고 우리는 이케다 회장 부부가 체현하신 비전과 자신의 몸을 아끼지 않는 끊임없는 헌신에도 촉발되었습니다.

만남이 만드는
인생의 여로

듀이철학에 대한 탐구의 길

이케다 듀이 박사가 미국인들에게 얼마나 사랑받았는가. 이번에는 이를 말해주는 흐뭇한 일화로 이야기를 시작하고자 합니다.

때는 1949년, 듀이 박사가 아흔 살 생일을 맞은 무렵이었습니다. 박사가 버스에 앉아 있자, 뒤에 탄 남성이 '자기 딸을 소개하고 싶다'며 말을 걸었습니다.

듀이 박사는 흔쾌히 응했습니다. 소개받은 열 살 정도의 소녀는 연세 지긋한 듀이를 보더니 생긋 웃으면서 이렇게 말했습니다. "아, 할아버지가 존 듀이 박사시군요. 우리 학교에서 존 듀이의 '교육' 방식을 이용하고 있답니다."[3] (웃음)

그 말을 들은 듀이는 무척 기뻐했다고 합니다.

두 분은 언제 어떻게, 처음으로 듀이 박사의 존재를 알게 되셨습니까?

히크먼 사실 저는 듀이와 여러 면에서 비슷한 경험을 했습니다.

예를 들면, 처음에는 조금 편협한 종교관을 갖고 있었지만 머지않아 듀이와 마찬가지로 헤겔* 철학에서 일종의 자유로운 사상을 발견했습니다. 그 뒤 더욱 폭넓은 인간주의적인 관점에 도달했습니다.

그리고 저 또한 열성적인 기독교 신앙을 하는 어머니 밑에서 깊은 감화를 받으며 자랐습니다. 우리 어머니는 듀이의 어머니와 비슷한 점이 많았습니다.

듀이의 저서를 체계적으로 연구하기 시작한 때는 대학원 시절이었습니다. 얼마 지나지 않아 더없이 흥미로운 사실을 알게 되었습니다. 그때까지 듀이가 '과학기술'에 대해 많은 내용을 언급했다는 사실을 아는 사람은 아무도 없었습니다.

그래서 저는 과학기술에 관심이 있는 사람들을 위해 《존 듀이의 실용적 과학기술》이라는 책을 썼습니다.

개리슨 이제는 이미 어렴풋한 기억이 되어버렸지만, 대학원 때 누군가가 존 듀이에 관해 이야기하길래 그 이름을 듣고 "책을 분류하기 위해 '듀이십진분류법*'을 발명한 사람 아니냐?"라고 물었습니다. 그러자 "그 사람이 아니야"라는 답

변이 돌아왔습니다. (웃음)

지금은 똑같은 질문을 받고 있습니다. 이름에 대해 설명하면 모두 겸연쩍은 듯한 표정을 짓지만, 제 부끄러운 경험을 들려주면 다들 안심합니다. (웃음)

듀이의 문화적 영향력이 컸음에도 제가 대학원에 다니던 시절에는 미국 철학과 학생들 중에 듀이를 연구하는 사람이 없었습니다. 당시 철학 연구는 사람들의 일상적 관심사와는 동떨어진 전문적·분석적 사고가 지배적이었기 때문입니다.

제가 학업을 마칠 무렵부터 다행히 미국의 전통적인 프래그머티즘, 그중에서도 듀이에게 다시 주목하기 시작했습니다. 제가 존 듀이를 '발견'한 것은 철학 박사학위를 취득하고 2년이 지나서입니다. 그 무렵 이미 물리학과 심리학 학위, 그리고 인문학 석사학위를 취득한 저는 '미국과학재단*'에서 연구 조성금을 받아 수리논리학 연구를 하고 있었습니다.

뭔가 종교적인 자각을 경험한 것처럼 들릴지도 모르겠지만, 1983년에 듀이철학과 만난 것은 제게 충격이었습니다. 대학원의 철학과 도서관은 책들이 잘 갖춰져 있었는데, 그곳에서 우연히 발견한 책이 1925년에 간행된《경험과 자연》초판본이었습니다. '서문'을 읽고 저는 그 모든 내용에 공감했습니다.

저는 그 전에는 '실용주의의 아버지'라 불리는 철학자 찰스

퍼스의 책들을 읽고 그 철학사상에 이끌려 과학의 역사와 철학에 관한 학위논문도 썼습니다. 그러나 같은 프래그머티즘 계보에 있는 듀이의 책은 한 권도 읽은 적이 없었습니다.

이케다 두 분 모두 진지하게 향학을 불태운 청춘 속에서 듀이철학과 만나셨군요.

개리슨 박사의 경우에는 도서관에서 우연히 손에 쥔 책이 일생에 걸쳐 듀이철학을 탐구하는 길을 열어주었습니다. 명저 한 권에는 인생을 크게 바꾸는 힘이 있습니다. 특히 청년에게 양서와의 만남은 젊은 마음의 불꽃을 점화하여 새로운 여행을 떠나게 하는 힘이 됩니다.

'인간은 창조 행위를 지속하는 창조자'

개리슨 예. 무심코 책장에서 꺼낸 듀이의 책《경험과 자연》에 저는 경탄했습니다. 그 책에서 듀이가 말한 것이야말로 그때까지 7년간 제가 찾아다닌 것이었습니다. 제가 쭉 말로 표현하기 위해 발버둥쳐왔다는 사실을 딱 알아맞힌 듯한 느낌이 들었습니다.

다시 말해 "우리 인간은 세대에서 세대로 끝없이 창조 행위를 지속하는 창조자로 만들어졌다. 그리고 그 창조 행위는 필시 종(種) 그 자체가 멸할 때까지 계속될 것이다."

제가 '가치를 창조하는 모임'이라는 명칭을 쓰는 단체인 창가학회에 관심을 가진 이유는 실로 듀이의 책을 손에 쥐었을 때로 거슬러 올라갑니다.

　　이케다　듀이철학의 열쇠가 되는 '창조'라는 말이 우리를 만나게 해준 것도 참으로 불가사의한 인연의 일치입니다. '가치창조(價値創造)', 다시말해 '창가(創價)'라는 명칭은 마키구치 초대 회장과 도다 제2대 회장이 나눈 '사제의 대화'에서 탄생했습니다.

마키구치 회장의 교육학설을 담은 대저(大著)《창가교육학체계》는 제자인 도다 회장이 사비를 털어 출판하고 세상에 내놓았습니다.

그때 마키구치 회장이 자신이 추구하는 교육학의 목적이 '가치를 창조하는 것'이라고 말하여, 도다 회장이 "선생님, 그러면 '창가교육'이라고 이름을 정하시지요"라고 제안했습니다. 이《창가교육학체계》를 출판한 날은 1930년 11월 18일이었습니다. 그것이 '창가학회'의 전신인 교육자의 모임 '창가교육학회'의 탄생으로 이어졌습니다.

마키구치 회장과 도다 회장이 깊이 존경한 인물이 듀이 박사였습니다. 교수님과 만날 수 있는 길을 듀이 박사와 두 회장이 열어주신 것 같다는 생각이 듭니다.

　　개리슨　정말 그렇다고 생각합니다.

제가 듀이를 좋아하게 된 이유 중 하나는 듀이가 고대 그리스어에서 말하는 '시(詩, 포이에시스, Poiesis)의 개념'을 소중히 여겼기 때문입니다. 그 '시'는 운(韻)과 운율(韻律)을 살리느냐 마느냐에 관계없이 '쌓아올리고, 창조하고, 만들어낸다'는 깊은 의미를 가진 시작(詩作)입니다.

듀이에게 철학과 시는 서로 밀접히 관련된, 말하자면 같은 옷감에서 잘라낸 천 두 장과 같습니다. 철학과 시는 의식적으로 구별할 수는 있어도 본디 불가분의 관계입니다.

이케다 중요한 지적입니다.

시인으로서의 듀이 박사는 그 전체상을 이해하는 데 중요한 주제이기도 합니다.

지금은 작품 98점이 듀이 박사의 시로 남아 있습니다.

'진리의 횃불'이라고 이름 지은 시에서는 듀이 박사의 신념과 철학이 힘차게 전해옵니다.

그 옛날 불꽃처럼 빛나던 빛은
미래를 향한 길을 이제 비추지 않는다
어둠 속에서 조금씩
지금 가는 길을 익혀야 한다
드넓게 주위가 펼쳐지고
다져진 길이 몇 갈래나 보인다 해도

그대가 찾는 진실한 길은 나타나지 않는다

그대가 불붙인 화살이
여행길을 뒤덮는 깊은 안개를 가를 때까지[6]

저도 참 좋아하는 시입니다. 듀이 박사는 자신의 생명과 정
열을 불태우면서 짙은 어둠을 깨고 미래를 비춘 사람이었습
니다. 중요한 점은 미래를 살아갈 젊은 생명에게 용기와 희
망의 빛을 보내는 것입니다.

독서 습관을 길러준 가정교육

이케다　그런데 많은 독자가, 특히 어린 자녀를 둔 어머니
들이 두 박사님이 어떤 가정에서 성장하여 공부와 독서에 힘
쓰게 되셨는지를 궁금해한다고 들었습니다. 꼭 소개해주셨
으면 합니다.

개리슨　알겠습니다. 사실 우리 아버지는 6년밖에, 어머니
도 8년밖에 교육을 받지 못했습니다. 부모님은 충분한 교육
을 받지 못했지만, 두 분은 독서를 좋아했습니다.
제가 성장하면서 우리 집에서는 읽은 책에 대한 소감을 서로
나누었습니다. 읽고 쓰기 능력과 기초적인 교양을 기르려면,

37

부모님이 제게 해준 것보다 더 좋은 방법은 없습니다. 정말 이보다 더 좋은 방법은 없다고 생각합니다.

여러 조사에 따르면, 많은 가정에서 부모의 역할은 그저 아이들에게 책을 읽게 하는 것이라고 생각하여 아이들에게 독서를 시킨 뒤에는 알아서 읽도록 내버려둔다고 합니다. 그러나 그래서는 사물을 보는 눈이 한정되고 맙니다. 우리 집에서는 서로 읽은 책을 부모와 자녀가 교환했습니다.

아버지는 외출할 때면 으레 차를 세워 둔 쪽으로 걸어가면서 제게 "너, 이 책 읽고 싶지 않니?" 하고 물었습니다. 저는 그 책을 이틀이나 사흘 안에 다 읽고 아버지와 소감을 나누었습니다.

이케다 독서교육의 훌륭한 본보기입니다. 부모와 자녀가 같은 책을 읽고 서로 소감을 나눈다, 이처럼 마음이 훈훈해지는 부모와 자녀의 교류, 그리고 의미 있는 가정교육은 없겠지요.

서로 소감을 나눔으로써 아이는 자연스럽게 인생의 중요한 '마음의 자양분'을 얻게 될 것입니다.

또 가족의 마음을 알게 되고, 사물을 보는 눈을 기를 수도 있습니다. 어떤 경우에는 부모가 새로운 발견을 하거나 깜짝 놀랄 때도 있을 것입니다. 이를 통해 부모와 자녀가 함께 배우고 함께 성장합니다.

지금은 가정도 TV와 인터넷 시대를 맞았습니다. 그러나 독서의 중요성은 아무리 강조해도 지나치지 않습니다. 활자 문화의 쇠퇴는 극단적으로 말하면 인간성의 붕괴로 이어집니다.

서양에는 '집에 책이 없는 것은 인간에게 혼이 없는 것과 같다'는 유명한 격언이 있는데, 정말 그렇지 않습니까?

히크먼 동감합니다. 우리 집의 경우를 말씀드리면, 형과 저는 어머니에게서 착실히 독서를 해야 한다고 배웠습니다. 그런 점에서 우리 어머니는 아이들에게 독서를 권유한 듀이의 아버지와 비슷했습니다.

아버지는 늘 일하느라 바쁘고 출장도 잦았지만, 지질학과 고고학 등이 취미였습니다. 제가 과학에 흥미를 가진 것도 아마 아버지의 영향일 것입니다.

우리 가족은 멕시코와 국경을 맞댄 텍사스주에 살고 있었기 때문에 어릴 적에는 가족이 함께 자주 멕시코를 여행했습니다. 집에는 멕시코와 관련된 책도 아주 많았습니다. 저는 이러한 여행과 책을 통해 멕시코라는 나라를, 그리고 멕시코인을 좋아하게 되었습니다.

이케다 역시 자녀가 독서를 좋아하게 만드는 데는 부모의 힘이 큽니다. 히크먼 박사도 참으로 애정이 풍부한 부모님 밑에서 자라셨군요.

39

개리슨　가정의 애정에는 헤아릴 수 없는 힘이 있습니다. 사실 저는 양자로 자랐습니다. 양부모님의 눈에 들어 양자가 되었습니다. 그 뒤 스물네 살이 되던 해까지 저는 친어머니와 계속 편지를 주고받았습니다.

그렇기 때문에 제 성장과정은 '장소'보다는 '사람'과의 만남으로 물들여져 있습니다.

열세 살 생일 때까지 양어머니는 매일 밤 제 침실의 불을 끈 뒤 '사랑한다'고 말해주었습니다.

자신이 깊이 사랑받고 있음을 아는 것은 무척 큰 힘이 됩니다.

한편 양아버지는 해병대 소속의 직업군인으로 태평양전쟁과 한국전쟁에서 많은 공을 세웠습니다. 그러나 밤마다 술을 마셔야 할 만큼 아버지의 마음은 편치 않았습니다.

전쟁의 비참함을 눈앞에서 보고, 견디기 힘든 경험을 한 많은 군인과 마찬가지로 아버지도 전쟁을 좋아하지 않았고, 결코 자랑할 만한 체험이라고는 생각하지 않았습니다. 그 교훈을 양아버지에게서 배웠습니다.

양자로 들어간 뒤 저는 친부모님과 만날 기회가 없었습니다. 그러나 저는 양부모님에게 사랑받고 있음을 실감할 수 있었고, 그것은 제게 큰 힘이 되었습니다.

저는 지금 교단에 서는 주립대학에서 좋은 환경에서 자란 자녀들을 많이 보았습니다. 그러나 자신이 정말 부모의 사랑을 받고 있다고 확신하는 학생은 매우 적었습니다.

이케다 개리슨 박사가 마음 깊이 간직한 소중한 이야기를 들려주셔서 진심으로 감사의 말씀을 드립니다. 또 박사가 평화에 대해 깊이 생각하게 된 계기가 무엇인지도 알게 되었습니다.

말씀하신 대로 아이들에게 부모의 애정만큼 큰 힘과 용기가 되고, 안심이 되는 것은 없습니다.

한편 박사가 시사하신 것처럼 '자신이 정말 부모에게 사랑받고 있다고 확신하는 학생은 매우 적다', 이것은 현대 교육을 이야기할 때 빼놓을 수 없는 매우 중요한 과제라고 생각합니다.

지리를 중시한 듀이와 마키구치 회장

이케다 그런데 마키구치 초대 회장은 지리학자로서 교육에서 '지리학습'과 '향토학습'이 얼마나 중요한지를 특히 강조했습니다. 이 점은 듀이 박사의 철학과도 공통되는 견해입니다.

두 분은 학창 시절에 '지리'를 좋아하셨습니까?

개리슨 어릴 적에는 무척 싫어했습니다. (웃음)

왠지 기억력만을 겨루는 과목 같다는 느낌이 들었습니다.

히크먼 저는 좋아하는 과목이었습니다. (웃음)

어릴 적에는 지도를 살피면서 몇 시간이나 즐겁게 보냈습니다. 사실은 지금도 그렇습니다만. (웃음)

세계 각국의 우표를 수집하고, 그 우표를 발행한 나라에 대해 아는 것도 큰 즐거움이었습니다. 우표를 수집하면 여러 가지를 배울 수 있습니다.

예를 들어 1930년대 독일 바이마르공화국*이 발행한 우표로는 인플레이션이 얼마나 무서운 영향을 미치는지를 알았습니다. 그중에는 수백만 마르크짜리 우표도 있었습니다.

이것은 그저 한 예에 지나지 않습니다. 이렇게 지리를 배우는 사람은 나이에 관계없이 세계에 눈뜰 수 있습니다.

이케다 매우 중요한 관점입니다.

1899년의 일이지만, 마흔 살의 듀이 박사와 스물여덟 살의 마키구치 회장은 신기하게도 그해에 교육개혁을 위해서는 '지리과목'을 중시해야 한다는 같은 취지의 강연을 했습니다. 그리고 그 4년 뒤(1903년) 마키구치 회장은 기념비적인 명저 《인생지리학》을 출판했습니다.

히크먼 확실히 듀이는 지리학습을 가장 중요한 교과 중 하나라고 생각했습니다.

이케다 마키구치 회장에게 지리과목은 단순히 지명을 외

우는 암기과목도, 자국의 세력 판도를 넓히는 제국주의와 식
민지주의를 위한 도구도 아니었습니다.

히크먼 박사가 말씀하신 것처럼 '세계 속의 자신'의 위치를
발견하는 작업이자, 한 인간의 자립을 촉진하는 과목이었습
니다.

삶의 가치를 창조하기 위해, 더욱 충실한 '생활'을 위해 그리
고 강인한 '세계시민'을 육성하기 위해 꼭 필요한 과목이었
다고 할 수 있겠지요.

그렇기 때문에 마키구치 회장은 지리교육의 개혁을 주장했
고, 그 주장은 필연적으로 군국주의로 치달은 시대와 사회에
대한 날카로운 비판으로 직결되었습니다.

저는 이처럼 '생활'과 '지리학'을 중시하는 관점은 21세기라
는 글로벌 시대에 새롭게 재평가되어야 한다고 생각합니다.

히크먼 지당한 말씀입니다.

듀이에 따르면 '지리'는 인간과 인간을 잇는 복잡한 여러 요소
를 이해하는 수단 중 하나였습니다. 인간은 원료나 교역로, 식
료나 그 외의 요소를 이용하여 서로를 연결하기 때문입니다.

듀이는 '지리'를 매우 넓은 개념으로 정의했습니다. 듀이
는 이 학과가 역사학습과 밀접히 관련된다고 생각했습니다.
1916년에 발간된 명저《민주주의와 교육》에서는 한 장(章) 전
체를 지리와 역사를 논하는 데 할애했습니다.

제가 우려하는 부분은 최근 미국에서 지리를 모르는 젊은이들이 늘고 있다는 점입니다. 2006년에 내셔널지오그래픽협회가 조사한 바에 따르면, 열여덟 살에서 스물네 살 사이의 젊은이들 가운데 지도에서 루이지애나주를 찾지 못하는 사람이 33퍼센트나 되었다고 합니다.

또 뉴스에서 보도하는 나라들이 어디에 있는지, 그 위치를 아는 것이 중요하다고 생각하는 사람은 30퍼센트에도 미치지 못했고, 다른 언어를 배우는 것이 중요하다고 생각한 사람은 14퍼센트밖에 되지 않았다고 합니다.

예를 들어 인도가 지도상에서 어디에 있는지를 아는 젊은이가 전체의 절반에도 미치지 못한다는 현실을 봤을 때 그들이 과연 어떠한 지구시민이 될 것인가, 스스로 되묻게 됩니다. 물론 지리학습에는 단지 지도상의 장소를 아는 것보다 훨씬 많은 것이 포함되어 있습니다. 그러나 최소한 이러한 지식은 필요합니다.

이케다　잘 알았습니다.

특히 현대사회에서는 세계의 실상에 관심을 갖는 일이 매우 중요합니다. 이와 더불어 자신의 향토와 세계의 관계를 깊이 아는 것도 꼭 필요합니다. 불법의 '연기(緣起)' 사상에서도 모든 현상은 단독으로 존재하는 것이 아니라, 반드시 서로 영향을 주고받으며 연관한다고 가르칩니다.

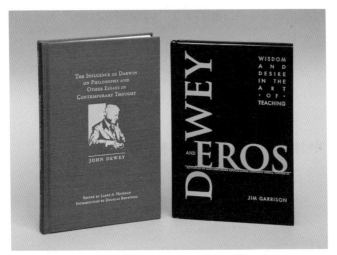

히크먼 박사와 개리슨 박사가 증정한 듀이에 관한 책

마키구치 회장은 《인생지리학》에서 이렇게 논했습니다. "설령 손바닥만 한 '작은 땅'이라 해도 그 지역성에 뿌리를 내려그곳에 살면서 관찰하고 해명하면 그곳에서 한 나라, 나아가서는 전 세계의 현상도 고찰할 수 있게 된다."[7]

자신의 향토에 정착하여 자신의 향토를 깊이 관찰하면, 자연히 현상 하나하나에서 더 넓은 세계와의 '관계'를 인식하게되고, 나아가서는 글로벌한 시야를 갖추게 된다는 뜻입니다.그리고 세계와 자신의 관계성을 앎으로써 더 깊이 '자신'을들여다볼 수 있습니다.

그런 의미에서 지리를 배우고, 향토를 배우는 것은 '세계시민
교육'의 중요한 요건이라고 할 수 있을 것입니다.
두 분은 듀이 박사의 지리교육 사상이 앞으로 펼쳐질 시대에
어떤 의의가 있다고 생각하십니까?

차이를 넘어 인간과 인간의 결속을

히크먼   잘 아시는 바와 같이 지리수업은 듀이가 추구한
교육철학의 주요 특색 중 하나였습니다. 지리와 역사를 중시
하는 듀이의 사상은 급속히 글로벌화가 진행되는 세계에서
미래의 리더를 육성하는 데 그 현대적 의의가 더욱 크다고
할 수 있습니다.
그 이유 중 하나는 지리와 역사를 앎으로써 인류의 여러 공
통점을 발견하고 이에 입각하여 급진적인 포스트모더니즘*
이 강조하는 차이와 단절을 뛰어넘을 수 있기 때문입니다.
또 지리와 역사 연구에는 다양한 학술적 방법이 사용되기에
온건한 문화상대주의*를 존중하면서, 경합하는 주장이나 도덕
관에 대해 객관적으로 판단할 수 있는 기준도 제시해줍니다.
듀이의 이러한 교육철학은 지리와 역사를 중심으로 종교적,
민족주의적 도그마*를 포함하는 권위주의적인 관점과 '모든
것의 가치는 동등하다'고 보는 상대주의가 초래하는 절망감

사이의 '중도(中道)'를 탐구했습니다.

우리는 급속히 변화하는 세계에 살고 있기 때문에 이러한 양극단적인 관점 사이에서 계속 '중도'를 찾아야 합니다.

인간과 인간이 더욱 긴밀도를 높이고, 지리적으로도 새로운 '지구촌'으로 응축되고 있는 현대에 우리는 자신이 살아가는 세계를 깊이 이해하여 자신에게 어떤 선택이 요구되는지를 잘 알아야 '중도'를 찾을 수 있을 것입니다.

개리슨 저는 어릴 적에 지리를 싫어했지만 (웃음) 대학원에 진학하고 한 가지 경험을 했습니다. 그것은 듀이와 마키구치 회장이 지리학 교수법에 대해 생각하던 바를 잘 보여줍니다.

제가 대학원 시절을 보낸 플로리다주 북부의 중심도시 탤러해시에는 예전에 강이던 수로가 있습니다. 현지 우인과 이야기를 나누다 그 수로가 화제에 올라 강이 흑인 거주 구역과 그 이외의 구역으로 도시를 갈라놓았다는 사실을 알게 되었습니다. 얼마 지나지 않아 저는 도시가 대부분 강을 따라 구획되고 조성되었다는 사실을 알았습니다.

이러한 관찰을 통해 탤러해시의 지형이 어떻게 도시를 만들고, 도시의 상업을 좌우했는지를 쉽게 이해할 수 있었습니다. '차이를 뛰어넘은 인간과 인간의 결속과 조화, 그리고 일체감.' 이것이 마키구치 회장과 듀이에게는 큰 명제이지 않았을까요. 그리고 이 명제야말로 지리학이라는 학문이 추구해야 할 정신이라고 생각합니다.

만약 듀이의 정신이 21세기에 되살아난다면, 그것은 이러한 명제를 실현하기 위해서겠지요. 그것은 모든 것을 균일화하는 일 없이 차이를 뛰어넘는 것입니다. 인간과 인간의 결속과 함께 그 분단에 대해서도 깊이 이해해야 한다고 듀이는 가르쳤다고 생각합니다.

이케다 회장은 듀이의 사상이 지리학의 미래에 어떤 의의가 있는지 물으셨는데, 바로 이러한 물음이야말로 듀이의 정신을 명민하게 이해하는 것으로 이어지지 않을까요.

듀이의 정신은 결국 인간과 인간의 올바른 결속 방식을 아는 것입니다. 여기에는 잘못된 결속에서 벗어나는 것도 포함되어 있습니다. 지리학은 이를 아는 데 도움이 될 것입니다.

이케다 대단히 예리한 고찰입니다.

자신에게 놓인 환경을 철저히 연구하는 것은 외재적인 결속뿐 아니라 인간은 누구나 존엄한 존재라는 것, 생명의 '내재적 보편'에 대한 접근으로도 연결됩니다.

마키구치 회장은 지리와 자연환경이 인간의 삶과 인격형성에 어떻게 영향을 끼치는지에 대해서도 여러 각도에서 고찰했습니다. 이 점에 관해서도 앞으로 다시 한번 이야기를 나누고 싶습니다.

'사제정신의 계승'이
인간교육의 진수

듀이협회란

　이케다　궁극적으로 역사를 만드는 힘은 무엇인가.
그것은 신문에 대서특필될 만한 큰 사건이 아니라 오히려 아
주 눈에 띄지 않는 변화, 다시 말해 '물밑의 완만한 움직임'[8]
이라는 역사가 아널드 토인비* 박사의 통찰은 잊을 수 없습
니다.
이 역사를 만드는 민중의 의지와 힘을 세계평화와 인류의 행
복으로 크고 바르게 이끄는 것이 교육입니다. '생명존엄'을
기조로 한 '인간교육'입니다.
히크먼 박사와 개리슨 박사가 이끌고 계시는 '존 듀이 협회'
는 1935년에 60명 정도의 교육자가 모여 창립했다고 들었습
니다.

우리 창가학회가 1930년에 설립했으므로 거의 비슷한 때인 대공황* 직후라는 격동의 시대에 탄생했습니다.

지금까지 귀 협회와는 보스턴 근교에 있는 우리 국제대화센터*와 도쿄 동양철학연구소* 등이 심포지엄이나 출판 활동을 통해 뜻깊은 학술·교육 교류를 거듭 나누었습니다.

2008년 여름에는 영광스럽게도 귀 협회에서 의의 깊은 '종신명예회원' 칭호를 받았습니다. 다시 한번 진심으로 감사의 말씀을 드립니다.

듀이 박사의 사상과 철학을 계승하는 귀 협회가 탄생했을 때 듀이 박사는 나이 칠십을 넘어 인생을 마무리할 시기에 접어들고 있었습니다.

그때는 프랭클린 루스벨트* 대통령이 뉴딜정책을 내세워 미국의 경제 재건에 힘쓰고, 세계적으로는 군국주의의 음침한 발소리가 다시 들려오기 시작한 다사다난한 시대였습니다.

히크먼　말씀하신 대로 우리 듀이협회는 1935년, 대공황에 허덕이던 시대에 설립했습니다.

그 주역은 미국 교육계의 변혁을 간절히 바라는 젊고 진보적인 교육자들이었습니다. 이 젊은 교육자들은 큰 위기를 절호의 기회라 여기며 듀이가 생애에 걸쳐 노력한 점을 기려 협회에 그 이름을 붙였습니다. 학교와 사회의 상호의존적인 관계성을 철저히 연구하고, 현실적인 교육문제에 전념한 듀이에게 진심으로 경의를 표했습니다.

개리슨　원래 협회의 정식 명칭은 '존 듀이 교육문화연구협회'였는데, 듀이 본인은 협회 창립에 관여하지 않았습니다. 당시 협회를 설립한 사람들이 명칭을 '존 듀이 협회(John Dewey Society)'로 바꾼 이유는 자신들의 가치관을 듀이의 인생과 업적이 가장 잘 체현하고 있다고 생각했기 때문입니다. 듀이와 가까운 우인이나 동료는 대부분 협회 설립 멤버가 되거나 초창기 멤버가 되었습니다.

이케다　두 교수님이 듀이협회를 알게 된 계기는 무엇입니까?

히크먼　저는 듀이의 저서를 체계적으로 연구하기 시작할 무렵 듀이협회를 알게 되었습니다. 협회의 초대를 받고, 임원 후보로 추천받았을 때는 매우 명예롭게 생각했습니다.

이케다　그렇군요. 잘 알았습니다. 듀이 박사의 철학은 미국은 물론 세계의 보물입니다. 귀 협회는 인류에 둘도 없이 소중한 정신의 지표입니다.

개리슨　부끄럽지만 저는 오랫동안 협회의 존재조차 몰랐습니다. 그런데 제가 꼭 듣고 싶다고 생각한 어떤 사람의 강연을 들으러 가보니 글쎄 '듀이협회 주최 강연회'라고 씌어 있는 것이 아니겠습니까. (웃음) 이때를 계기로 협회의 일원이 되었습니다.

지금까지 오랜 세월에 걸쳐 듀이협회는 활발히 활동하며 꿋꿋이 살아남았습니다. 수많은 조직이 어지럽게 변천하는 것을 생각할 때 한 협회가 이처럼 장수를 누린 것은 놀랄 만한 일이라고 할 수 있겠지요.

이것은 '반성적 지성'을 응시하고 다양성과 탐구심을 존중하는 듀이의 정신에 입각하여 설립했기 때문이라고 생각합니다.

　　이케다　존귀한 노력에 새삼 경의를 표합니다.

동양의 영지(英智)는 '원원류장(源遠流長, 근원이 멀면 흐름도 길다)'이라고 가르칩니다.

숭고한 원점을 소중히 여기는 운동은 도도한 대하가 대지를 적시며 유유히 흘러가듯이 시대를 초월하여 크게 발전할 수 있습니다.

'설립정신'이 생생히 맥동하는 한 미래는 끝없이 열립니다. 그러나 그 근본정신을 배우고 계승하는 사람이 없어지면, 어떤 사상과 단체도 형태만 남게 되어 머지않아 먼지 속에 파묻히고 말 것입니다.

인류의 마음을 윤택하게 하는 지성의 수맥(水脈)을, 그리고 수량(水量)을 늘리면서 어떻게 미래로 흘러갈 것인가. 저는 여기에 대학과 학술기관의 중요한 역할이 있다고 생각합니다. 그러려면 시대에 즉응한 지혜도 필요합니다.

지금 듀이협회가 주로 어떤 활동을 하고 있는지 독자 여러분에게 소개해주시지 않겠습니까?

히크먼　듀이협회는 해마다 전미교육연구협회와 합동으로 연차총회를 개최하고, 강연회와 공개토론회를 여는 등 다채로운 활동을 하고 있습니다. 그리고 협회의 사회문제위원회는 인터넷상에서 정보를 제공하고 있으며, 협회가 발행하는 잡지 〈교육과 문화〉(연 2회 발간)도 널리 읽히고 있습니다. 그 외에 협회의 임원과 회원은 여러 지역에서 존 듀이의 업적을 알리고 전하는 데 힘쓰고 있습니다.

예를 들어 지난 15년 동안 저는 한 달에 한 번꼴로 강연했습니다. 또 중국, 이탈리아, 헝가리, 폴란드, 독일을 비롯해 일본의 소카대학교에 듀이센터를 설립할 때도 도움을 주었습니다.

개리슨 교수도 각지에서 강연을 하며 협회의 사업을 추진하기 위해 활발히 활동하고 있습니다.

개리슨　우리 협회는 듀이의 철학을 장려함으로써 듀이가 바란 사회정의와 개선에 적극적으로 참여하는 교육의 진흥을 목표로 합니다.

저는 협회에서 심포지엄을 열 때는 듀이의 사상에 이의를 제기하는 사람도 초대합니다.

왜냐하면 이 협회는 앞서 말씀드린 대로 '반성적 지성의 실천과 대화의 정신, 다른 의견의 존중'이라는 듀이의 정신에 따라 설립했기에 이의를 제기하는 사람들을 존경하는 마음을 담아 초대하면 듀이의 정신을 살릴 수 있다고 생각했기 때문입니다.

듀이가 세상을 떠난 지 벌써 60년 가까이 세월이 흘러 모든 것이 여러 면에서 진전을 이루었지만, 상황의 변화에 적응하기를 마다하지 않은 듀이는 그러한 지적 성장과 변화를 틀림없이 상찬할 것이라고 생각합니다.

교육에서 후계가 갖는 의의

이케다 시대의 '변화'에 대한 유연하면서도 창조적인 지혜와 탐구심, 그리고 끝없는 진보와 성장을 위한 도전이야말로 듀이철학의 진수입니다.

2008년 여름 나가노에서 두 교수님을 맞았을 때 개리슨 박사는 '후계' 다시 말해 '계승한다'는 의의에 대해 이렇게 말씀하셨습니다.

"교육은 세대에서 세대로 계승되어 전해집니다. 청년의 역할이 매우 중요합니다."

정말이지 제 생각과 똑같았습니다. 저도 늘 청년을 가장 소중히 여기고 청년과 고락을 함께 나누며 청년과 함께 성장하고자 유념했습니다.

그 어떤 사상의 혼도, 설립정신도 청년과 함께 창조하고 건설하는 공동작업 없이는 다음 세대에 전하여 발전시킬 수 없기 때문입니다.

마키구치 초대 회장과 도다 제2대 회장이 목숨을 건 '민중구제'의 정신을 청년인 저는 '불이(不二)의 제자'로서 이어받았습니다.

개리슨 박사는 '사제불이는 불멸의 유대'라고 말씀하셨습니다. 사제의 깊은 서원과 행동 속에서 정신의 계주는 영원히 이어집니다.

개리슨　이 대담을 시작하면서 말씀드렸지만, 도다 회장과 처음 만났을 때의 이야기를 들으면서 저는 이케다 회장의 눈빛과 목소리의 여운에서 깊은 배려와 굉장한 힘을 느꼈습니다. 그리고 제 머릿속에 맨 처음 떠오른 말이 '불멸'이었습니다.

저는 '사제관계'에 대한 이케다 회장의 생각에 예전부터 큰 관심을 갖고 있었습니다. 저는 '사제관계'를 교사와 학생이 서로 힘을 합쳐 탐구하는 관계라고 생각합니다.

이케다　'사제관계'가 '서로 힘을 합쳐 탐구하는 관계'라는 말씀은 중요한 지적입니다.

인류의 역사를 거슬러 올라갈 때 이러한 인간교육의 모범이 되는 유대로 찬연히 빛을 발하는 것이 소크라테스*와 플라톤*의 사제관계입니다.

소크라테스가 설한 철학의 진수는 제자 플라톤이 있었기에 2400년이 지난 오늘날까지 전해졌습니다.

히크먼　1930년, 듀이는 짧은 자전적 논문에 "역시 플라톤의 철학을 읽기 좋아한다"[9]고 썼습니다.

대체 플라톤의 어떤 점에 그렇게 마음이 끌렸는가. 듀이는 자신의 마음을 사로잡은 매력에 대해 이렇게 말했습니다.

"그것은 진리를 발견하고자 온갖 수단을 동원하여 드라마틱하게 끝까지 서로 힘을 합쳐 계속 탐구하는 대화편(對話篇) 속 플라톤의 모습이다. (중략) 형이상학*의 끝없는 비상(飛翔)을 언제나 사회적, 현실적인 전개로 끝내는 플라톤의 모습이다."[9]

이 플라톤은 스승인 소크라테스에게서 깊이 촉발된 플라톤이고, 플라톤의 끝없는 탐구는 지금도 현대를 살아가는 우리에게 큰 관심과 가치의 원천이 되었습니다.

그리고 듀이는 그것은 '대학교수의 원형으로 취급하는, 상상력이 부족한 평론가들이 만들어낸 것'으로 플라톤의 모습이 아니라고 덧붙여 말했습니다.[9]

이케다　잘 알았습니다. 끊임없이 진리를 추구하고 계속 탐구하는 플라톤의 진지한 구도심에 듀이는 깊이 공감했을 것입니다.

특필할 만한 점은 플라톤이 그 유명한 '두 번째 편지'에 이렇게 썼다는 사실입니다.

"플라톤의 책은 전에도 없고 앞으로도 없을 것입니다. 세상에서 플라톤의 책이라고 부르는 것들은 '젊고 아름다워진 소크라테스'의 책입니다."[11]

이 구절은 예부터 다양한 해석이 이루어져 연구자들을 괴롭혔지만, 일본의 고명한 교육자 하야시 다케지 교수는 이 '젊고 아름다워진 소크라테스'는 '플라톤 속에 살아 있는 소크라테스'[11]를 말한다고 통찰했습니다.

제자의 생명 속에 스승이 영원히 젊디젊게 살아 있는 것입니다. 이것은 동서고금의 사례를 보더라도, 또 제 체험에서 보더라도 찬동할 수 있습니다.

지금의 제가 있는 것은 스승인 도다 회장 덕분입니다. 만약 도다 회장에게서 배우지 않았다면, 지금의 제 사상과 행동은 없을 것입니다.

은사가 돌아가신 뒤에도 저는 제 가슴속에 있는 도다 회장과 늘 대화를 나누고 지도를 받으면서 숱한 어려움을 이겨냈습니다. 이것이 제 솔직한 심정입니다.

어쨌든 플라톤은 스승인 소크라테스가 형을 받아 죽은 뒤에도 틀림없이 스승과 나누는 진지한 대화를 자신의 가슴속에서 이어갔을 것입니다.

그 구도심 넘치는 대화의 궤적이 인류를 비추는 불멸의 빛이
된 것이 아닐까요.

서양 '철학의 원류'에도 희유의 '사제 간 대화'가 있고, 불멸
의 '사제정신의 계승'이 있었습니다. 여기에는 아무리 퍼내도
마르지 않는 인간교육의 원천이 있고, 인류의 미래를 비추는
빛나는 영지가 있었습니다.

    히크먼   말씀하신 대로 플라톤과 소크라테스의 사제관계
는 좋은 범례로써 세상에 널리 알려져 있습니다.

그 외에도 철학 분야에서 제 머릿속에 떠오르는 유명한 사제
관계를 꼽아보자면, 기독교 신학자 알베르투스 마그누스*와
《신학대전》을 저술한 토마스 아퀴나스*, 영국의 공리주의 철
학자 제러미 벤담*과 《자유론》의 저자 존 스튜어트 밀*, 그리
고 우리 미국의 에머슨*과 소로* 등이 있습니다.

이러한 인물들의 사제관계는 모두 시대가 크게 바뀔 때 구축
되었습니다.

알베르투스 마그누스와 토마스 아퀴나스에 관해 말하자면,
당시 오랫동안 어둠 속에 묻혀 있던 아리스토텔레스*의 저서
들이 이슬람세계에서 새롭게 발견되기 시작해서 그 사상을
로마 가톨릭교회의 교의에 어떻게 융화시키느냐가 두 사람
에게는 가장 큰 문제였습니다.

벤담과 밀에게는 귀족을 우대하는 지배체제에서 여성과 노

동자를 어떻게 해방시키느냐가 큰 주제였습니다.

그리고 에머슨과 소로에게는 어떻게 하면 한 사람 한 사람이 세상과 동떨어진 기독교의 인습적인 관습을 깨고 '대아(大我)'와 일체감을 실감할 수 있느냐가 중요한 과제였습니다.

물론 철학 분야 외에도 유명한 사제관계는 수없이 많습니다. 예를 들어 음악계를 살펴보면, 하이든*은 처음에는 모차르트*의 스승이었지만, 나중에는 제자가 되었습니다.

삼대에 걸친 사제관계

개리슨 저는 2자관계도 중요하지만 3자관계가 더욱 중요하다고 생각합니다. 소크라테스, 플라톤, 아리스토텔레스로 이어지는 삼대(三代) 관계가 서양 사상사에서 가장 중요한 교사와 학생의 학구(學究) 관계, 또는 사제관계였다는 것은 의문의 여지가 없는 사실이고, 이것을 부정하는 사람은 아마 없을 것입니다.

그리고 마키구치 회장, 도다 회장, 이케다 회장으로 이어지는 삼대의 사제 또한 사제관계의 연속성을 나타내는 의의 깊은 사례라고 생각합니다.

이케다 회장은 마키구치 회장과 도다 회장이 걸은 길을 그대로 걸어오셨습니다. 이를 통해 이케다 회장은 많은 사람이

뒤따를 수 있는 큰길을 만드셨습니다.

물론 글자 그대로의 의미로 이렇게 말씀드리는 것은 아닙니다. 소크라테스의 최대 업적이 제자 플라톤이고, 플라톤의 최대 업적이 제자 아리스토텔레스이듯 마키구치 회장의 최대 업적은 도다 회장이었다는 의미로 말씀드리는 것입니다. 도다 회장의 최대 업적은 이케다 회장이라고 생각합니다.

이케다 창가의 사제를 깊이 이해해주셔서 진심으로 감사의 말씀을 드립니다.

우리가 펼치는 운동에서도 삼대에 걸친 사제관계는 깊은 의의가 있습니다. 전인격(全人格)을 건 일대일의 사제관계가 이대(二代)에 그치지 않고 삼대로 이어진다, 이 연속 작업이 이루어져야 사제정신의 '영원성'이 길러지기 때문입니다.

젊은 시절 도다 회장은 홋카이도에서 초등학교 교사로 일했습니다. 1919년 연말부터 이듬해 연초에 걸친 겨울방학을 이용하여 도쿄에 갔을 때 초등학교 교장을 지내던 마키구치 회장을 찾아갔습니다. 당시 열아홉 살이었습니다.

그리고 1920년 봄, 본격적으로 상경하여 마키구치 회장 슬하에서 임시대체교사로 채용되었습니다.

권위와 권력에는 결코 영합하지 않은 마키구치 교장이 거만한 정치가의 부당한 압력을 받아 다른 초등학교로 좌천된 때는 그 직후의 일이었습니다. 도다 청년은 이러한 횡포에 반대해, 마키구치 교장을 따르는 다른 교사들과 함께 항의운동을 일으켰습니다. 학부모들도 마키구치 교장을 진심으로 경애하고 지지했습니다.

창가의 초대·제2대의 사제는 이렇게 불이(不二)의 걸음을 걷기 시작했습니다. 그리고 10년 뒤인 1930년 11월 18일, 마키구치 회장의 대저(大著) 《창가교육학체계》가 스승의 교육사상을 세상에 알리겠다고 결의한 도다 회장의 손으로 발간되었습니다.

그 뒤 십수 년 동안 '교육개혁'에서 '종교혁명'의 길로 나아간 선사와 은사는 국가신도를 정신적 지주로 삼은 군국주의에 저항하며 사상과 신교의 자유를 관철했습니다.

그 결과 치안유지법이라는 악법에 따라 억울한 죄를 덮어쓰고 불경죄 혐의로 태평양전쟁 와중에 체포되어 투옥되었습니다.

그리고 마키구치 회장은 1944년 11월 18일, 옥중에서 서거했습니다. 감옥에서 스승이 돌아가셨다는 소식을 들은 도다 회장은 소리 높여 슬피 울면서 스승의 유지(遺志)를 실현하겠다고 서원했습니다.

패전을 눈앞에 둔 1945년 7월 3일, 도다 회장은 살아서 옥문을 나와 전쟁으로 불타버린 들판에 홀로 서서 학회를 재건하기 시작했습니다.

마키구치 회장의 2주기 법요 자리에서 도다 회장은 돌아가신 스승을 추모하며 이렇게 말했습니다.

"당신의 광대무변한 자비는 저를 감옥까지 데려가주셨습니다."[12]

도다 선생님의 이 말씀을 듣고 느낀 그 감동을 저는 지금도 잊을 수 없습니다. 이 생사를 초월한 숭고한 사제의 길을 저 또한 인류의 평화와 행복을 위해 긍지 드높이 걸어가자고 결의했습니다.

그렇게 서원한 대로 오늘날까지 행동하여 세계에 평화와 문화와 교육의 연대를 넓힌 것이 제 인생의 가장 큰 영예이자 기쁨입니다.

히크먼 지금 말씀하신 사제관계만큼 희유하면서도 숭고한 관계는 없다고 생각합니다. 더구나 그러한 사제관계가 대대에 걸쳐 계승되었다는 사실은 경탄할 만합니다.

오늘날처럼 시대가 안정되고 물자가 풍족한 시대야말로 어떤 위기에 직면해도 어려움을 뚫고 나아가 더욱 강해지고 성장하는 '참된 사제관계'를 환기시켜 칭찬하는 것이 특히 중요하다고 생각합니다.

여기서 말하는 위기 예를 들면 고립된 개인이 회의감이나 절망감에 사로잡힐 때, 성공 가능성 따위는 전혀 없다고 생각될 때, 명확한 목표나 일치된 목적의 공유가 특히 중요시될 때 등이 해당됩니다.

지금 나누는 대화를 통해 다시 한번 깊이 느끼는 것은 우리는 모두 저마다 가장 훌륭한 제자, 또는 가장 훌륭한 스승이 될 수 있도록 더욱 노력을 거듭해야 할 의무가 있다는 점입니다.

개리슨　군부권력에 맞서 싸우다 좁은 독방에서 옥사한 마키구치 회장을 현창하는 도쿄마키구치기념회관의 웅장한 위용을 실제로 보고 저는 이렇게 생각했습니다.

'언뜻 패배로 보일 수 있는 마키구치 회장의 옥사를 도다 회장과 이케다 회장, 그리고 창가학회는 전부 '승리'로, 그리고 '영원한 것'으로 전환했다.'

도쿄마키구치기념회관은 멸하지 않는 사제정신의 계승을 상징한다고도 할 수 있을 것입니다.

저는 '사제'에는 두 가지 요소가 있다고 생각합니다.

첫째, 사제 간에는 근본적인 '정신적 대등성'에 바탕을 둔 '유대'가 있어야 합니다. 바꿔 말하면, 제자가 탐구의 길을 나아가도록 스승이 제자를 돕겠다고 결의하는 속에 사제가 함께 성장할 가능성이 내포되어 있다고 생각합니다.

함께 탐구의 길을 걷는다, 창가학회의 표현을 빌려 말하자면 '사제공전(師弟共戰)'이 매우 중요합니다. 스승과 멀리 떨어져 있다 해도 사제는 서로 강한 유대로 맺어져 있습니다.

결과를 수반하지 않는 원인은 없습니다. 따라서 결과는 어떤 의미에서 원인의 원인이라고 할 수 있습니다. 제자가 없으면 스승도 없습니다. 제자는 스승의 출현을 돕는 존재이자, 스승이 길을 나아가도록 돕는 존재라고 생각합니다.

이케다 불법에서도 제자를 '인(因)'으로 보고, 스승을 '과(果)'로 봅니다. '사제'의 초점은 실은 제자에게 맞춰져 있고, 모든 것은 제자로 결정됩니다. 그리고 사제는 일체불이(一體不二)입니다.

따라서 제자의 승리가 스승의 승리이고, 스승의 승리는 제자의 승리입니다. 이것은 심오한 방정식으로, '사제불이(師弟不二)'야말로 불법의 진수입니다.

마키구치 초대 회장과 도다 제2대 회장의 사제 간에도 인격적인 만남과 '공전(共戰)'이라는 정신적인 유대가 있었습니다. 그 유대를 통해 마키구치 회장은 니치렌불법을 기반으로 한 사상을 어떻게 심화하고 전개해야 하는지를 도다 회장에게 가르쳤습니다.

저도 도다 회장을 만나 제자로서 투쟁하면서 도다 회장이 옥중에서 깨달은 묘법의 현대적 전개에 대해 상세히 배웠습니다.

이렇게 삼대의 만남과 사상의 계승은 불법을 기조로 한 민중운동에 생생히 맥동하고 있습니다.

개리슨 두 번째 요소는 스승과 관련된 것입니다.

창가학회의 용어를 빌려 말하자면, 우주의 생명력을 관장하는 '묘법(妙法)'이 늘 궁극적인 '스승'의 위치에 해당합니다. 한편 듀이는 학생에게 '스승'이 되는 것은 '자연'을 경험하는 일이라고 했습니다. 이 '자연'을 경험할 때는 교사와 학생이 함께 탐구하고 서로 협력해야 합니다. 저는 여기에 듀이와 창가학회의 사상적 유사성이 있다고 생각합니다.

이케다 우리가 신봉하는 니치렌 대성인에게 그 신앙과 사상을 쌓아올리는 직접적인 스승이 된 것은 바로 영원불변의 '법(法)'이었습니다.

불전에는 이렇게 씌어 있습니다. "법(法)이란 제법(諸法)이고 사(師)란 제법(諸法)이 곧 스승이 되는 것이며, 삼라삼천(森羅三千)의 제법(諸法)이 곧 스승이 되고 제자가 되어야 하느니라."《니치렌 대성인 어서전집》〈창가학회판〉 736쪽. 이하 《어서》라고 약칭한다.) 마키구치 회장에게도 그 신앙의 심화는 '법'의 탐구와 실천 속에 있었습니다.

이와 더불어 일반적으로 사제에는 인격적인 일대일의 '실존적 체험'의 계승이라는 요소가 있습니다. 저작을 발표하여 후세에 알리는 경우에도 이 실존적 체험이 내용에서 빠져버리면, 스승의 본래 사상도 말만 앞세우는 형식이 되어 생기를 잃고 맙니다.

그러나 '법'의 탐구와 실천의 심화 없이 실존적 체험이라는 요소만을 지나치게 강조하면, 물리적·시간적인 이유로 스승과 직접 만날 수 없는 사람들에게 스승의 진정한 가르침을 전할 수 없게 됩니다.

이 긴장관계는 역사상 수많은 사제관계에 공통되는 난제일지도 모릅니다.

그런 의미에서도 세계 192개국·지역으로 넓혀진 우리 창가의 연대가 펼치는, 불법을 기조로 한 평화·문화·교육운동의 진가가 발휘되고 검증되는 것은 이제부터 시작이라고 생각합니다.

개리슨 듀이는 사람들이 '멘토(스승)'가 아닌 '마스터(주인)'라고 말하는 데는 찬성할 수 없다고 했습니다.

'사제' 관계와 '주인과 하인' 관계는 확실히 구별해야 합니다. 회장이 말씀하신 과제는 듀이가 '마스터'라고 불리는 존재에 대해 품은 우려와 똑같습니다. '마스터'는 자신만이 초자연적인 것이나 천국 또는 열반에 도달할 수 있다든지, 자신만이 신이나 붓다(부처)의 뜻을 알 수 있다고 생각합니다. 그리고 일단 한번 그러한 경지에 도달하거나 적어도 다른 사람들보다 가까워지면, 자신이 독자적인 가르침을 터득했다고 믿어버립니다. 그들에게 제자가 스승에게서 배우고, 스승도 제자에게서 배운다는 사고방식은 '상상조차 할 수 없을 것'입니다.

마키구치 초대 회장(오른쪽), 도다 제2대 회장(왼쪽)과 각국어로 번역된 《창가교육학체계》

그런 의미에서 일련정종(日蓮正宗) 종문의 승려는 마치 '마스터'와 같습니다. 그들이 바란 것은 '주인과 하인'의 관계이고, 그들이 요구한 것은 그저 말없이 복종하기만 하는 제자였습니다.

한편 마키구치 회장은 니치렌불법을 발견했을 때 니치렌과 마찬가지로 그 가르침을 민중과 함께 탐구하기를 바랐습니다. 마키구치 회장, 도다 회장, 이케다 회장은 그야말로 진정한 의미에서 '사제관계'를 구축하셨습니다. 창가학회는 일련정종 종문과 힘을 합치려고 노력했지만, 어떤 의미에서는 창립 당초부터 종문과 갈라설 운명이었는지도 모릅니다.

이케다 참으로 예리하고 깊은 이해에 거듭 감사의 말씀을 드립니다.

뒤를 이을 사람들을 자기보다 훌륭하게 육성한다

히크먼 듀이는 자신에게 큰 영향을 준 윌리엄 제임스의 주장을 그대로 받아들여 '신념은 그것이 개인적 욕구와 객관적 상황의 요구(물리적으로 실행 가능한가 아닌가 등) 양쪽을 충족할 때 비로소 진짜가 된다'는 원칙을 내세웠습니다.

이 원칙은 수학이나 자연과학 등을 탐구하는 추상적인 인간의 행위와 마찬가지로 사제라는 관계에도 적용할 수 있습니다. 이러한 사고방식은 이케다 회장이 통찰의 원천이 되는 '인격'과 '법'의 관계에 대해 말씀하신 것과 일맥상통한다고 생각합니다.

이케다 회장이 말씀하신 균형은 대학 수준에서는 특히 중요합니다. 교수는 연구와 수업의 균형을 맞춰야 합니다. 연구에만 지나치게 중점을 두면, 학생과 나누는 교류나 학생에게서 배움으로써 얻을 수 있는 중요한 통찰들을 차단하게 됩니다. 반면에 날마다 수업에만 지나치게 치중하면, 교실 밖 현실세계에 대한 체계적인 탐구가 소홀해질 것입니다. 교사에게는 힘을 충전하여 새로운 탐구의 길을 걸을 시간이 반드시 필요합니다.

듀이가 다음과 같은 문장을 썼을 때 듀이의 머릿속에는 '인격'과 '법'의 참된 균형이 있었으리라 생각합니다.

다시 말해 가장 완전한 의미에서 '경험'은 '한 사람 한 사람이 주위 환경, 특히 인적 환경과 자유롭게 교류하여 사물을 있는 그대로 더욱 깊이 앎으로써 자신의 욕구와 소망을 발전시키고 충족시키는 것'[10]이라고 말입니다.

이러한 경험의 촉진이야말로 우리 교수가 자신만을 위해서가 아니라 학생들을 위해서도 노력해야 하는 부분입니다.

그리고 제가 소카학원과 소카대학교에서 엄연히 발견한 것이 바로 이러한 의미에서의 '경험'입니다.

이케다　듀이철학의 진수를 계승하신 박사에게서 이처럼 깊은 차원의 평가를 받아 창립자로서 참으로 기쁩니다.

다이아몬드는 다이아몬드로만 연마할 수 있듯이, 인간만이 인간을 연마할 수 있습니다.

보편적인 진리를 함께 탐구하고 서로 절차탁마하면서 선도자가 뒤를 이을 사람들을 자기보다 훌륭하게 육성해야 합니다. 여기에 새로운 가치창조가 있고, 인류의 진보가 있습니다. 그리고 교육의 진수가 있습니다.

듀이 박사가 "한 사람이 또는 한 집단이 이뤄낸 일이 그 뒤를 따르는 사람들에게 발판이 되고 출발점이 된다"[13]고 말한 대로입니다.

개리슨 실은 히크먼 박사와 저는 듀이의 고향인 버몬트주 벌링턴을 여러 번 찾아갔습니다.

듀이가 졸업한 버몬트대학교의 오래된 도서관 옆에는 듀이의 묘비가 있습니다. 그 묘비에는 바로 지금 이케다 회장이 소개하신 듀이의 저서 《공통신앙》의 마지막 구절이 새겨져 있습니다. 이 구절은 이케다 회장도 좋아하신다고 들었습니다.

"문명 속에서 우리가 소중히 여기는 것들은 우리 자신의 것이 아니다. 그것들은 우리가 소속된 인간사회의 끊임없는 영위(營爲)와 신로(辛勞)에 대한 보답으로 존재한다. 우리에게는 물려받은 유산의 가치를 지키고, 전하고, 개선하고, 발전시킬 책임이 있다. 그리고 뒤를 이을 사람들이 우리가 물려받았을 때보다 더욱 확실한 형태로 그 가치를 이어받아 더 많은 사람에게 풍요롭게 나눌 수 있도록 해야 한다."[14]

우리는 이어받은 유산을 다음 세대에 물려주어야 합니다. 우리가 '주인'과 같은 태도를 취하면, 그저 유산을 건네주는 데 그치고 말 것입니다.

그러나 '스승'과 같은 훌륭한 지도자의 자세를 취하면, 우리
는 다음 세대의 사람들과 함께 그 유산을 개선하거나 새로운
가치를 더하는 탐구의 길을 걸을 수 있습니다.

이것이야말로 진정한 '사제의 불멸성'이라고 할 수 있겠지요.
그 속에서 스승은 제자와 함께 탐구의 길을 걸으며 여러 가
치를 유지하고 바로잡거나 창조합니다. 듀이의 묘비에 새겨
져 있는 정신도 바로 여기에 있습니다. 그리고 그 정신을 완
벽히 구현한 단체가 창가학회입니다.

좋은 스승,
좋은 벗,
좋은 인생

프래그머티즘의 매력

이케다 "인간은 고뇌 속에서도 행복을 발견할 수 있다. 만약 용감하고 평정한 정신을 갖는다면, 유쾌하지 않은 경험이 이어진다 해도 불평하는 일 없이 쾌활하게 지낼 수 있다."[15] 이 말은 제가 마음에 새긴 존 듀이 박사의 인생철학입니다.

'철학'이라고 하면 난해하다는 이미지가 있지만, 듀이 박사의 철학은 결코 추상적이지 않습니다. 어디까지나 사람들의 생활에 바탕을 둔 인간의 행복을 위한 철학입니다.

그 철학은 거드름 피우지 않는 '보통 사람의 철학'입니다. 미국의 용감한 개척정신에 불타는 민중의 '생활철학'입니다. 그리고 활기차게 인생을 꿋꿋이 살아가는 '행동철학'입니다.

듀이의 이러한 철학이야말로 21세기에 요청되는 지혜와 활력의 보고(寶庫)입니다.

그럼 이 철학은 어디에서 출발했는가. 이번에는 그 기본적인 부분부터 살펴보고자 합니다.

듀이 박사의 철학은 일반적으로 '프래그머티즘(실용주의)'이라고 부릅니다. 이 말은 어디에서 유래하는지요?

개리슨 '프래그머티즘'이라는 말은 '행위', '행동' 등을 뜻하는 그리스어 '프라그마(pragma)'에서 유래했습니다. 찰스 퍼스는 칸트의 사상에 촉발되어 그 사상을 재구축하고 실생활의 행동을 더욱 강조한 '프래그머티즘'을 창시했습니다.

칸트가 제창한 '진(眞)·선(善)·미(美)'의 가치체계를 '미(美)·이(利)·선(善)'으로 바꾼 창가교육의 창시자 마키구치 초대 회장도 듀이와 마찬가지로 '올바른 행위'가 무엇보다 중요하다고 생각했습니다.

물론 '진(진리)'은 '올바른 행위'를 하는 데 큰 도움이 됩니다. 그러나 두 사람의 철학은 '행동철학'이었습니다. 그래서 '진'을 중심적인 개념으로 삼지는 않았습니다.

이케다 그렇습니다. '올바른 행위'로 가치를 창조하는 인생을 여는 것이 인간에게는 근본입니다. 이를 위해 철학은 무엇을 할 수 있는지, 이 물음에 정면으로 맞서고자 했습니다. 여기에 프래그머티즘의 매력이 있습니다.

마키구치 회장은 《창가교육학체계》에서 교육의 목적은 '아이들의 행복'에 있다고 선언했습니다. 교육은 아이들의 성장과 발전을 '행복한 생활' 속에서 실현해야 한다고 강조했습니다. 그리고 그 방증으로 '생활' 그 자체를 교육의 중심으로 옮긴 듀이 박사의 철학을 소개했습니다.[16]

'생활'을 근본으로 한 마키구치 회장의 사상은 신앙자로서도 일관되어 있었습니다.

종교는 어디까지나 현실생활 속에서 인간을 성장시키고 민중을 행복하게 만들면서 사회의 평화와 발전에 기여해야 한다고 생각했습니다.

우리 창가학회는 이 정신을 이어받아 신앙의 실천을 통해 민중 속에 '행복과 평화의 철학', '가치창조의 철학'을 생생히 발현시켰습니다.

이전에도 말씀드렸지만, 저는 기존의 가치관이 무너진 제2차 세계대전 후에 청춘 시절을 보내면서 '올바른 인생'이란 무엇인지를 필사적으로 모색한 사람입니다.

그렇게 탐구하는 나날을 보내다 도다 선생님을 만났습니다. 처음 만난 날, 저는 맨 먼저 이렇게 물었습니다.

"올바른 인생이란 도대체 어떤 인생을 말합니까?"

선생님은 '그것은 난문(難問) 중의 난문'이라며 성실하고 명쾌하게 답하셨습니다. 그리고 마지막에 이렇게 말씀하셨습니다.

"올바른 인생이란 무엇인가 하고 생각해도 좋습니다. 그러나 생각할 시간에 대성인의 불법을 실천해보십시오. 청년이 아닌가. 반드시, 언젠가는 자연히 자신이 올바른 인생을 걸고 있다는 사실을 발견할 것입니다. 나는 이것만큼은 틀림없다고 말할 수 있습니다."

그 말을 믿고, 저는 도다 선생님의 제자가 되어 불법을 실천하기로 결심했습니다.

히크먼 멋진 사제의 만남을 소개하면서 날카롭게 문제를 제기해주셨습니다. 듀이철학의 핵심을 찌르는 문제입니다.

듀이는 '프래그머티스트(pragmatist)'로서 철학을 '단순하고 세련된 고찰과 지적인 난문에 대한 몰입을 넘어선 것'이라고 생각했습니다. 자신이 이름 붙인 '공허한 추상개념'을 몹시 비판했습니다.

듀이의 방법은 먼저 실제로 경험한 갖가지 어려움에서 출발하여 이로부터 안정상태를 되찾는 데 필요한 도구(수단)를 적용함으로써 달성됩니다.

이케다 듀이 박사가 자신의 관점을 '프래그머티컬(pragmatical, 실용적)'이라고 말한 것은 그런 이유이지요.

'철학은 어디까지나 수단이지 목적이 아니다. 인간의 향상과 성장을 위해 존재한다'는 점이 명쾌했습니다.

히크먼 그렇습니다. 그러나 각각의 경우에서 이 방법의 진정한 목적은 그저 개별적인 문제를 해결하는 데만 있는 것은 아닙니다. 오히려 각 개인이 자기 인생의 의미를 깊고 풍요롭게 하여 저마다 처한 사회환경 속에서 성장하는 것을 촉진하는 데 목적을 두고 있습니다.

그리고 이것이 효과를 나타낼 때 비로소 거기에 가치가 생긴다고 할 수 있습니다. 이렇게 생각하면, 마키구치 회장의 가치론과 듀이의 성장 개념은 확실히 서로 닮은 점이 많다고 생각합니다.

이케다　말씀하신 대로입니다.

마키구치 회장은 '생명이 신장(伸長)하는 데 도움을 주어야 가치가 있다고 할 수 있다'[16]고 논했습니다.

인간적으로도, 사회적으로도 한 사람 한 사람의 생명 그 자체를 성장시키고 풍요롭게 하는 것을 가장 중요한 의의로 삼았습니다.

"자타 함께 개인과 전체의 공존공영을 이룰 수 있는 인격으로 끌어올리는 것이 교육이다."[16] 이것이 마키구치 회장의 신념이자 철학이기도 했습니다.

개리슨　듀이는 확실히 고도의 추상개념을 다루는 철학의 대가였지만, 철학을 난해하고 심원한 학문으로 접근하여 연구하는 것을 좋아하지 않았습니다. 그것이 자신의 선천적인 성향이라고 자인했습니다.

히크먼 박사, 개리슨 박사와 즐겁게 이야기 나누는 이케다 SGI 회장(2008년 8월, 나가노)

듀이는 유명한 저서 중 하나인《철학 회복의 필요성》[(17)]에서 철학이 철학자의 교재에 머물지 않고, 민중의 교재가 되어 생활을 위한 그리고 생활 속의 의문을 해결해주는 교재가 된다면, 반드시 자기회복을 이룰 것이라고 말했습니다.

창가학회도 그렇지만, 듀이는 고뇌를 해소하고 개선하는 일이 철학이 해야 할 중요한 역할이라고 생각했습니다.

듀이의 철학은 '살아 있는 철학'입니다. 듀이의 프래그머티즘은 '생활을 위한 철학'이자 '사회변혁을 위한 철학'입니다. 그리고 그 목표는 결국 '성장'입니다.

듀이는 '성장'이 바로 교육의 목적이고, 인생의 목적이라고 명확히 말했습니다.

듀이에게 인생의 의미는 더욱 큰 '의미'를 만들어내는 데 있었습니다. 그것은 '인생의 의미는 늘 더욱 큰 가치를 만들어내는 데 있다'고 말하는 것과 거의 같습니다. 요컨대 이런 점에서 창가학회가 목표로 하는 것과 매우 닮았습니다.

좋은 스승을 만나다

이케다 깊이 찬동합니다. 교육도, 철학도 본디 사명은 가치를 창조하는 데 있지 않을까요.

듀이 박사는 여든 살 때 어느 인터뷰에서 '불안하고 문제가 많은 세계에서 당신은 어떻게 살아왔느냐'는 질문에 이렇게 답했습니다.

"내 인생철학은 본질적으로는 단순한 말이지만, 인내심 강하게 노력하는 데 있다."[18]

'프래그머티즘'이라는 철학은 듀이 박사가 말하고 자신이 체현한 대로 '인내심 강하게' 살아서 자타 함께 행복을 쟁취하기 위한 '가치창조의 철학'이라고 할 수 있을지도 모릅니다.

듀이 박사의 이러한 철학이 확립되는 과정에는 많은 사람의 영향이 있었다고 생각합니다. 특히 듀이의 인격을 높이는 좋은 스승을 만났다는 사실은 빼놓을 수 없습니다.

버몬트대학교 시절에 가르침을 받은 헨리 오거스터스 피어슨 토리* 교수, 철학 논문을 발표할 기회를 마련해준 윌리엄 토리 해리스* 박사, 그리고 존스홉킨스대학교에서 여러모로 신세를 진 조지 실베스터 모리스* 박사 등 학문과 인생의 스승이라고 할 수 있는 인물들이 있습니다.

　　개리슨　　맞습니다. 듀이는 글자 그대로 토리 교수와 모리스 박사가 가르친 학생으로, 이른바 '제자'였습니다. 듀이는 그들을 스승으로 삼아 탐구의 길을 함께 걸었습니다. 듀이는 이에 대해 매우 감사하게 생각했습니다.

토리 교수는 존스홉킨스대학교 대학원에 진학하도록 격려해주었습니다.

듀이는 자전적인 저서《절대주의에서 실험주의로》에서 토리 교수에 관해 이렇게 에둘러 말했습니다.

"토리 교수는 본디 내성적이라 자신의 생각을 명확히 밝히는 일이 없었다. 좀 더 의견을 말했다면, 틀림없이 위대한 업적을 남겼을 것이다. 그러나 때때로 단둘이 대화를 나눌 때면 교수는 자신의 생각을 명확히 말했다."[9]

이것은 매우 열정적이고 유능한 제자가 실제로 '은사'가 나아가는 길에 도움을 줄 수 있는 아주 흥미로운 경우라고 생각합니다.

그러나 듀이가 말한 것처럼 토리 교수는 본질적으로 내성적인 성격이라 그 소극적인 태도가 자신이 나아가는 길에 걸림돌이 되었습니다. 그 점을 듀이는 매우 유연한 표현으로 평한 것입니다.

그것은 분명 듀이가 토리 교수를 존경하고 은의(恩義)를 느꼈기 때문입니다. 듀이는 결코 '은혜를 모르는 제자'가 아니었고, 듀이의 말은 사실이었습니다.

또 모리스 박사가 비교적 젊은 나이에 갑자기 세상을 떠났을 때 듀이는 추도문을 썼습니다. 여기서도 그는 모리스 박사의 탁월한 정신력과 함께 그 인격을 상찬했습니다. 그리고 모리스 박사에게 '시(詩)의 정신과 철학의 정신은 같다'고도 말했습니다.

히크먼 듀이는 펜실베이니아주 오일시티에 있는 고등학교에서 2년간 교단에 선 뒤 고향인 벌링턴으로 돌아와 다시 토리 교수에게 가르침을 청했습니다.

또 해리스 박사의 조언과 후원이 없었다면, 듀이는 철학 전문가의 길을 걷지 못했을 것입니다. 해리스 박사는 미국 최초로 철학 전문지를 창간한 사람으로 훗날 교육부 장관이 된 인물입니다.

그리고 모리스 박사는 듀이가 존스홉킨스대학교 대학원생일 때 주임교수였습니다. 듀이가 1884년에 박사과정을 마쳤을 때 모리스 박사는 듀이에게 미시간대학교 교직 자리를 마련 해주었습니다.

그러한 모리스 박사가 1889년, 캠핑여행 도중 마흔여덟 살이 라는 젊은 나이에 불의의 죽음을 맞았을 때 듀이는 은사 모 리스가 가르치는 철학은 스승의 인격에 상응하는 것이었다 는 점, 스승이 생애 아름다운 것을 사랑하고 깊은 배려심으 로 가득한 사람이었다는 점 등을 써서 전했습니다.

더욱이 듀이는 은사가 가르친 철학의 내용, 다시 말해 이전 부터 분리되어 있다고 여겨진 자연과 초자연의 관계에 대한 더욱 깊은 진리, (인간의 가장 숭고한 통찰과 지향에서는) 자연과 정신 적인 것은 일체라는 진리를 밝히는 데도 힘을 기울였습니다.

그리고 듀이 부부는 1892년에 태어난 셋째 아이에게 '모리 스'라는 이름을 지어주었습니다. 듀이의 아내 앨리스도 미시 간대학교에서 모리스 박사의 가르침을 받았기에 두 사람 모 두 은사인 훌륭한 인물에게 진심으로 애정 어린 마음을 표하 고자 했습니다.

여기서 예로 든 은사 세 분은 듀이가 철학을 전문적인 직업 으로 삼는 데 큰 역할을 했습니다. 그러나 그뿐만이 아니었 습니다. 듀이는 본디 어느 누가 보아도 몹시 내성적이고 소 극적인, 정말이지 자신감이 없는 청년이었습니다. 세 은사의 지원은 틀림없이 듀이가 전문가의 궤도를 확립하는 데 도움이 되었습니다. 제가 생각할 때 그것은 또한 듀이의 인격적인 특질을 키우는 데도 분명 큰 도움이 되었습니다. 그러한 특질은 매우 광범위한 사람들, 특히 학술계에 몸담지 않는 사람들과 협력하여 일하려면 반드시 필요한 부분이었습니다. 머지않아 듀이는 교육개혁의 주역으로서 그러한 사람들을 만나게 되었습니다.

깊은 우정의 유대는 인생의 보물

이케다   정말 중요한 점을 지적해주셨습니다. 듀이 박사가 자신을 깊이 일깨워주고 지원해준 은사에게 얼마나 감사하고 존경심을 품고 있었는지를 잘 알려주셨습니다. 특히 듀이 박사의 인격적 성장에 큰 영향을 준 점은 매우 시사하는 바가 큽니다.

듀이 박사는 언제나 '겸손한 사람'으로서 학자와 학생뿐 아니라 노동자에서 사회운동가, 아이에서 여성에 이르기까지 실로 폭넓은 사람들과 허물없이 교류하며 지냈습니다. 그리고 깊은 우정의 유대를 맺으면서 자신의 사상과 철학을 심화시켰습니다.

조지 허버트 미드[*]와 제임스 헤이든 터프츠[*] 등 깊은 신뢰를 맺은 동료 연구원들과 공동작업을 하면서 철학을 발전시켰습니다.

에머슨이 "총명하고 마음이 풍요로운 벗과 함께 지내면 인생은 두 배로 열 배로도 풍요로워진다"[19]고 말한 그대로의 발자취였습니다.

좋은 벗을 갖는 것은 그 자체가 존귀한 보물이고, 인생을 더욱 풍요롭고 가치 있게 만듭니다. 벗과 교류를 나눔으로써 자신의 재능을 더욱 크게 펼치고 꽃피울 수 있습니다.

불법에서는 불도(佛道)를 함께 구하는 동지를 '선지식(善知識)', 다시 말해 '좋은 벗'이라고 하고, 좋은 벗과 가깝게 지내면 신앙도 깊어지고 지혜도 풍요로워진다고 설합니다.

듀이 박사가 내세운 철학의 배경에 이처럼 좋은 벗들의 네트워크가 있었다는 사실은 매우 주목할 만한 점이라고 생각합니다.

히크먼 말씀하신 대로 듀이는 친한 벗들의 도움도 많이 받았습니다.

그 대표적인 인물이 미드와 터프츠입니다. 그중에서도 특히 미드와는 무척 깊은 우정을 맺었습니다.

듀이와 미드는 미시간대학교의 동료 교수였습니다. 그리고 1894년에 듀이가 시카고대학교로 자리를 옮겼을 때 미드도 함께 자리를 옮겼습니다.

시카고대학교 시절 두 사람은 실험을 통해 심리학의 이론들을 증명하는 공동연구를 지속했습니다. 그리고 이러한 우정과 공동연구는 1931년에 미드가 세상을 떠나기 전까지 이어졌습니다.

듀이는 1925년에 발간한 대표작《경험과 자연》에서 '대화(커뮤니케이션)'의 중요성을 강조했는데, 듀이의 사고방식은 대부분 미드와 나눈 논의 속에서 탄생했다고 해도 과언이 아닙니다.

이케다　젊은 학자들에게도 좋은 참고가 될 만한 이야기군요.

깊이 신뢰하는 벗과 결실 있는 대화를 나눔으로써 서로 철학은 단단해지고 견고해지며 성숙해집니다. 두 사람의 진지한 대화는 인류의 새로운 지적 세계를 열었습니다.

불법의 실천도 대화입니다. '친구가 친구에게 묻듯이' 이것이 기조입니다.

창가학회는 매달 불법 철리를 함께 배우면서 신앙체험과 인생에 대해 서로 이야기하고 격려하는 '좌담회'를 가장 소중히 여기며 전통으로 삼았습니다.

이 '좌담회'는 마키구치 초대 회장이 '대선생활실험증명(大善生活實驗證明)좌담회'라고 이름을 붙인 모임에서 시작했습니다. 자신이 실천하는 신앙이 자신의 인생과 가족과 사회에 어떠한 이익을 가져오는가. 그 체험을 서로 발표하고 실험증명하는 모임이었습니다.

마키구치 회장은《학교와 사회》를 비롯해 듀이 박사의 여러 책을 읽고 깊이 공감했습니다. '실험증명'과 '대화'의 좌담회라는 착상도 듀이 박사의 철학에 가까운 부분이 있습니다. 이 점도 앞으로의 연구가 기다려집니다.

　개리슨　그것은 기대되는군요.

듀이와 '같은 길을 걸은 동지'의 예를 들자면, 엘라 플래그 영*과 제인 애덤스, 그리고 듀이의 아내 앨리스 부인을 꼽을 수 있습니다. 앨리스 부인은 지적인 면에서 듀이에게 큰 영향을 주었습니다. 이것은 중요한 점입니다. 듀이가 여성에게서 영향을 받은 것은 분명합니다.

일반적으로 여성은 결혼한 뒤에 남성에게 큰 영향을 주는 법인데 우리는 서로 결혼을 한 몸이니 이에 대해서는 잘 알 것입니다. (웃음)

　이케다　그 말씀에도 전적으로 찬동합니다. (웃음)

지금까지 많은 지도자를 만나면서 느낀 점은 위대한 남성 옆에는 반드시 위대한 여성이 있다는 점입니다.

현대 화학의 아버지이자 위대한 평화의 투사인 라이너스 폴링* 박사도 자신이 평화운동에 힘쓰게 된 것은 에이바 헬렌 부인 덕분이라고 명확히 말했습니다.

"제가 핵무기를 반대하는 자세를 취하겠다고 결단하게 된 결정적인 이유는 아내에게 변함없이 존경받고 싶다는 바람 때문이었습니다."[20] 박사는 이렇게 말했습니다.

어쨌든 사람들의 행복을 진심으로 바라며 행동하는 용기 있는 여성의 목소리에는 시대를 움직이고 사회를 변혁하는 위대한 힘이 있습니다.

히크먼　이쯤에서 듀이가 스승으로서 어떤 역할을 했는지에 대해서도 언급을 해야 조금 이야기의 균형이 맞겠지요.

듀이는 생애에 걸쳐 엄청나게 많은 편지를 받았는데, 될 수 있으면 답장을 쓰려고 했습니다. 《존 듀이 왕복서간집》에는 2만 2000통이 넘는 편지 등이 수록되어 있습니다.

1916년, 듀이를 존경하던 머틀 맥그로*라는 앨라배마주의 10대 소녀가 짧은 편지 한 통을 듀이에게 보냈습니다. 그 편지에 듀이가 답장을 쓴 것을 계기로 여러 해에 걸쳐 두 사람은 편지를 주고받게 되었습니다.

듀이는 이 여고생이 심리학을 공부하면서 스스로 자립할 수 있도록 격려했습니다. 이윽고 이 여고생은 컬럼비아대학교에서 학위를 얻은 뒤 뉴욕의 산부인과 병원에서 근무하고 유명한 연구원이 되었습니다.

은사와 새긴 잊을 수 없는 추억

이케다 마음이 따뜻해지는 일화군요.

한마디의 격려가 얼마나 소중한가. 얼마나 소중한 마음의 씨앗이 되고 미래에 크게 자라는가.

뛰어난 지도자와 교육자를 만난 사람은 행복합니다. 그 만남으로 자신의 재능을 크게 꽃피우고 발휘할 수 있기 때문입니다.

개리슨 박사, 히크먼 박사에게 잊을 수 없는 은사라고 하면 어떤 분이신지 또 어떤 추억이 떠오릅니까?

개리슨 맨 처음 떠오르는 제 은사는 고등학교 3학년 때의 여교사 구드 선생님입니다.

당시 저는 선생님이 가르치는 역사 과목에서 'C' 평가밖에 받지 못했습니다만, (웃음) 구드 선생님은 면학의 기쁨을 느끼는 일이 얼마나 중요한지를 늘 강조했습니다.

그해 마지막 학기가 끝날 무렵, 선생님은 반 아이들 앞에서 저를 보더니 "짐, 이 반에서 정말 면학의 기쁨으로 가득 차 있는 사람은 너뿐이란다"라고 말씀하셨습니다.

선생님은 제가 성적이 좋은 학생은 아니지만, 독서를 좋아한다는 사실을 알고 있었습니다. 저는 자주 친구들과 독서를 하고, 읽은 책에 대해 서로 이야기를 나누었습니다.

실제로 수업을 빼먹고 도서관에서 책을 읽다 들킨 적도 있었습니다. (웃음)

교육 그 자체를 말하는 것은 아니지만, 현대의 학교교육은 대체로 학생을 이른바 '결함모델(인간으로서 미숙한 것)'로 간주하는 경향이 있습니다. 요컨대 병리학적으로 마치 치료의학처럼 늘 학생들의 어딘가 나쁜 점을 찾아내려고 합니다.

제 단점은 누가 봐도 분명했지만, 구드 선생님은 제 장점을 바라봐주셨습니다. 제가 가장 좋아하는 선생님이었습니다.

이케다 마음이 훈훈해지는 이야기입니다. 구드 선생님이 좋은 본보기를 보여주셨듯이 '칭찬하는 것'은 사람을 성장시키고 육성하는 힘이 됩니다.

아이들과 학생들의 장점을 찾으려고 노력하는 것이 중요합니다. 그리고 장점을 발견하면, 그 자리에서 솔직하게 '칭찬해야' 합니다.

법화경의 회좌에도 '선재(善哉), 선재(훌륭하고, 훌륭하도다)'라는 찬탄의 말이 넘쳐흐릅니다. 부처는 중생을 칭찬함으로써 그 사람의 생명에 내재하는 불성을 끄집어내고 강하게 합니다.

저는 학생들이 성장하기를 바라며 총명하게 칭찬하고 격려하는 교육자의 마음은 이러한 부처의 마음과 맞닿아 있다고 생각합니다.

학교 선생님들과는 저도 많은 추억이 있습니다. 저는 제2차 세계대전이 끝난 직후 류머티즘에 걸려 일하지 못하는 아버지를 대신하여 생계에 보탬이 되고자 인쇄회사에서 일하면서 도쿄에 있는 도요상업(東洋商業, 지금의 도요고등학교)고등학교 야간부에 다녔습니다.

그곳에서 훌륭한 선생님을 만났습니다. 예를 들면, 제가 잘하지 못하는 '주산' 과목에서 낮은 점수를 받았을 때였습니다. '주산' 선생님 한 분이 슬쩍 저를 불러 커피를 사주셨습니다. 그리고 혼내는 것이 아니라 '이케다 군은 다른 과목은 성적이 좋은데 속상하겠다'며 오히려 위로하고 격려해주셨습니다. 제가 학비를 스스로 벌어 고생하며 배운다는 것도 잘 아셨습니다.

그때 저는 그 말 한마디가 얼마나 기뻤는지 모릅니다. 그 따뜻하고 진심 어린 마음을 지금도 잊을 수 없습니다.

교사의 역할이 얼마나 큰가. 많은 사람이 저마다 잊을 수 없는 추억이나 체험을 갖고 있지 않을까요.

개리슨 정말 그렇습니다.

제가 잊을 수 없는 또 한 분의 은사는 대학원 시절에 만난 아주 유명한 분석철학자 야코 힌티카 교수입니다. 힌티카 교수는 과학기술 분야의 사상가인 동시에 수리철학자였습니다.

힌티카 교수는 '머릿속에 떠오른 것은 아무리 엉뚱한 착상이라 해도 어쨌든 검토해봐야 한다. 그 뒤에 그 착상을 다시 한

번 검토해보고, 그래도 아니라면 떨쳐버리면 된다'고 조언해주셨습니다.

그리고 제게 인생의 진정한 '스승'이라고 하면 바로 짐 맥밀런 교수입니다. 저와는 완전히 대조적인 분이었습니다.

맥밀런 교수는 영국의 해럴드 맥밀런 총리를 1950년대에 배출한 맥밀런가문과 혈연관계에 있는 명문가문 출신으로 키가 190센티미터를 넘고, 풍채나 몸가짐도 귀족처럼 품위가 있었습니다.

보시다시피 저는 키도 작고, 풍채나 됨됨이도 전혀 귀족적인 부분이 없습니다. 그런 제게 맥밀런 교수는 상류사회의 예절을 가르쳐주고, 가족처럼 대해주셨습니다.

맥밀런 교수는 매우 유명한 교육철학자이자 전통적인 분석철학의 권위자였습니다. 그렇기 때문에 제가 분석철학을 멀리하고 프래그머티즘에 심취했을 때 이를 인정하려고 하지 않았습니다. 그러나 저를 나무라지도 않았습니다.

실제로 맥밀런 교수는 이 일에 관해서는 일체 아무런 말씀도 하지 않았습니다. 이것이 바로 '스승'의 자세이고 '주인'과 크게 다른 점입니다.

만약 맥밀런 교수가 '주인'이었다면 저와 관계를 끊었을 것입니다. 제자가 독자적인 길을 걸으면서 그 사람만이 가진 가능성을 실현할 수 있도록 배려한다, 교수가 보여준 이러한 자세야말로 '스승'이 '제자'에게 줄 수 있는 궁극적인 선물이라고 할 수 있을 것입니다.

'종람이청'이 창가교육의 특색

이케다 옳은 말씀입니다.

마키구치 회장은《창가교육학체계》에 이렇게 썼습니다.

"'나처럼 위대해져라' 이러한 오만한 태도로 제자를 이끌면 안 된다. '나 같은 자에게 만족하지 말고 더 위대한 인물을 목표로 삼아 나아가야 한다' 이러한 겸손한 태도로 제자를 이끌어야 한다. 이를 위해 '나와 함께 내가 나아가듯이 나아가라'고 장려하는 것이야말로 교사가 걸어야 할 정당한 길이다."[21]

교육뿐 아니라 어떠한 분야든 일류인 사람은 모두 겸허합니다. 겸허하지 않으면 계속 성장할 수 없습니다. 이쯤이면 됐다고 생각한 순간부터 정체가 시작됩니다. '전진하지 않음은 후퇴'입니다. 그러면 청년의 마음에 정열의 불을 켜고 이상(理想)을 향해 함께 향상하는 길을 걸을 수 없을 것입니다.

히크먼 저도 연구자로 살아오면서 많은 행운을 만나 훌륭한 지도자를 여러 명 만났습니다. 스승 한 분 한 분이 제 인생에서 아주 중요한 순간에 나타난 듯한 느낌이 듭니다.

그중 한 사람으로 박사논문을 지도해준 이그나시오 안젤레리 교수는 매혹적이라고 할 만큼 복잡한 철학의 역사와 경탄스러운 국제적인 학문의 세계로 제 시야를 넓혀주었습니다. 안젤레리 교수는 스페인어를 비롯해 이탈리아어, 독일어, 라틴어, 그리스어, 폴란드어, 그리고 러시아어 등 여러 언어에 정통한 분으로, 제게 어학을 더 착실히 배우라고 격려해주었습니다.

그리고 "박사논문을 마무리할 무렵에는 자네가 선택한 주제의 지식에 관해 전 세계에 자네를 따라올 사람이 없을 만큼 열심히 노력하게"라고 말씀하셨습니다.

이케다　큰 힘이 되는 격려군요. 또 히크먼 박사는 그 기대에 부응하여 훌륭하게 실증을 보여주셨습니다.

은사 도다 선생님도 제게 이렇게 말씀하셨습니다.

"공부다. 공부해야 한다. 지혜를 연마하지 않으면, 앞으로 짊어질 사명은 완수할 수 없다. 사회 전반에 관한 것은 물론이고, 전 세계의 운명 속에 자신이라는 존재를 놓고 모든 발상을 해야 할 때가 왔다."

세계의 많은 지성과 거듭 대화를 나누었지만, 은사의 이 말씀이 얼마나 중요한지를 지금 다시 한번 통감합니다.

히크먼 박사의 은사 안젤레리 교수, 또 개리슨 박사의 은사 맥밀런 교수도 그랬지만, 세계적인 시야에서 청년을 격려하고 드높은 이상의 봉우리를 가리킬 수 있는 교육자에게는 틀림없이 미래의 세계를 창조할 힘이 있습니다.

히크먼 그렇습니다. 또 사적인 면에서 은사라고 하면 1960년대에 텍사스주 오스틴시에서 만난 진보적인 침례교 목사에 대한 이야기를 빼놓을 수 없습니다. 그 무렵 오스틴시에서는 공공시설은 대부분 인종격리의 대상이 되어 있었습니다.

리 프리먼 목사는 인종차별 철폐와 남녀평등의 옹호자인 동시에 미국이 동남아시아에 군사적으로 개입하는 것을 반대하는 유명한 논객이기도 했습니다.

저는 프리먼 목사의 서재에서 그러한 갖가지 문제와 제 관심사인 신학상의 까다로운 여러 문제에 대해 몇 시간씩 이야기를 나누곤 했습니다. 이때 목사가 보여준 강한 인내심과 지원은 제 생각이 성숙해지고, 제가 인간으로서 성숙해지는 데 매우 중요한 역할을 했습니다.

프리먼 목사와 안젤레리 교수가 가르쳐준 가장 큰 교훈의 중요성은 '제자가 스승의 업적을 뛰어넘을 수 있는 기반을 스승이 구축한다'는 점입니다.

두 은사는 모두 확고한 자아를 가진 인물이었습니다. 설령 제자 중에 자신을 뛰어넘는 업적을 남기는 사람이 나와도, 또는 다른 길을 걷는 사람이 나타나도, 또는 스스로 제자를 거느리는 사람이 나타나도 조금도 동요하는 일이 없었습니다. 오히려 두 사람은 그러한 결과를 낳은 것이야말로 스승으로서 성공했다는 증거라고 생각했습니다.

저 또한 무릇 교사라면 학생에게 이러한 자세를 갖는 것이 중요하다고 생각하여 두 은사의 모범을 따르고자 노력했습니다.

이케다　두 교수님의 위대한 은사에 대한 이야기를 듣고 진심으로 감동했습니다.

'제자를 자기보다 훌륭한 인재로 육성한다. 제자에게 자기보다 훌륭한 인생을 살아가게 한다', 참된 지도자는 이러한 존귀한 자애정신이 있어야 합니다.

동양에는 '출람지예(出藍之譽)', '종람이청(從藍而靑)*'이라는 말이 있습니다. 예부터 파란색 염색물은 '쪽(藍)'이라는 식물의 염료로 만들었는데, 여러 번 거듭 염색하면 쪽보다 선명한 파란색이 된다고 합니다.

다시 말해 제자는 거듭 노력함으로써 스승을 뛰어넘을 수 있다, 이러한 비유로 불전(佛典) 등에서도 사용했습니다.

마키구치 회장은 평소 '청(靑)은 남(藍)에서 나와 남보다 푸르다. 이것이 창가교육의 특색'이라고 말씀하셨습니다.

스승에게서 제자가 이어받은 사상과 정신이 새롭게 소생하고 발전하여 인간의 행복을 위해 공헌하려면, 다시 말해 끝없이 성장하려면 이러한 '종람이청'의 정신이야말로 중요하지 않을까요.

전쟁에 맞서
평화의 철학을 실천

잘못된 사상과 교육은 나라를 망친다

이케다 제 은사 도다 제2대 회장은 이렇게 날카롭게 지적했습니다.

"미국 사회는 듀이 박사의 철학을 바탕으로 눈부시게 발전했다. 반면에 과거의 일본은 국가신도를 중심으로 무모한 전쟁을 일으켜 사람들을 비참한 상황에 빠뜨렸다. 말하자면 전쟁의 승패는 어느 누가 봐도 싸우기 전부터 정해져 있었다."

은사는 굳이 이 점에 주목하여 미국의 '프래그머티즘'을 기반으로 한 민주사회의 활력을 부각시켰습니다.

그 반면에 잘못된 사상과 어긋난 교육이 얼마나 무서운가. 한 나라마저 망치고 민중을 불행하게 만든다는 점을 엄하게 통찰했습니다.

개리슨   우리는 대담을 시작하면서 만약 듀이와 마키구치 초대 회장이 만났다면 두 사람이 무슨 이야기를 나누었을지 짐작해보았습니다. 아마 일본의 군국주의와 사회계급의 구조 등이 가장 중요한 화제가 되었을 것입니다.

듀이도 마키구치 회장과 도다 제2대 회장과 마찬가지로 인간의 생명과 존재를 가볍게 여기는 것에 대해 매우 깊은 우려를 나타내지 않았을까요.

히크먼   마키구치 초대 회장은 일본 정부가 1930년대부터 1940년대에 걸쳐 표방한 군국주의에 정면으로 반대했습니다. 이것은 더없이 용기 있는 행위였습니다. 그 용감함은 현대를 살아가는 우리가 충분히 이해할 수 없을 만큼 유례를 찾아보기 어려운 것이었습니다.

마키구치 회장이 목숨을 희생하면서까지 실천한 교훈이지만, 마키구치 회장이 니치렌과 듀이의 저서에서 발견한 교훈은 우리의 경험을 평가하는 기준이 어디까지나 인간으로서 실천한 것 그 자체에 있다는 점이었습니다.

이케다   지적하신 대로입니다.

전쟁 전과 전쟁 중 일본에서는 '치안유지법'이라는 악법 아래 언론의 자유와 신교의 자유를 빼앗아 국민의 기본적 인권을 철저히 억압했습니다.

그러한 제국주의 일본의 사상적인 지주가 된 것이 국가신도를 중심으로 하는 국가관입니다.

1937년, 일본이 더욱 군국주의로 치닫는 상황에서 문부성(당시)이 편찬한 《국체(國體)의 본의(本義)》에는 만세일계(萬世一系)의 국가관이 상징적으로 씌어 있습니다.

한편 '서양 근대문화의 근본 성격'에 대해서는 '개인을 절대 독립자존의 존재로 여기고 (중략) 개인을 모든 가치의 창조자이자 결정자로 여긴다'[22]고 하면서 그러한 개인주의를 거세게 지탄했습니다.

《국체의 본의》는 당시 사범학교의 필수과목 교재로 지정되고, 그 사상은 초등학교 아이들의 '도덕' 교과서에 이르기까지 철저히 주입되었습니다. 일본이 태평양전쟁에 돌입할 무렵 사상통제는 더욱 심해졌습니다. 군부정부는 교육을 도구로 삼아 국민을 전쟁으로 내몰고 '멸사봉공(滅私奉公)'시키려 했습니다.

마키구치 회장이 맞서 싸운 것은 바로 이러한 군국사상이고, 인간의 '자유'와 '존엄'을 부정하는 교육이었습니다.

히크먼 듀이는 1919년에 일본을 방문했을 때 일본의 교육 현실을 보고 깜짝 놀랐습니다. 듀이는 마키구치 회장과 똑같은 위구심을 품었습니다.

특히 듀이는 교사들이 학문에 힘쓰기보다 오히려 천황에게 충성하는 것을 중요시한 점에 놀랐습니다.

그리고 듀이는 당시 일본 사회에는 각 가정과 국가 최고권력 사이에 관민(官民)을 불문하고 그 어떤 제도나 조직도 존재하지 않는다고 관찰했습니다.

이케다 민주주의 사회라면 국민의 기본적 인권을 지킵니다. 그리고 국가권력과 각 가정 사이에 여러 민간 조직이 존재합니다. 국가에 의존하지 않는 그러한 자발적인 민중의 연대야말로 권력의 폭주를 감시하고 억누르는 힘이 됩니다. 그러나 전체주의 사회에서는 그러한 조직이 모두 국가에 흡수되어 민중 한 사람 한 사람이 억압을 받습니다.

사실 결과적으로는 태평양전쟁 중에 수많은 단체가 군부정부에 가담했습니다. 일련정종도 국가권력에 영합하여 마키구치 회장에게 신찰을 받으라고 강요했습니다. 이를 거부한 것이 탄압의 결정적인 계기가 되어 마키구치 회장은 치안유지법 위반과 불경죄 혐의로 체포되었습니다. 이처럼 어긋난 사회는 두 번 다시 있으면 안 됩니다. 그런 의미에서도 올바른 교육이 중요합니다.

히크먼 듀이는 종종 전쟁을 초래하는 극단적인 민족주의나 편협한 사상, 그리고 불관용 등을 극복하는 가장 강력한 수단 중 하나가 교육이라고 생각했습니다.

듀이는 당시 일본의 교육제도에 매우 비판적이었는데, 그것은 지나치게 권위주의적이라고 느꼈기 때문이었습니다. 듀이는 일본의 학교가 '인접국을 군사적으로 침략하도록 국가를 몰아가는 세력'의 지배하에 있는 것을 눈앞에서 보았습니다.

듀이는 그러한 현실에 불쾌감을 드러내고, 일본 정부가 욱일장(旭日章)* 수여를 제의했을 때 이를 거부하며 항의하는 자세를 취했습니다.

이케다 잘못된 교육만큼 무서운 것은 없습니다. 저도 10대 시절에는 나라를 위해 목숨을 바쳐 싸워야 한다고 생각한 시기가 있었습니다. 그리고 부모님에게 이야기하지 않고 소년항공병(예과련, 豫科練)*에 지원했습니다.

그러나 지원한 사실을 알게 된 아버지는 맹렬히 반대했습니다. 우리 집에서는 이미 형 네 명이 징병당한 상태였습니다. 아버지는 더는 자식을 전쟁에 내보낼 수 없었습니다. 평소에는 과묵한 아버지가 불같이 화를 내며 정말이지 엄하게 꾸짖으셔서 저는 단념했습니다.

그때 입대했다면 얼마 안 있어 특공대로 출격했을지도 모릅니다. 제2차 세계대전 말기에 비행기를 이륙시킬 줄은 알아도 착륙하는 기술을 습득하지 못한 수많은 소년항공병이 출격하여 희생이 되었습니다.

전쟁 중에 듀이의 철학을 선양한 마키구치 회장

히크먼 이케다 회장도 듀이가 말한 것과 같은 경험을 하셨군요.

듀이와 마키구치 회장이 만났다면 '그러한 어려움에 처한 가정을 지원하는 조직이 필요하다, 그리고 학교야말로 학부모회나 사회사업활동 조직 등을 만들어내고 학생들의 민주적인 활동을 촉진하는 이상적인 터전이다'라고 틀림없이 이러한 내용에 대해 이야기를 나누었을 것입니다.

개리슨 다원적 커뮤니케이션을 중시하는 민주적인 교육만이 한 사람 한 사람의 개성과 가능성을 꽃피우고 그 사람만이 할 수 있는 형태로 사회에 공헌하도록 성장시킬 수 있다, 이것이 듀이가 주장하는 교육철학의 근간입니다.

그런 의미에서 이케다 회장이 내건 '인간혁명' 사상, 다시 말해 한 사람의 내발적이고 적극적인 변혁이 그 사람을 둘러싼 환경마저도 변혁한다는 철학은 체계적으로 제도화된 학교교육에서도, 또 이케다 회장이 도다 회장과 늘 함께 행동하면서 받은 것과 같은 자발적인 교육에서도 중요한 목표가 됩니다. 군국주의 일본이 요구한 것은 미리 정해 놓은 의도에 따르는 무분별한 세뇌와 복종과 희생이고, 이는 가장 잘못된 교육입니다. 이케다 회장의 아버지가 격노하신 것도 당연합니다.

군국주의 국가는, 한 사람 한 사람의 개성과 가능성을 이끌어내어 자타 함께 더욱 큰 선(善)을 위해 창조적으로 공헌하도록 만들 수 없습니다. 국민의 능력을 충분히 활용할 수 없기 때문에 결국에는 변화하는 상황에 적응하지도, 진화하지도 못합니다.

이케다 듀이 박사는 1919년에 일본을 방문했을 때 도쿄제국대학교(지금의 도쿄대학교)에서 유명한 연속강의를 했습니다. 박사의 일본 방문은 큰 반향과 기대를 불러모아 큰 환영을 받았습니다. 그러나 강의 내용에 대한 일본 학계의 반응은 썩 시원치 않았습니다.

만약 당시 일본 사회가 듀이 박사의 사상을 좀 더 깊이 겸허하게 배우고, 좀 더 널리 받아들였다면 일본의 현대사는 바뀌었을지도 모릅니다.

군국주의적, 배타주의적인 암울한 조류가 사회를 뒤덮은 상황에서 마키구치 회장은 듀이 박사의 철학을 예리하게 주목하고, 그 사상의 탁월성을 선양했습니다.

듀이는 그 유명한 《학교와 사회》에서 학교교육의 이념에 대해 "생활이 첫째다. 학습은 생활을 통해, 또 생활과 관련하여 이루어진다"[23]고 말했습니다.

마키구치 회장은 듀이의 이러한 철학을 창가교육학회가 지향하는 '대선생활(大善生活)' 다시 말해 니치렌불법을 근간으로 하는 생활개혁에도 받아들였습니다.

그리고 창가교육학회의 기관지 〈가치창조〉에도 '대선생활'의 옳고 그름은 실제 생활 속에서 생활을 통해 실증되어야 한다고 썼습니다.

이 문장을 게재한 것은 1941년 12월 5일, 일본군의 진주만 공격으로 태평양전쟁이 발발하기 사흘 전의 일이었습니다.

그리고 이듬해, 이미 태평양전쟁이 벌어진 지 1년 가까이 지난, 1942년 11월에 개최한 창가교육학회 총회에서도 마키구치 회장은 똑같은 발언을 했습니다.

"생활법은 생활해봐야만 알 수 있다. 미국의 실용주의 철학자 존 듀이는 생활 속에서 생활을 통해 알게 되는 것은 의심할 수 없는 진리라고 말했다."[24]

적국의 사상과 철학을 상찬하는 것은 도저히 생각할 수 없는 시대에 마키구치 회장은 대중 앞에서 당당히 주장했습니다. 이것이 당시 얼마나 용기 있는 행위였는가. 지금은 상상도 할 수 없는 어려운 일이었습니다.

히크먼　우리가 어떠한 외적인 권위에 종속될 때 그것이 정부의 명령이든, 신의 대변자를 자칭하는 사람이든, 외부에서 강요하는 규범이든 우리 인생의 의의는 크게 손상됩니다. 우리가 성장하고 계속 가치를 창조할 수 있는 이유는 오로지 우리를 둘러싼 환경, 자연환경이나 사회환경을 포함한 환경과 나누는 자유롭고 개방적인 상호작용이 있기 때문입니다. 어느 시대, 어느 곳에든 자기 이익을 위해 인간의 지적 성장을 방해하려는 무리들이 있기 마련이지만, 그러한 때 그들에게 대항하는 희유한 인물이 나타나 스스로 큰 희생을 치르면서 시대를 올바른 방향으로 이끄는 경우가 종종 있습니다. 마키구치 회장과 도다 회장은 이처럼 자신의 몸을 희생하여 권위주의의 속박에 저항한 인물이므로 그 정신을 우리가 상찬하는 것은 당연한 일입니다.

'평화를 위한 대학'의 도전

이케다 20세기의 역사가 주는 교훈을 떠올릴 때 저는 다시 한번 교육의 중대한 사명과 책임을 생각하게 됩니다. 특히 글로벌화하는 현대사회에서 '세계시민교육'의 의의는 더욱 커지고 있습니다. 듀이 박사는 이렇게 말했습니다.

"인종이 다른 사람들이나 피부색이 다른 사람들을 너그럽게 봐주는 듯한 그저 수동적인 관용을 기르기 위해 우리 학교는 지금 무엇을 하고 있느냐고 묻는 것이 아니라, 민주주의 사회에서 빼놓을 수 없는 이해와 선의(善意)를 기르기 위해 적극적으로, 긍정적으로, 건설적으로 우리 학교는 지금 무엇을 하고 있느냐고 물어야 한다."[25]

듀이 박사의 약동하는 정신이 전해지는 말입니다. 적극 과감하게 '이해'와 '선의'를 가진 사람들을 육성하고 연대를 넓혀 평화로운 사회를 창조하는 데 공헌해야 합니다. 교육자는 그 터질 듯한 생명의 숨결을 넘쳐흐르게 해야 합니다. 그 속에서 학교와 교육의 숭고한 사명을 수행하는 힘이 생겨나기 때문입니다.

서양 교육의 역사를 되돌아보면 '아동중심'을 제창하고 평화를 지향하는 '세계시민교육'의 계보는 코메니우스*에서 시작하여 루소*, 칸트, 페스탈로치*, 헤르바르트* 등의 성과를 거쳐 듀이에 이릅니다.

마키구치 회장은 칸트, 페스탈로치, 헤르바르트의 사상을 자신의 저서에서 최대로 중시했습니다.

이러한 교육사상은 인류를 지탱하는 지성의 기둥입니다. 여러 차원에서 논할 수 있지만, 특히 전쟁을 막는 힘이 되는 '세계시민교육'의 중요성에 대해 두 분은 어떻게 생각하십니까?

　　개리슨　저는 평화세력으로서 세계시민의 존재가 얼마나 중요한지는 아무리 강조해도 지나치지 않는다고 말씀드리고 싶습니다.

듀이는 1919년부터 거의 20년에 걸쳐 '전쟁비합법화운동'을 추진하는 지식인으로서 중심적인 활동을 했습니다. 이 운동의 당초 의도는 전쟁을 국제범죄로 규정하여 전쟁에 관한 사람들의 인식을 근본적으로 전환하는 데 있었습니다.

그리고 듀이는 그것을 실현하는 것은 교육의 역할임을 깨달았습니다.

확실히 우리는 '전쟁'에 대해서는 잘 알고 있고 이야기도 해왔습니다. 미국에는 펜실베이니아주 칼라일 미육군대학교, 로드아일랜드주 뉴포트 해군대학교, 앨라배마주 맥스웰 공군기지 미공군전략대학교 등 '전쟁을 위한 대학'은 있지만 '평화를 위한 대학'은 없다는 사실만 보더라도 그것은 분명합니다.

'평화적'으로 생각하고 '평화'에 대한 생각을 넓히는 쪽이 훨씬 어렵습니다. 평화에 대해 강한 설득력을 갖고 말할 수 있는 수식어나 언어가 없기 때문에 시민이 평화에 대해 지적으로 깊이 사색하여 이야기할 수 있도록 교육하는 것만 해도 엄청난 노력이 필요합니다.

이케다 '평화를 위한 대학', 이 얼마나 희망으로 가득 찬 말입니까. 이 어려운 사업에 어떻게 도전하는가. 여기에 21세기의 명운이 달려 있다고 해도 과언이 아닙니다.

그렇기 때문에 민중의 대화와 계몽운동이 반드시 필요합니다. 저도 SGI도 히로시마와 나가사키 피폭자들의 증언집 출판과 영상화를 비롯해 1,300만 명이 넘는 반핵서명과 핵무기 폐기를 호소하는 전시회, 그리고 평화강연회 개최 등 세계 각지에서 여러 평화활동에 힘썼습니다. '평화대학교'라는 명칭으로 자발적인 학습을 거듭하는 부인부도 많습니다.

올해(2010년)는 청년들이 5월에 개최하는 '핵확산금지조약 (NPT)*' 재검토회의를 앞두고 '핵무기금지조약' 제정을 요구하는 서명운동도 펼치고 있습니다.

실제로 행동하고 대화하면서 전쟁의 비참함을 배우고, 비폭력 정신을 체득하는 것은 세계시민교육의 중요한 요소라고 생각합니다.

히크먼 문제는 세계시민을 교육하는 것의 중요성을 어떻게 인식하느냐입니다. 이케다 회장은 지금 교육자가 짊어져야 할 가장 중요한 임무 중 하나를 명확히 말씀해주셨습니다.

저는 지금까지 세계 각지를 방문하여 다양한 문화적 배경을 가진 청년들과 대화하면서 그 청년들의 훌륭한 이상(理想)과 관대한 정신을 느꼈습니다.

그 청년들은 자연스러운 발로로서 다른 나라의 문화나 민족에 큰 관심을 가졌습니다. 인터넷은 단점도 분명하고 문제도 많지만, 앞으로 다른 문화를 깊이 이해하는 데 틀림없이 큰 힘을 발휘할 것입니다.

오늘날은 인터넷 덕분에 사람들이 정치적인 경계선을 뛰어넘어 특정 목적을 실현하는 조직을 만들고, 각종 지원단체를 만드는 일도 가능해졌습니다.

또 대학 수준에서는, 아니 고등학교 수준에서도 평화 연구의 미래는 전적으로 '유학 프로그램'의 성패에 달려 있다고 확신합니다.

이케다 지금 여러 교육기관에서 다른 문화나 다양한 가치관을 배우는 교육을 시도하고 있습니다.

SUA에서도 모든 학생이 3학년 때 한 학기 동안 외국으로 유학을 갑니다. 중국어, 스페인어, 일본어 중에서 한 언어를 골라 그 언어를 사용하는 나라에서 실제로 생활하고 사람들과 교류를 나누고 있습니다(2013년부터 프랑스어도 개시).

이 유학 체험은 특히 미국 출신의 많은 학생에게 놀라운 체험이 되는 듯합니다.

문화나 전통의 차이, 빈부의 격차 등을 직접 보고 '지금까지 자신의 상식이 얼마나 한정되어 있었는지를 절실히 느꼈다', '더 넓은 시야에 서서 전 세계 사람들을 위해 공헌하자고 생각하게 되었다'고 말하는 학생도 있었습니다.

히크먼 SUA의 유학 프로그램은 평화세력이 될 세계시민을 육성하는 훌륭한 모범이 되고 있습니다. SUA의 학생들은 세계 각국에서 모입니다. 그곳에서는 학생들이 함께 생활하고, 함께 배우고, 함께 즐깁니다.

학생들이 쌓은 우정과 유대는 곧 저마다 모국으로 돌아가 정재계나 교육계의 리더가 된 뒤에도 오랫동안 이어질 것입니다.

SUA를 비롯해 이러한 프로그램을 중시하는 여러 대학에서 구축되는 국제적인 교류의 네트워크는 앞으로 몇십 년에 걸쳐 틀림없이 효과를 발휘할 것입니다.

개리슨 저도 지금까지 여러 번 SUA를 방문했지만, 그때마다 국제적인 대화가 활기차게 이루어지는 모습에 감명을 받았습니다.

이케다 감사합니다. 두 교수님과 나누는 대화는 학생들을 비추는 계발의 빛이 되고 있습니다.

그런데 듀이 박사가 탄생한 지 150년이 지났지만, 지금 미국 사회에서는 박사의 철학을 어떻게 배우고 활용하고 있습니까?

미국 사회에 널리 영향을 끼친 듀이

개리슨 듀이에 대한 연구는 지금도 여러 관점에서 이루어지고 있습니다만, 그 사상은 오늘날 미국 사회에 널리 뿌리내리고 있습니다. 그러나 듀이의 영향력은 지나치게 깊고 광범위하게 미치고 있기 때문에 때때로 이를 인식하지 못하기도 합니다.

요컨대 듀이에게서 큰 은혜를 받은 사람들이 그 은혜를 실감하지 못하는 경우가 많습니다.

얄궂게도 듀이를 적대시하는 사람들 쪽이 듀이가 가진 영향력의 중요성을 더 잘 알고 있습니다. 어떤 관점에서 보면, 적에게 중시되고 있느냐 아니냐에 실은 큰 의미가 있습니다. 예를 들면 2005년, 보수계열의 '내셔널 컨서버티브 위클리'라는 온라인지는 듀이의 《민주주의와 교육》을 '지난 200년간 가장 유해한 책 10걸' 중 제5위에 올려놓아 마르크스*의 《자본론》보다 높은 순위를 기록했습니다.

그들은 이러한 순위를 매길 필요성을 느낀 것이지만, 이는 오히려 듀이의 문화적 영향력이 얼마나 큰지를 잘 보여주고 있습니다.

또 말할 필요도 없이 듀이는 자신이 설립을 도운 기관, 예를 들면 '미국자유인권협회'와 '미국대학교수협회' 등 미국의 시민생활 속에 계속 살아 숨쉬고 있습니다.

이외에도 '뉴스쿨포소셜리서치(New School for Social Research in New York, 지금의 뉴스쿨대학교)' 등 듀이가 관여한 기관이 있고, 이러한 기관은 지금도 중요한 유산으로서 미국 사회에 기여하고 있습니다.

히크먼　지금 미국에서는 듀이철학에 대한 관심이 다시 높아지고 있다고 할 수 있습니다.

듀이의 철학사상은 냉전시대의 실증주의와 실존주의, 그리고 그 외의 정치적·사회적인 운동에 가려져 일시적으로 빛을 잃었지만 다시 되살아나고 있습니다.

듀이의 영향력은 바야흐로 각 방면, 예를 들면 사회철학, 정치철학, 공공계획, 행정, 의료윤리, 환경윤리, 농업윤리, 그리고 미국의 현정권이 펼치는 정책 등에서도 느낄 수 있습니다.

1998년부터 2001년까지 클린턴 대통령의 마지막 수석보좌관을 지낸 존 포데스타 씨가 운영하는 싱크탱크 '미국진보센터(CAP)'에는 제 우인과 동료가 여러 명 일하고 있는데, CAP는 오바마에게 정권을 이양하고 신정권 구상을 결정하는데 영향력을 발휘했습니다. 제 동료들은 저마다 생물의학윤리와 환경윤리에 듀이의 사상을 적극적으로 도입하고 있습니다.

요컨대 '미국진보센터'에는 듀이의 업적을 잘 아는 인재들이 모여 있습니다. 동료의 말에 따르면, 이 센터에서 많은 사람이 오바마 정권이 발족할 때 참여했다고 합니다.

이케다 매우 흥미로운 이야기입니다. 듀이철학은 미국 사회의 보물입니다.

오바마 대통령은 일본을 방문했을 때(2009년 11월) 도쿄에서 아시아 정책에 대해 강연했습니다. 이 자리에 저도 초대를 받았지만, 유감스럽게도 일정상 도저히 참석할 수가 없어 다른 사람을 대신 보냈습니다.

오바마 대통령의 핵무기 폐기를 향한 과감한 도전과, 다양한 문화와 민족을 조화시키고 융화시키려는 도전은 많은 일본인도 깊이 공감하면서 성패를 지켜보고 있습니다.

그런 의미에서도 듀이 박사의 철학에 정통한 인재들이 정권에 모여 있다는 이야기는 마음을 든든하게 합니다.

'진실은 최대의 변명이다'

히크먼　듀이는 일생 동안 정치적 우파와 좌파 양쪽에서 비판의 표적이 되었습니다.

오늘날에는 대부분 극우, 특히 종교원리주의자들이 비판을 제기하는데, 듀이는 지금도 히틀러*나 스탈린*에 비유되고 있습니다. 인터넷에서 '듀이'라는 이름을 검색하면, 듀이의 사상이 얼마나 오해를 받고 두려움을 사고 있는지 잘 알 수 있습니다.

예를 들면 홈스쿨링(재택교육)을 주장하는 기독교 원리주의자들 중에는 듀이를 일종의 '무제한 상대주의' 또는 '모든 생각은 균등하다고 믿는' 신봉자로 간주하는 사람들이 있는데, 그것은 터무니없는 편견입니다. 듀이가 주장한 것은 자신들에게 가장 중요한 규범조차 그 자체는 추상 개념이고, 어디까지나 상황에 따라 활용할 수 있다는 점이었습니다.

이케다　그것은 듀이 박사가 위대하다는 증명입니다. 역사를 살펴봐도 시대를 변혁하는 새로운 운동에는 반드시 크든 작든 불합리한 비난중상이 있었습니다.

니치렌불법에서도 "현성(賢聖)은 매리(罵詈)함으로써 시험되느니라"《어서》958쪽), "우인(愚人)에게 칭찬받음은 제일의 수치이니라"《어서》237쪽)라고 가르칩니다.

저와 창가학회도 지금까지 몰이해에서 오는 수많은 비방을 받았습니다. 이것은 인간의 행복과 존엄을 위협하는 '악(惡)'과 단호히 끝까지 싸운 결과이고, 오히려 우리의 평화운동에 대한 영예로운 훈장이라고 생각합니다.

저는 젊은 시절에 '웃을 자는 웃어라. 마음껏 비난하라. 비웃는 자여, 마음껏 비웃어라'는 기개로 신념의 길을 관철했습니다.

히크먼　지금까지 이케다 회장이 말로 표현할 수 없는 비방중상을 받았음에도 신념을 관철하신 것은 역사적으로 분명하고 상찬받아야 합니다.

듀이는 편견과 비판에 대해 때로는 매우 직접적으로 반론한 적도 있었지만, 최선의 대응은 자신의 사상을 실천으로 옮겨 모범적인 인생을 살아가는 것임을 알았습니다.

개리슨 저도 그렇게 생각합니다. 듀이가 가장 중시한 것은 '삶의 현실'이자 '일상생활의 현실적인 요구'였습니다.

창가학회의 철학과 듀이의 철학은 인식지향의 철학이 아닌 행동중심의 철학입니다. 이 점은 자주 오해를 받습니다.

올바른 행동에는 물론 지식도 필요하지만, 그 지식보다 올바른 행동 쪽이 더욱 중요합니다. 이 점을 잘 이해하고 있다는 것이 듀이의 실용주의철학이 가진 장점입니다. 지식만으로는 올바른 행동에 이를 수 없습니다.

이케다 '진실은 최대의 변명'입니다. 진실만큼 강한 것은 없습니다.

듀이 박사의 인생 그 자체가 이를 증명하고 있습니다. 위대한 사람은 모두 그렇습니다.

개리슨 말씀하신 대로입니다.

듀이의 탁월한 업적 중 하나는 개인을 사회에 조화시켜 양자의 가장 좋은 부분을 이끌어낸 점입니다.

듀이는 한편으로는 적어도 서양에서 볼 수 있는 사회에서 단절된 현대풍의 독선적이고 이기적인 인간은 받아들이지 않았습니다. 그 반면에 '진정한 개인은 사회에 공헌함으로써 진정한 인간이 된다'고 생각했습니다.

듀이는 독선적이고 이기적인 개인을 배제하면서, 동시에 '창조할 수 있는 것은 오직 개인뿐'이라며 개인의 중요성을 주장했습니다. 개개의 독자성과 개인에게 갖춰진 사회성의 균형을 맞추려고 했기 때문에 정치적 우파와 좌파 양쪽에서, 한쪽에서는 듀이가 인간의 개별성을 부정한다고 비난, 공격하고, 다른 한쪽에서는 사회의 중요성을 경시한다고 비난하는 원인이 되었습니다.

이케다 잘 알았습니다.

듀이 박사는 인간의 존엄을 부정하는 국가주의, 전체주의에 대해서도 엄한 태도로 임했습니다. 1919년, 일본 정부가 수여하는 훈장을 거부하고 항의의 뜻을 나타낸 것은 앞서 히크먼 박사가 소개해주신 바와 같습니다.

박사는 그 뒤 중국을 방문하여 일본의 침략정책을 다시 한번 직접 목격하고 일본에는 '철저한 혁명'이 필요하다고 말했습니다.

박사는 《민주주의와 교육》에서 '권세의 자리에 있는 소수의 자'가 사람들의 '지적 노예상태'를 필요로 하는 이유는 그들이 대중을 사회에 적응시키기 위해서이다. 그리고 그것은 '민주적이기를 바라는 사회와는 어울리지 않는다'고 갈파했습니다.[26]

박사는 일본 사회를 보면서 그러한 위기감을 느끼지 않았을까요.

그 뒤 일본이 아시아 국가들을 침략하여 얼마나 깊은 상처를 남겼는가. 그러한 과거의 역사를 우리는 결코 잊으면 안 됩니다. 다시는 비극을 되풀이하지 않기 위해서라도 평화를 위한 세계시민교육이 중요하다고 생각합니다.

평화를 창조하는 교육의 힘

히크먼 듀이의 책을 읽으면 알 수 있지만, 듀이가 전쟁을 좋아하지 않았다는 것은 확실합니다. 듀이는 교육을 중요시하고, 교육이야말로 전쟁을 막는 가장 좋은 길이라고 믿었습니다.

만약 듀이가 살아 있다면, 이케다 회장의 의견에 크게 찬동했을 것입니다. 전쟁에 대한 듀이의 태도는 아주 명쾌했습니다. 전쟁이 일어나면, 누구나 잃는 것만 있을 뿐 얻는 것은 없습니다. 이에 반해 활발하고 힘찬 교육을 통해서는 누구나 많은 것을 얻습니다.

개리슨 덴마크에서 강연했을 때의 일이지만, 어느 날 아침 학생들이 노래를 부르고 있었는데, 그 노래의 가사는 덴마크의 교육자 그룬트비*가 지은 것이라고 알려주었습니다. 강연회 주최자가 마음에 드는 한 소절을 이렇게 해석해주었습니다. "신은 우리를 개미처럼 행렬시키지 못하도록 지켜주신다." 자칫하면 인간은 사려분별을 잃고 전쟁이라는 기계의 톱니바퀴가 될지도 모릅니다.

듀이의 교육 개념은 '개인과 사회의 성장이 바로 교육의 목적'이라는 매우 기능적이고 유기적인 것이었습니다. 그 유일한 궁극적인 가치는 '생명 그 자체'였습니다.

그 대극(對極)에 있는 것이 '전쟁은 죽이는 것'이라는 명백한 현실입니다. 전쟁이 초래하는 것은 '분단'이고 사물과 사람의 '파괴'이자 관계성의 '붕괴'입니다.

이케다　조금 전에 화제가 된, 듀이 박사 등이 추진한 '전쟁비합법화운동'은 제1차 세계대전 뒤 미국의 민중 속에 넓혀졌습니다.

그리고 여론의 힘이 큰 '물결'이 되어 정부가 '부전조약(不戰條約, 1928년)' 체결을 결단하도록 만들었습니다.

'부전조약'에 대해서는 여러 평가가 있지만, 조약의 체결·비준에 즈음하여 미국 역사상 최대 규모의 평화시위가 펼쳐지고, 200만 명의 서명이 상원에 전달되는 등 평화를 바라는 민중의 목소리가 의회를 움직인 것은 틀림없는 사실입니다.

전쟁은 모든 의미에서 인간의 존엄을 빼앗고 생명을 파괴하는 가장 추악한 행위입니다.

그렇기 때문에 그 전쟁이라는 인류사회의 '악'과 싸우기 위해 우리도 생명존엄의 불법철리를 기조로 하여 평화·문화·교육 운동을 추진하는 민중의 연대를 세계에 넓혔습니다.

제2차 세계대전이 한창인 1942년 8월, 듀이 박사는 "새로운 시대에는 새로운 평화체제가 필요하다"[27]고 말했습니다. 저도 새로운 평화의 힘을 창조하려면, 새로운 인간주의 사상을 기반으로 한 새로운 교육이 지금이야말로 반드시 필요하다고 생각합니다.

인도의 비폭력 투사 마하트마 간디*는 이렇게 말했습니다.

"만약 우리가 진심으로 세계평화의 실현을 바란다면, 그것은 아이들에게서 시작되어야 한다."[28]

2장

교육의 사명

교육사상의 공통점과
현대의 교육과제

교육의 목적은 '어린이의 행복'

이케다　21세기의 초점은 교육입니다. 교육의 전진이야말로 사회의 전진입니다. 인류의 희망입니다. "우리는 아이들 편에 서서 아이들에게서 출발해야 한다."[1] 이 말은 듀이 박사의 부동의 신념이었습니다. 그리고 미래에 보내는 불멸의 지침입니다.

마키구치(牧口) 회장도 "교육을 받는 사람이 행복한 생활을 할 수 있게 지도하는 일이 교육이다"[2]라고 강하게 주장하셨습니다.

듀이 박사나 마키구치 회장도 '어린이를 위해서'라는 관점에서 출발한 선구적인 교육자였습니다. 우리는 늘 이 '무엇을 위해'라는 원점으로 되돌아가야 할 필요가 있습니다.

히크먼 지당한 말씀입니다.

듀이는 '교육은 그 자체가 목적'이라고 생각했습니다. 그러나 애처롭게도 때로는 학교나 대학이 국가의 일시적인 목적이나 이익에 부합해 이 이상을 내던지는 사태가 생깁니다.

그런 사태의 사례가 미국에서는 제1차 세계대전 중에 일어났습니다. 1918년 미국의 각 대학은 사실상 국가의 통제 아래 놓여, 18세 이상의 건강한 모든 학생은 실질적으로 군인이 되었습니다.

또 듀이가 교직에 부임한 컬럼비아대학교에서는 듀이의 가까운 동료 몇 사람이 해고되었는데 미국의 전쟁 개입에 의문을 던진 것이 애국심이 결여된 활동이라 하여 면직되었습니다.

그리고 아시다시피 듀이는 1919년 일본에서 이와 비슷한 상황에 처합니다. 듀이가 일본의 각 학교에서 목격한 천황숭배의 실태에 지극히 비판적이었다는 사실은 이제껏 소개한 바와 같습니다.

개리슨 세상에는 '쾌락'이나 '성공'을 '행복'으로 잘못 받아들이는 사람이 많습니다. '쾌락'이나 '성공'은 마키구치 회장과 듀이가 생각한 '행복'과는 다릅니다.

'듀이의 행복관'을 연구한 제 우인인 스티븐 피시맨과 루실 매카시가 최근 제게 해준 이야기에 따르면 듀이는, '행복'이란 도덕적 용기나 냉정함과 침착함을 동반하는 인간적으로 성장한 안정적인 상태라고 생각했습니다. 다시 말해 행복한 사람은 그 사람에게 갖춰진 독자적인 능력을 발휘하여 물리적, 생물학적, 사회적인 상황에 적응하고 의미와 가치를 낳을 수 있는 사람을 말합니다.

또 교육의 목적은 '개인의 성장'에 있지만 그것은 '독자적인 능력을 나타내어 안정되고 용기 있는, 냉정하고 침착한 인격을 쌓고 사회에 그 사람만이 가능한 독자적인 공헌을 할 수 있는 것'입니다.

이케다 지당한 말씀입니다. '행복'은 물질적인 만족이나 풍요로움만으로 결정되지 않습니다.

듀이 박사는 이미 19세기 말에 학교교육에 관해서 이렇게 날카롭게 통찰했습니다.

"그 목적은 (중략) 사회적인 역량과 통찰력을 개발하는 데 있다. 좁은 공리적인 사고방식에서 해방되어 이 인간 정신의 가능성을 여는 것이 바로, 학교에서 행해지는 실천적인 활동을 예술의 맹우로 만들고, 과학과 역사의 거점이 되게 해준다."[1]

참으로 광활한 교육의 지평을 전망하셨습니다. 마키구치 회장도 공리적인 사고에 치우치지 않는, 건전하고 열린 마음의 전인교육(全人教育)을 목적으로 했습니다.

개리슨　듀이는 교육의 효용에 관해서도 마키구치 회장과 매우 비슷한 사고방식을 갖고 있었습니다.

먼 거리를 사이에 둔 두 사람이 이토록 비슷한 교육이념을 품고 공통된 통찰을 했다는 사실은 두 사람이 발견한 진리가 얼마나 깊고 불변한 것인지 말해준다고 생각합니다.

모든 인간에게는 저마다 독자적이면서 사회적이고 생물학적인 공통된 요구와 욕구, 목적이 있습니다. 학생들은 자신들의 능력을 창조적으로 발휘하여 장벽을 뛰어넘고 스스로 환경을 변혁함으로써 가치를 창조하면서 배우고 성장합니다. 이와 같이하여 그들은 건전한 수련을 몸에 익힙니다. 이것은 학생을 수동적인 존재로 포착해 그들을 행동하게 하려면 외적인 동기부여가 필요하다고 여기는 권위주의적 교육과는 완전히 다릅니다.

다시 말해 학생은 세심하게 배려하는 감독 하에서 자기 능력을 총명하게 활용하는 방법을 배우면서 자주성을 몸에 익힙니다.

이케다　마키구치 회장도 권위주의적인 교육이 주류인 당시 일본에서 인간정신의 무한한 가능성을 꽃피우고, 풍부하게 기르며 그 힘을 활기차게 발휘하게 만드는 것을 교육의 주안점으로 삼았습니다.

듀이 박사도 마키구치 회장도 이미 100년 전부터 새로운 시

대를 전망하고 '어린이의 행복'을 근본으로 한 '인간교육'의
창출이 필요하다고 강하게 호소했습니다.

두 사람의 철학은, 교육을 국가에 종속시키거나 경제활동의
일부로 간주하는 교육관과는 실로 정반대에 있었습니다.

건전한 식생활은 교육의 토대

　　히크먼　전적으로 동감합니다.

지금 역사의 분기점에서 교육에 종사하는 모든 사람이 그 점
을 인식하는 자세가 중요합니다. 여기에서 정확하게 키를 잡
을 수 있는 사람이 있느냐 없느냐가 장래를 크게 좌우하게
됩니다.

지금 미국에서는 학교가 기업 등의 경제적 목적에 큰 영향을
받아 이것이 교육 전반에 어려운 문제를 초래했습니다.

예를 들면 버지니아대학교 웹사이트의 최근 보고서에 따르
면 주(州)정부의 버지니아대학교 지원금은 10퍼센트에 못 미
칩니다. 주립대학경영자협회(SHEEO)에 따르면 미국 전체에
서 주(州)정부의 지원금이 줄고 있다고 합니다. 1987년 학생
1인당 지원금은 약 8,500달러였는데 2012년은 6,000달러를
밑돌아 30퍼센트 가까이 감액되었습니다.

이것은 미국의 각 대학이 운영자금을 점점 기업이나 산업계,

또 군수산업 등에 의존하는 것을 의미하는데, 이런 분야의 이해(利害)가 건전한 교육의 이해(利害)와 도저히 일치할 수 없습니다.

이 배경에는 수업료가 폭등해 자녀를 대학에 보내려는 저소득층의 가계를 한층 압박한다는 사정이 있습니다.

현상으로는 특히 초·중학교 차원에서 기업의 이익이 양질의 교육 이익에 우선하는 경우가 종종 있는데 가령 아동의 건강과 영양문제가 있습니다. 일부 학교급식에서는 적은 예산으로 꾸려가려고 종래의 건강식을 대체해 패스트푸드 체인상품으로 점심을 조달한다는 실태도 있습니다.

오늘날 미국은 10년 전과 비교해 눈에 띄게 비만아동이 늘었습니다. 이와 같은 현상은 다른 나라에서도 일어나기 시작했습니다. 효과적인 교육을 시행하려면 아이들의 적정한 영양을 빼놓을 수 없고, 그 적정한 영양을 유지하려면 학교가 이익 배분을 기대하고 패스트푸드 업계와 타협하는 일 따위는 절대 하면 안 됩니다.

이케다 아이들의 건강관리와 직결되는 식사 문제는 정말 중요합니다.

일본에서도 아이들의 식생활이 큰 문제가 되어 2005년에는 '식육(食育)기본법*'이 제정되었습니다. '식(食)'을 '지육(知育)', '체육(體育)', '덕육(德育)'의 기초로 자리매김한 '식육'의 추진이나 학교급식의 충실과 연구가 기대됩니다. 사회 전체가 위기의식을 갖고 아이들의 '먹을거리'를 충실하게 하기 위해 지원하는 일이 중요합니다.

최근 일본의 학교에서는 '일찍 자고 일찍 일어나 아침밥 먹기'를 모토로 규칙적인 생활과 식사의 중요성을 강조하고 있습니다. 왜냐하면 적절한 수면과 아침식사 여부가 아이들의 집중력과 기력, 그리고 학력과 체력까지 크게 영향을 미친다고 통계적으로도 알려졌기 때문입니다.

불법(佛法)에서는 "식(食)에는 세 가지 작용이 있으니 첫째는 생명을 유지하고, 둘째는 몸과 안색을 좋게 하고, 셋째는 몸과 마음의 힘을 왕성하게 한다"(《어서》 1,598쪽, 통해)라고 설합니다. '먹을거리'를 중시하지 않고는 아이들의 건전한 발육은 불가능합니다.

실은 1920년대 초반이지만 마키구치 회장도 미카사소학교 교장 시절, 경제적인 이유로 도시락을 싸오지 못하는 아이들을 위해서 자비로 감자나 콩떡 등을 준비해 따뜻하게 격려하셨습니다.

또 독지가의 기부를 받아서 빵과 수프를 무료로 제공한 일이 일본을 대표하는 신문(〈요미우리신문〉 1921년 12월 8일자)에도 소개되었습니다. 이는 당시 시카고 교외의 학교에서 실시된 페니 런치*를 참고했다고 합니다.

마키구치 회장도 아이들이 아무런 불편함 없이 학교에 다니고 학교생활을 즐겁게 보낼 수 있도록 마음을 쏟고 다양한 시도를 하셨습니다. 식사 하나만 보아도 교육에는 아이들에 대한 깊은 애정이 밑바탕에 있어야 한다는 점을 새삼 느낍니다.

개리슨 아이들의 건강에 관해 이케다 회장이 실로 시사점 풍부한 생각을 갖고 계심을 알게 되어 매우 기쁩니다.

듀이도 교육이론뿐 아니라 미학과 논리학에서도 '생활'과 '생물'의 중요성을 강조했습니다. 미국철학회에서 회장으로 강연할 때, 듀이는 추상적이고 철학적인 경향성을 가진 이상주의자를 이렇게 논파한 적도 있습니다.

'우리가 두뇌와 소화기 양쪽을 갖춘 존재로서 현실에 영향을 미치고 있음을 안다면, 여러분은 도대체 어떻게 할 작정인가'[3] 하고 말입니다.

듀이의 교육철학에는 '마음'과 '몸'을 대립한 존재로 구별하지 않는다는 중요한 사고방식이 있습니다. 그와 같은 사고에 서서 체육, 지육, 도덕교육을 받아들이면 그런 것이 모두 하나의 유기적인 통합체를 구성하는 부차기능이라고 이해할 수 있습니다.

또 규칙적인 운동과 식생활을 포함한 건전한 생활방식이 적절한 성장과 발달에 빼놓을 수 없다는 사실도 알게 됩니다. 따라서 이런 것도 올바르고 우수한 교육을 위해서 중요합니다.

히크먼　미국 학교교육에 또 하나 지적해야 할 문제점은 TV에 관한 부분입니다. 최근 일부 초등학교가 이른바 '교육적인' 방송국의 지원을 받게 되었습니다. '채널원'이라고 하는 방송국인데 아이들의 학교생활에 파고들어가 광고를 내보내게 되었습니다. 미국의 아이들은 교실 이외에도 날마다 TV광고의 홍수에 노출되어 있습니다. 교실에 광고가 파고들 여지가 있으면 안 됩니다.

더욱이 또 다른 문제로 시험이 있습니다. 최근 시험 열기가 양질의 교육을 대신하려고 하는데 분별 있는 교사들은 뒤에서 부추기는 각종 테스트회사와 이해관계가 얽혀 있다고 봅니다. 이 견해는 몇 가지 증거로 입증됩니다. 이런 기업의 이해가 각 학교와 아이들, 그 부모, 혹은 교육과정의 이해와 꼭 일치하지는 않습니다.

듀이의 교육실험과 창가학회의 교육실천

이케다　과연 그렇군요. 이런 현대적 과제는 언뜻 개별적인 문제 같지만 실은 사회 전체에 공통적인 요인을 내포하고 있습니다.

저는 지금까지 교육제언 등을 통해 '사회를 위한 교육'이라는 패러다임(사고의 틀)을 전환해 '교육을 위한 사회'를 구축하는 중요성을 일관되게 주장했습니다. 사회 전체가 미래를 책임질 보배와 같은 아이들을 함께 육성하고자 힘을 합치는 자세가 중요합니다. 그것은 결국 현대사회가 안고 있는 과제를 해결할 길을 여는 실마리가 됩니다.

그런데 듀이 박사는 19세기 말, 당시 전통적인 교육방식에 의문을 품고 어린이의 주체성과 개성을 중시한 교육방식을 시도했습니다.

시카고대학교 부속초등학교의 책임자가 되어 교육실험을 시도한 일화는 잘 알려져 있지요.

히크먼 교육실험이라는 것은 실로 듀이의 교육실천 특징을 이루는데 이는 어디까지나 어린이 자신이 가장 중요하고, 탁상공론 등은 의미가 없다는 듀이의 이념을 단적으로 나타냅니다.

이케다 어린이는 한 사람 한 사람이 개성을 가진 인격입니다. 본디 그것을 이미 만들어진 틀에 끼워 넣을 수는 없습니다. 교육의 진지한 연관성은 필연적으로 한 사람 한 사람의 개성이나 특성과 마주하게 됩니다.

창가학회 교육본부에서는 오랜 세월에 걸쳐 현직 교사가 '교육실천기록'을 작성했습니다. 수업의 창의력 향상을 위한 연구와 아이들의 문제행동 해결을 위해 끊임없이 부딪쳐온 교사의 도전과정을 엮은 소중한 기록입니다. 그 하나하나에 아이들의 성장과 소생의 드라마가 있습니다. 이미 사례가 4만 건을 돌파했습니다(2013년 6만 5,000건). 안팎을 막론하고 많은 교육관계자의 감동을 부르고 귀중한 자료로서도 높은 평가를 얻었습니다.

교육에서 무엇이 중요한가. 실천기록이 가르쳐주는 하나의 공통된 핵심은 '아이들의 가능성을 믿는 자세'입니다. 그리고 아이들이 스스로 일어서서 능동적으로 해결할 수 있게 어른이 적절히 관여하는 데 있다고 할 수 있습니다.

듀이 박사도 아이들의 능동성에 관해 "아이들은 활동하는 순간 자기자신을 개성화한다."[1]고 말했습니다.

히크먼 창가학회 교육본부의 '교육실천기록' 이야기를 들으니 매우 기쁩니다.

이런 기록은 교실에서 일어나는 문제해결에 상당히 귀중한 사례연구가 되겠군요. 만약 아직 발간하지 않았다면 적절히 편집해 세계 각지의 교사들도 읽을 수 있게 출판하면 좋겠습니다.

이케다 감사합니다.

지금까지 일본에서는 수많은 실천기록이 출판되어 교육잡지 등에도 소개되었는데, 오랫동안 이 문제에 몰두한 교육자 분들에게도 큰 힘이 될 말씀입니다.

전국 각지에서 보낸 '교육실천기록'의 일부

히크먼 이케다 회장은 학생 한 사람 한 사람의 기록이 독특하다고 강조하셨는데 그것은 매우 기쁜 일입니다.

듀이는 교육에서 시험은 '건강진단' 같은 것이어야 한다고 믿었습니다. 각종 시험은 각 개인에게 맞아야 하고, 시험의 목표는 학생 한 사람 한 사람의 교육경험을 향상하는 데 두어야 합니다.

시험을 이용해 학생들을 비교하는 일이 있으면 안 됩니다.

개리슨 많은 사람이 오해하고 있지만, 교사의 업무는 컴퓨터 같은 수동적인 두뇌에 정보를 채워 넣는 작업이 아닙니다.

그게 아니라 교사는 학생 한 사람 한 사람을 관찰하고, 실험을 시도하고 성찰하며, 또 그들에게서 배우면서 철저히 배려하는 깊은 공감을 가져야 합니다.

좋은 교사는 학생들과 함께 배우기를 또 학생들에 관해서 배우기를 크게 즐깁니다. 창가학회 교사들이 작성한 '교육실천기록'은 분명 그와 같은 관찰의 보물창고임에 틀림없습니다.

이케다 '교사도 아이들과 함께 배우고 성장하며 얻은 바를 또다시 살려간다.' 그런 교육현장의 귀중한 경험과 지혜를 다음 세대로 이어가는 일도 극히 중요합니다. 그 끊임없는 반복이 교육을 확실히 발전시키지 않을까요.

그런데 대학 강단에 선 듀이 박사가 초등교육을 중시하신 이유를 두 분은 어떻게 생각하시는지요?

초등교육을 중시한 듀이

개리슨 듀이는 정신과 육체의 이원론을 배제하고 신체적, 사회적, 도의적인 발달을 정신적 발달과 똑같이 중요하게 여겼습니다. 실제 이러한 것은 인간의 기능으로서 불가분의 관계임을 알고 있었습니다. 다시 말해 한없는 '성장'을 궁극적인 목적으로 하는 발달교육에 깊은 관심을 갖고 있어서 유아기의 중요성을 이해할 수 있었습니다. 듀이는 머틀 맥그로 등이 하던 유아발달연구의 자금조달도 지원했습니다.

오늘날에는 출생 전 태아기의 발달도 중요하다고 알려져 있습니다.

히크먼　대학 교수인 듀이가 초등교육에 주목한 이유 중 하나는 듀이 자신이 늘 자녀를 주의 깊이 살피고 살뜰히 보살피는 아버지였기 때문이라고 생각합니다.

듀이와 아내 앨리스 사이에는 사비노를 포함해 7명의 자식이 있었습니다. 사비노는, 가족 유럽여행 중에 아들 고든이 장티푸스로 죽은 뒤 양자로 들인 이탈리아인 소년이었습니다.

듀이 부부에게는 생활고가 끊이지 않았지만 앨리스는 나이 많은 아이들을 종종 유럽여행에 데리고 가서 각지의 문화를 접하게 해주었습니다.

유럽여행은 듀이 부부에게는 결코 사치가 아니라 교육상 필요한 일이었습니다. 부부는 아이들이 다른 문화와 언어, 다른 세계관에 친숙해지는 일이 필요 불가결하다고 생각했습니다.

이케다　상당히 시사하는 바가 큰 말씀입니다.

아이들에게 일찍부터 세계의 다양한 문화에 눈뜨게 해준 것이군요. 제가 창립한 소카학원에서도 해외의 손님을 맞이하고 교류하는 기회를 소중히 여겼습니다.

그런 듀이 가문의 교육방침은 앨리스 부인의 생각은 아니었을까 하고 추측됩니다. 듀이 박사는 가정에서는 어떤 아버지었는지요?

히크먼　아버지로서 그의 일면을 말해주는 예를 들어보면 1894년에 앨리스와 다른 아이들이 유럽여행을 떠날 때 듀이는 두 살짜리 아들 모리스를 도맡았습니다.

이는 당시 사회에서는 극히 드문 일이었습니다. 남편이 이정도로까지 육아에 관여하거나 가사일을 아내와 분담하는 것은 생각하지 못하던 시대였기 때문입니다.

여기에서 덧붙여 말씀드리면 듀이가 사회에서 남녀평등의 추진에도 큰 힘을 쏟았다는 사실입니다. 여성의 대학입학 허가도 나아가 대학원 진학도 아울러 강하게 주장했습니다. 그 무렵은 아직 그런 관행에 찬반 양론이 존재해 격렬한 논쟁이 벌어지는 시대였습니다.

이케다　중요한 역사군요. 여성교육에 관해서는 다른 기회에 논하고 싶지만, 마키구치 회장도 일본에서 서민 여성교육의 선구자 중 한 사람이었습니다.

전성기에는 2만 명 이상의 여성들이 배우는 통신교육을 추진하였고 또 여성의 자립을 위해서 실업교육을 하는 여학교도 실행에 옮겼습니다.

히크먼　그렇군요. 두 분의 여러 가지 공통점이 분명해질수록 더욱 경탄을 금치 못하겠습니다.

이야기를 조금 더 이어가겠습니다.

듀이가 초등교육에 주목한 두 번째 이유는 그가 실험주의자인 점을 들 수 있습니다. 듀이는 물리학부와 화학부에 실험실이 있다면 교육학부에도 당연히 실험실이 있어야 한다고 생각했습니다. 그렇지만 듀이의 실험학교는 다른 학교의 모델로서 의도된 것은 아닙니다.

그 실험학교는 창가학회 교육본부 분들의 '교육실천기록'과 마찬가지로 교육학상의 아이디어를 실제 시험해보고 이를 통해 얻은 통찰을 교육과정에 살리려는 목적이었습니다.

세 번째로는 듀이가 학교를 '사회변혁의 실험실'로 생각한 점입니다. 학교는 민주주의의 이상을 심고, 사회적인 미덕을 배양하고, 낡은 사고를 변혁하여 다시 구축할 수 있는 터전이라고 생각했습니다.

'가치를 창조하는 힘'을 이끌어내다

이케다 모두 소중한 관점뿐이군요.

실은 마키구치 회장은, 의학과 교육은 '인간의 생명을 대상으로 하는 자매과학'이라고 보았습니다.

그리고 "의학과 의술이 일취월장 발달하듯이 교육기술도 진보하여 교육자는 교육기술로 세워야 한다. 즐겁고 알기 쉽고 능률적으로 지도할 수 있어야 한다"[4]고 호소했습니다.

듀이 박사나 마키구치 회장도 과학적인 눈과 사회적인 책임감으로 교육향상과 개혁을 탐구하고 모색했음을 잘 알았습니다.

마키구치 회장의 진지한 눈은 인간 내면에 있는 생명의 세계를 바라보았습니다. 인간이 가진 무한한 가능성과 창조성을 믿고, 새로운 가치창조를 위해서 심혈을 기울였습니다.

'창가(創價)'는 '가치창조'라는 뜻인데 그것은 사람들을 행복하게 하고 사회를 발전시키고 좋은 방향으로 이끌기 위한 가치창조입니다.

'어려운 환경일수록 새로운 가능성을 발견하여 개화시키고, 성장과 전진을 쟁취하는 기쁨은 크다. 행복은 가치를 창조하는 인생 속에 있다'는 마키구치 회장의 교육자이자 학자로서의 통찰에 철학적, 실천적인 근거와 확신을 준 계기가 불법(佛法)과의 만남이었습니다.

히크먼　오늘날의 문제점은 학생들이 많은 교육환경에서 '가치를 이끌어내는 사람'이 되는 것만 철저히 가르치고, '가치를 창조하는 사람'이 되게끔 가르치지 않는 데 있습니다. 인간이나 인간 이외의 생명에게 '살아갈 의미'를 더욱 풍부하게 부여한다는 이 사고방식이 바로 마키구치 교육학과 듀이 교육학의 핵심을 이루는 부분입니다.

이와 관련하여 저는 오스트리아의 심리학자 빅터 프랭클*이

쓴 훌륭한 책이 떠오릅니다.

프랭클은 나치스의 강제수용소에서 살아남은 인물입니다. 그런 그가 자신의 저서《밤과 안개》에서 강하게 주장한 바가 우리 인간은 개개인이 온갖 환경에서, 아무리 추악하고 끔찍한 환경이라도 살아갈 의미를 찾아내고 마음만 먹으면 가치를 새롭게 만들어 낼 수 있다[6]는 점이었습니다.

개리슨　저는 창가교육에 관한 마키구치 회장의 이념을 연구하면서 많은 것을 배웠습니다. 지금은 마키구치 회장이 듀이에 필적하는 그리고 때때로 듀이를 능가하는 공헌을 하셨다고 생각합니다.

미국교육연구학회(American Educational Studies Association)의 학술지〈교육연구〉특별호*에 이케다 회장이 훌륭한 서론을 쓰셨습니다. 이 논문 덕분에 저는 마키구치 회장의 업적을 깊이 이해하게 되었습니다.

듀이는 이미 민주주의의 길을 순조롭게 걷고 있는 나라에서 연구를 추진하고 더없이 유리한 환경에 있었지만 이에 반해 마키구치 회장은 군국주의라는 배경 속에서 실로 멋진 교육 이론을 구축하셨습니다.

이케다　참으로 깊은 이해에 마키구치 회장도 틀림없이 기뻐하실 것입니다. 가치를 창조하는 힘은 모든 인간에게 갖춰져 있습니다. 중요한 점은 어떻게 이 힘을 끌어내는가. 그러기 위한 환경조성입니다.

학교로 말하면 먼저 '교사'의 역할이 매우 중요합니다. 학교 교육의 성패는 무엇보다 교사 자신의 역량에 크게 좌우됩니다.

교사가 스스로 노력하여 자신의 내면에 획득한 정신문화를 아이들에게 전달하는 깊은 마음의 교류를 통해서만 아이들은 자신의 위대한 힘을 깨닫고 눈떠 발랄하게 활동할 수 있습니다. 이것이야말로 인간교육의 진수가 아닐까요.

유아기 환경의 중요성

개리슨　듀이는 인간이 '환경'이라는 매개를 통해 간접적으로만 교육할 수 있다고 생각했습니다. 누구든 인간의 머릿속에 직접 학습내용을 집어넣을 수는 없습니다. 인간은 무언가를 마주보고 능동적으로 응답함으로써 배울 수 있습니다. 교사의 역할은 무엇보다도 학생들이 각자의 능력 범위 안에서 갖가지 장애에 창조적으로 대처하고, 그러한 것을 극복할 수 있는 환경을 만들어주는 일입니다.

교사는 학생 개개인의 요구사항과 욕구, 관심, 목적을 주의 깊게 관찰하여 그들의 신체적, 정신적인 능력도 여기저기 살펴서 철저히 학생 중심의 자세로 일하는 것이 중요합니다.

더욱이 교사는 학생들의 특성에 맞춰 환경을 기능적으로 조성해야 합니다. 마키구치 회장의 저작은 교사에게 매우 뛰어난 실용적인 지침을 제공해줍니다. 창가학회의 '교육실천기록'을 보면 알 수 있듯 날카로운 통찰력으로 관찰하면 학생의 능력과 환경을 조화시키기 위해 무엇이 필요한지 상세히 파악할 수 있을 것입니다.

히크먼 교육은 '좁은 공리적인 사고방식'에서 해방되어야 한다는 듀이의 외침은 그야말로 학교교육에서 교사가 맡는 역할의 핵심을 찌릅니다.

개인적으로 사회도덕 교육은 유치원 단계에서 시작할 필요가 있다고 봅니다. 아이들은 누구나 독자성을 가진 개인들이 모인 공동체에서 자신도 마찬가지로 독특한 존재라는 자각을 심화하도록 도울 필요가 있습니다.

덧붙여 우리는 '시험'에 맞춰 고도로 조직된 교육과정을 깨끗이 버려야 합니다. 이런 과정이 바야흐로 미국뿐 아니라 세계 각지의 초등, 중등교육에서 영향력을 발휘하고 있습니다.

이케다 중요한 문제제기입니다.

토인비 박사도 저와 대담할 때 '인격이 결정적으로 형성되는 시기는 5세까지'[6]라고 강조하여 유아기 환경의 중요성을 주장하셨습니다.

지금까지 저도 일본을 비롯해 홍콩, 싱가포르, 말레이시아, 브라질, 한국에 소카유치원을 창립했지만, 애정으로 가득 채워진 유아교육의 중요성은 아무리 강조해도 지나치지 않습니다.

유아기 환경이 인간의 일생에 미치는 영향이 얼마나 큰지, 최근 연구에서도 점점 더 주목받고 있습니다. 어쨌든 교육의 목적과 의의에 관해 지금 우리는 새삼 진지하게 되물을 필요에 직면하고 있음을 확인하고자 합니다.

바람직한 학교교육과
집단따돌림 문제

도쿄와 간사이의 소카학원을 방문하고

개리슨　예전에 도쿄의 소카학원을 방문했을 때, 고등학교 1학년 학생 두 명이 저에게 말을 걸려고 뛰어오던 모습이 지금도 눈에 선합니다.

학생들이 우리 같은 방문자에게도 거리낌 없이 말을 거는 자체가 소카학원의 민주적인 기풍을 나타낸다고 느꼈습니다.

히크먼　저도 다행히 지금까지 창가교육의 각 학교를 몇 차례 방문한 적이 있습니다.

가장 먼저 말씀드리고 싶은 것은 도쿄와 간사이의 소카학원은 각각 개성이 풍부하다는 점입니다. 이것이야말로 학교 본연의 모습입니다. 예를 들면 도쿄의 학교는 간사이의 학교와 매우 다른 분위기가 있습니다.

게다가 각 학교의 학생들은 단순히 지식을 수동적으로 흡수하지 않고 각각 독자적인 공부에 능동적으로 대응한다고 느꼈습니다. 그 결과 두 학교의 커리큘럼은 같아도 그것을 실시하는 데는 독자적인 개성이 나타났습니다.

물론 각 지역의 문화적 가치관과 관행에 맞춰 조정해야겠지만 마키구치와 듀이의 건전한 교육이념에 바탕을 둔 소카학원을 초등, 중등교육에 종사하는 모든 사람에게 모범적인 학교로 기꺼이 추천하고 싶습니다.

이케다 감사합니다. 무엇보다 기쁜 말씀입니다. 위대한 인간교육자이신 두 박사를 맞이하게 되어 소카학원의 교직원에게도 큰 계발이 되었습니다. 많은 학원생에게도 평생 잊지 못할 황금의 추억으로 마음속에 깊이 새겨졌습니다. 창립자로서 거듭 감사드립니다.

소카학원에 무언가 조언할 것이 있다면 부디 부탁드립니다.

히크먼 예. 다른 학교에도 드릴 수 있는 조언이지만 저는 세 가지를 제시하고 싶습니다.

첫째, 아이들은 무엇이든 시도해보려는 선천적 '실험자'입니다. 본디 그들에게 '배움은 즐겁다'는 사실을 존중하는 자세입니다.

둘째, 시험을 과도하게 강조하면 안 된다는 점입니다. 특히 이 학생과 저 학생을, 또는 이 학교와 저 학교를 비교하는 듯한 시험은 피해야 합니다.

셋째, 교육과정의 실험을 중단하면 안 된다는 점입니다. 듀이가 지적했듯이 좋은 교육의 규범은 교육이론의 추상적인 논의를 억지로 실천에 결부시키는 데서 생기는 게 아니라 교육의 실천 그 자체에서 생기기 때문입니다.

이케다 모두 지금의 교육현장에서 중요한 핵심이군요.

인간에게는 본디 누구나 '배우고 싶은' 의욕이 있습니다. 배우는 기쁨, 배우는 즐거움은 인생에 커다란 충실을 가져옵니다. 그것을 이끌어내고 촉발하는 일이 교육의 출발점이라고 할 수 있습니다.

아이들의 개성과 재능을 어떻게 활기차게 성장시키고 어떻게 꽃피울까, 뛰어난 교육자는 교육현장에서 끊임없는 실천을 통해 지혜와 경험을 쌓아가며 전진합니다.

교육에 '이것으로 완성'이라는 것은 없습니다. 시대는 바뀝니다. 아이들을 둘러싼 환경도, 아이들의 기질도 늘 바뀝니다. 당연히 교육 그 자체도 늘 성장하고 발전해야 합니다.

불법에서는 '수연진여(隨緣眞如)의 지(智)[*]'라고 설합니다. 변화하는 현실에 곧바로 응하는 지혜가 교육에는 요청됩니다.

히크먼 그렇습니다. 한번은 듀이가 '지성을 실제적인 것으로 만드는 철학자' 다시 말해 '추상개념을 현실세계에 응용시키는 철학자'로 소개된 적이 있습니다.

이에 대해 듀이 자신은 실천을 지적인 것으로 만들기를 원하는 사람이라고 말했습니다.

듀이가 말하고자 하는 바는 '인간의 지성은 교육을 포함해 매사에 현실 상황 아래에서 현실 사람들의 필요와 이익에 뿌리내려야 한다'는 점이었습니다.

그런데 저는 소카학원과 소카대학교, 미국소카대학교(SUA)에서 만난 학생들에게 크게 감명받았습니다.

그 학생들은 배우려는 의욕과 열의에 넘쳐 집중력이 뛰어납니다. 이 때문에 가르치는 쪽이나 배우는 쪽에 기쁨이 넘칩니다. 면학에 대한 소카학원생들의 진지한 자세는 창립자의 정신을 반영한다고도 할 수 있겠지요. 커리큘럼이나 교육과정의 실시 능력도 또한 대단히 우수합니다.

또 창가교육의 교사들은 학생과 교류하는 중요성을 깊이 이해하고 있고, 그런 교류를 통해 학생에게 배우는 중요성도 잘 알고 있습니다. 제가 소카학원의 각 학교에서 관찰한 바로는 학생들은 배우는 것이 즐겁다, 또 즐거워야 한다고 깊이 자각한 것처럼 보였습니다. 이런 배움에 대한 진지한 태도는 초등교육과 중등교육의 과정뿐 아니라 우리가 평생 계속 취해야 할 자세라고 생각합니다.

생활과 경험에 뿌리내린 교육

개리슨 조금 전 소카학원 학생들이 아주 싹싹하게 말을 건 일화를 말씀드렸지만 이전에 소개하신 것처럼 SUA에서도 학생들이 서로 혹은 직원이나 교수들과 뜻깊은 대화를 나누는 모습을 목격했습니다.

창가교육의 각 학교는 그런 교풍 속에서 새로운 아이디어를 시도하고 다양한 실험의 실패나 성공에서 계속 배우는 한, 건전하게 성장할 것입니다.

이케다 거듭거듭 황송합니다. 두 박사의 따뜻한 격려말씀에 학원생도 또 교직원도 더 분발할 것 같습니다.

개리슨 박사가 말씀하셨듯이 우리 창가의 학사에 '대화의 문화'라고 해야 할 기풍이 있다면 더한층 펼쳐가고 싶습니다.

히크먼 박사가 언급하신 학생의 자주성과 의욕도 중요한 포인트입니다. 생각해보면 듀이 박사도 학교에 관해 종래의 권위적인 교육방법, 다시 말해 암기와 시험에 의한 수동적인 학습의 장이 아니라 아이들이 주체적인 흥미를 갖고 활동적인 사회생활을 영위할 수 있는 장이어야 한다고 말했습니다. 그리고 "교과라 부르는 것은 산수, 역사, 지리 혹은 자연과학의 일종이든 어떤 것이라도 그 발단은 일상적인 생활경험의 범위 안에 있는 재료에서 이끌어내야 한다"[7]고 논하셨습니

145

다. 다시 말해 한 사람 한 사람의 생활과 경험에 뿌리내린 교육의 중요성을 강조하신 말씀입니다. 그것은 지성과 정서의 건전한 발달이 될 것입니다.

이렇게 날카로운 경종을 울린 지 한 세기가 지났습니다. 안타깝게도 일본의 교육은 '지식 주입식 교육'에서 여전히 벗어나지 못했다는 지적이 있습니다.

히크먼　일본의 학교에 만연하다고 하신 지식의 주입식 교육과 과도한 경쟁은 미국의 교육현장에서도 현실이 되고 있습니다. 우리 미국인은 일본 교육제도의 좋지 않은 부분을 도입하면서 그 제도가 일본에서 제대로 기능하지 못하는 사실에는 눈을 감아버리는 것 같습니다.

이케다　일본도 지식의 주입식 교육에 대한 반성에서 이른바 '여유 있는 교육'도 시도되었지만 좀처럼 생각대로 되지 않고 시행착오를 계속 겪는 듯합니다.

최근에는 인터넷과 TV, 게임 등의 영향도 우려됩니다. 그런 것에 열중한 나머지 바깥에서 놀기보다 방에 틀어박혀 있는 시간이 많아져 아이들의 건전한 신체와 인격 성장을 저해하고 있지 않나 하고 걱정하고 있습니다.

물론 현대의 정보화사회에 인터넷은 빼놓을 수 없는 도구가 되었습니다. 앞으로의 학교교육에서는 그런 기술도 잘 다루면서 가상세계에 몰입하지 않는 지혜와 연구가 한층 요구됩니다.

히크먼 저도 아이들이 자유시간을 보내는 방법이 걱정입니다. 특히 인터넷과 TV 게임을 접하는 방식입니다.

분명 인터넷 덕분에 우리는 많은 것을 배우는 멋진 기회를 얻었습니다. 그러나 시간과 재능의 낭비라고 해야 하는 함정도 있습니다. 게임 자체가 결코 좋지 않다는 말은 아닙니다. 시각과 손의 연동능력을 발전시킨다는 이점도 있습니다. 그렇지만 인생에는 더 중요한 것이 많습니다.

이케다 인간의 성장에 중요한 점은 자신의 힘으로 생각하고, 풍부한 가치를 창조하는 지성과 인격의 힘을 기르는 것입니다. 그런 의미에서 학교는 아이들이 즐겁게 생활하며 그런 힘을 자연히 기를 수 있는 학습의 터전이 되어야 합니다.

듀이 박사는 이렇게 말씀하셨습니다.

"학교는 아이들이 실제로 생활하는 장소이고 아이들이 그것을 좋아하고 또 그 자체를 위한 의미를 발견하는 생활체험을 얻을 수 있는 장소이어야 가장 바람직할 것이다."[1]

마키구치 초대 회장도 당시 교육의 폐해에 관해 "일본인의 두뇌는 대부분 잘못된 교육방법의 병폐로 완고해지고, 학문과 생활이 완전히 격리되어 우리의 생활은 이원적(二元的)인 방식으로 분열했다."[8]고 지적하셨습니다.

147

생활과 지식이 제각각 분리되어 있으면 학교에서 익힌 지식
이 실생활에서 도움이 되지 않습니다.

따라서 마키구치 회장은 당시 '반나절 학교'를 제창하여 하
루 중 반나절은 학교에서 배우고, 반나절은 일하는 제도를
주장했습니다. 그리고 사회와 관계를 심화하는 속에서 학문
을 살리는 것을 지향했습니다.

학교와 지역사회의 교류

히크먼 마키구치 회장의 '반나절 학교제도' 제창은 학교
에서 수업을 지식면과 실천면, 다시 말해 좁고 학문적인 추
상적 측면과 매일 실생활의 구체적 측면으로 구분하여 그 양
쪽을 교육한다는 사고방식이군요.

듀이도 마찬가지로 아이들의 교외학습 체험을 촉진하였습니
다. 또한 교육자는 학교와 지역사회가 소통이 원활하게끔 관
계를 잘 유지해야 한다고 생각했습니다.

이케다 개리슨 박사는 학습과 생활이 유리되지 않으려면
학교교육에서 어떤 점이 중요하다고 보십니까?

개리슨 글쎄요. 어린 아이들은 일상생활 속에서 자신의
호기심을 만족시켜줄 활동에서는 금방 무언가를 배우는 법
입니다. 처음에는 어른의 행동을 반은 놀이 삼아 흉내 내지

만 학교에 다니기 시작하기 전부터 가족과 지역 사람들이 종사하는 조직의 일과 활동에 간단한 형태로 관여하기 시작합니다.

듀이의 주장에 따르면 가장 좋은 교육은 일(직업)을 '위해서' 가 아니라 일을 '통해서' 이루어집니다. 왜냐하면 일은 도구를 사용하는 것을 포함해 본질적으로 사회적인 작업이기 때문입니다.

인간은 조직화된 행동으로 다양한 목적을 만족시킵니다. 또 우리는 무언가 일을 할 때 사회적인 상황 속에서 자신의 행동을 타인과 연계해 추진하는 것을 배웁니다. 다른 사람들과 함께 일하려면 그들과 직접 연계해야 하고, 혼자서 일할 때에도 다른 사람들이 만든 재료나 도구를 사용해 다른 사람이 사용하는 무언가를 만듭니다.

듀이에 따르면 좋은 일이란 결코 그런 놀이 측면을 잃지 않는 것이었습니다. 듀이는 학교와 지역사회의 장벽을 없앨 필요가 있다고 생각했습니다. 지역의 여러 가지 직업에서 배우는 속에서 아이들은 사회에 수용되고 지역사회의 생산적인 구성원이 됩니다.

그러나 단순히 사회에 녹아들 뿐이라면 민주주의나 사회정의에도 기여할 수 없습니다. 따라서 아이들이 직업을 통해 배우는 속에서 그런 직업을 어떻게 평가해야 하는지도 배우고 그것들을 재구축한다는 적극적인 자세를 몸에 익히는 것이 중요합니다.

이케다 지당한 말씀입니다. 마키구치 회장의 '반나절 학교' 사상과 공명하는 철학입니다.

사회의 다양한 일을 통해 사회 본연의 모습을 배움으로써 학교에서 학습을 더욱 깊이 몸에 익힐 수 있습니다. 더욱이 남을 위해, 사회를 위해 적극적으로 관여하고 그런 속에서 기쁨을 찾는 인생을 배우는 것이 중요하지 않을까요.

최근 일본에서도 초·중학생에게 직장방문과 직업체험을 쌓으며 사회와 접점을 의식하여 학습시키는 방안이 시행되었습니다. 또 지역의 목수나 꽃가게 등 다양한 기능을 가진 사람들이 학교를 지원하는 자원봉사자로 특별수업을 하는 등의 시도도 시작되었습니다. 시험만으로는 배울 수 없는 귀중한 체험학습과 지역 사람들과 맺는 교류의 소중함이 재평가되고 있습니다. 이런 것도 중요하지요.

개리슨 예, 전적으로 그렇습니다!

우리는 지역 속에서 다른 사람들이 나날이 능숙하게 일과 오락에 힘쓰는 모습을 접함으로써 단순히 추상적인 개념만이 아니라 실로 많은 것을 배웁니다. 체험학습의 성과는 사고뿐 아니라 감정, 행동, 행복이라는 영역에서 우리가 얼마만큼 성장하는지로 판단됩니다.

학교 시험으로는 인간의 작용 중 겨우 인식영역만 테스트할 수 있습니다. 학교 시험이 미치지 못하는 영역은 그 밖에도 더 있지만 특히 마음의 지능*, 신체적인 능력, 사교성, 창조적 재능, 탐험심, 도덕적인 인격 형성이 완전히 무시되는 점은 문제입니다.

저는 '행복'과 '성장'은 많은 점에서 같고 '행복'은 '성장' 속에 있는 것만 아니라 '성장' 그 자체라고 생각합니다.

일반적으로는 '행복'과 '성장'은 구별되지만 자신의 독특한 능력이 충분히 발휘되지 못하면 '행복'은 느낄 수 없습니다. 또 그 독특한 능력도 다른 사람들과 서로 배우는 사회에 참여하여 공헌하지 않으면 발휘할 수 없습니다. 이런 의미에서 '행복'은 '성장'입니다.

이케다 매우 중요한 관점입니다.

이 '성장'이라는 점에 관해서 말하면 아이들에게 친구들과 절차탁마하는 것과 좋은 의미에서 경쟁하는 것, 그리고 서로 배우면서 함께 성장하는 기쁨을 가르치는 것도 중요합니다. 그런 의미에서 교육에서 건전하고 창조적인 경쟁의 바른 자세는 어떠해야 한다고 생각하시는지요?

모든 사람이 승자가 되는 창조적 경쟁

히크먼 교육상의 '경쟁'이라는 물음은 현재 점점 중요해지는 주제입니다.

여기에서 꼭 묻고 싶은 것은 그 경쟁이 '적절한가'라는 점입니다. 이것은 누구나 아는 실상이지만 부적절한 경쟁이 학습자의 에너지를 빼앗고 필요 없는 긴장감과 불안을 낳아 공부를 어렵게 만듭니다.

그러나 어느 학생이나 살아가는 데는 온갖 사항을 둘러싸고 경쟁할 수밖에 없습니다. 우리 교육자에게는 그런 경쟁에 어떻게 대처해야 하는지 자신의 약점과 강점을 잘 판단해 어떻게 깔끔하게 승패를 결정지어야 하는지를 학생에게 가르칠 책무가 있습니다.

예를 들어 스포츠 경기는 적절하게 실시되면 경쟁을 배우는 멋진 경험이 됩니다. 좀 더 학술적인 면에서도 경쟁을 벌이는 토론대회 등 경쟁을 통해 자신감을 줄 수 있습니다.

다만 학생들은 지성에도 많은 유형이 있다고 이해해야 합니다. 인간에게는 어떤 분야의 경쟁에서 충분히 재능을 발휘하지 못해도 달리 성공할 수 있는 분야가 반드시 있습니다.

개리슨 우리는 종종 '경쟁'을 게임이론가들이 '제로섬 게임*'이라 부르는 것처럼 생각하기 쉽습니다. 이 사고방식은 예를 들면 트럼프 게임처럼 한 사람이 이기면 다른 사람들은 지고, 승자가 얻은 만큼 패자는 손해를 본다는 것입니다.

그러나 인도적인 경쟁에서는 모두 승리할 수 있습니다. 표현을 달리하면 당신도 나도 성장할 수 있는 것입니다.

듀이는 사회가 그런 기회를 제공해야만 인간이 성장할 수 있다고 단언했습니다.

또 듀이는 "인간은 자신과 다른 타인을 만나지 않는 한 자기 능력(소질)을 발휘하지 못한다. 왜냐하면 내 존재가 당신의 잠재능력을 꽃피울 수 있게 해주고, 당신의 존재가 내 잠재능력을 꽃피워주기 때문이다"라고 지적합니다.

중요한 것은 정신적인 평등입니다. 예를 들면 상대가 신체적으로 우세하든가 지적으로 뛰어난 경우도 있겠지요. 한편 내가 상대에게는 없는 월등한 사회적 기능을 갖춘 경우도 있을 것입니다. 혹은 수학이나 무언가에서 상대보다 열등할지도 모릅니다.

그러나 인도적 경쟁에서는 서로 잘하는 분야, 뛰어난 '무언가'를 발견할 수 있지 않을까요. 자신의 성장은 상대의 성장에 관여하고 있지만 그 성장의 방법은 각각 다릅니다.

이케다 전적으로 동감입니다.

불법에는 '앵매도리(櫻梅桃李)'라는 사고방식이 있습니다. 벚꽃은 벚꽃, 매화는 매화, 복숭아꽃은 복숭아꽃, 자두꽃은 자두

꽃의 모습 그대로 각각 개성을 발휘하며 열심히 앞다투어 꽃을 피웁니다. 그것이 아름다운 꽃밭을 만든다는 말입니다. 벚꽃은 아무리 아름다워도 복숭아꽃이 될 수 없고, 될 필요도 없습니다. 인간도 또한 마찬가지입니다.

각자 개성을 꽃피우며 자기답게 힘껏 피워가면 됩니다. 누군가가 승리하면 누군가가 지는 것이 아닙니다. 개성을 서로 존중하고, 각자의 과제에 도전하면 거기에는 '각자의 승리'가 있습니다. '자신의 힘'을 최고로 끌어내기 위한 경쟁입니다.

그리고 개리슨 박사가 말씀하신 것처럼 '정신적인 평등', 다시 말해 생명의 존엄성을 가르치고, 타인을 신뢰하고 협력하여 서로 뒷받침하는 중요성을 가르치는 가치관입니다. 거기에 다채로운 인간공화(人間共和)의 꽃밭을 넓히는 길이 있습니다.

개리슨　듀이는 "우리는 경쟁으로 자신의 장점을 발견할 수 있고 각자가 자신의 가능성을 발휘할 수 있다"고 말했습니다. 그러면서도 그 경쟁은 '제로섬 게임'은 아닙니다. 가령 수학 경쟁에서 졌다 해도 사회적 기능 경쟁에서는 이길지도 모릅니다. 결국 누구나 각자 독자적이고 잠재적 능력과 중요한 재능을 찾고 독자적으로 사회에 공헌할 수 있으면 승패는 문제가 되지 않습니다.

만약 당신이 당신의 소질을 꽃피우고, 내가 내 소질을 꽃피운다면 우리는 각각 형태는 달라도 정신적으로는 평등하고 똑같이 행복합니다.

다만 유념해야 할 중요한 점이 있습니다. 그것은 어떤 종류의 '성장'은 제한해야 한다는 점입니다.

정원에 화초를 키우려면 잡초를 뽑아야 합니다. 사람을 육성할 때도 경우에 따라서는 확실히 제어하고 적절히 대처하지 않으면 치명적인 사태를 초래하는 경우도 있습니다.

집단괴롭힘을 조장하는 '방관자'의 존재

이케다 예를 들면 '집단괴롭힘'과 같은 문제군요. 아이들의 잘못된 에너지를 방치하면 집단괴롭힘도 증장하여 손쓸 수 없는 경우가 있습니다.

본디 학교는 아이들이 안심하며 배우고 생활할 수 있는 장소여야 합니다. 그런데 유감스럽게도 반드시 그렇지는 못한 경우가 있습니다. 그 원인 중 하나가 집단괴롭힘입니다. 집단괴롭힘은 아이들의 인격에 깊은 상처를 줍니다. 일본에서는 학생이 집단괴롭힘에 괴로워하다 스스로 목숨을 끊는 비극도 일어나고 있습니다.

미국에서는 이 문제를 어떻게 보고 있습니까?

개리슨 기독교계와 록펠러계 등 다수의 공익신탁(트러스트)

이 지원한 '집단괴롭힘 방지는 범죄의 방지'라는 조사보고서
에 따르면 미국 학생들이 보고하는 모든 문제 중 집단괴롭힘
은 스트레스에 이어 두 번째로 많은 문제입니다. 중학교에서
자주 집단괴롭힘을 저지른 남학생 중 60퍼센트가 24세까지
형사판결에서 유죄를 적어도 한 건을 받았습니다[9].

괴롭히는 쪽은 약해 보이는 아이를 괴롭힙니다. 그것이 육체
적이든 감정적이든 아니면 지적이든 집단괴롭힘은 '사회적
폭력' 중 하나의 형태이고 개인이 저지르는 집단괴롭힘도 집
단이 저지르는 집단괴롭힘도 고착화됩니다.

히크먼 집단괴롭힘 문제는 썩 유쾌하지 못한 이야기지만
그 화제를 이렇게 꺼내주셔서 기쁩니다. 집단괴롭힘에 관한
문헌은 놀랄 만큼 많고 게다가 그 숫자는 점점 늘어날 뿐입
니다. 전부 부모와 교사, 혹은 보조스태프가 어떻게 대처해야
하는지를 여러 가지로 논하고 있습니다. 갖가지 지원단체가
인터넷에서도 사이트를 개설하고 있습니다.

미국에는 '전미청소년폭력방지자료센터(NYVPRC)'라는 비영
리단체(NPO)가 있어 어떤 형태의 집단괴롭힘을 취하는지, 또
그것에 어떻게 대처해야 하는지 등 풍부한 정보를 제공합니
다. 센터의 보고내용은 극히 광범위한 것으로 보고서는 모든
교사와 학교운영자에게도 전달됩니다.

또 이런 비영리단체와 별도로 영리형 단체도 있고, 각 학교

에 전문상담사를 파견하고 학교운영자와 교사, 학생, 지역사회 지도자와 협력하여 집단괴롭힘 문제 감소에 노력하고 있습니다.

이케다 일본의 경우 집단괴롭힘은 교사가 보지 않는 곳에서 게다가 집단화하여 이루어지기에 상당히 어려운 과제입니다.

그러나 집단괴롭힘을 방치하거나 결과적으로 묵인하는 일은 절대로 있으면 안 됩니다. 하물며 '집단괴롭힘을 당하는 쪽에도 무언가 문제가 있다'는 식은 잘못된 발상입니다. '집단괴롭힘은 나쁜 짓이고 괴롭히는 쪽이 100퍼센트 잘못'이라며 교사와 어른들이 아이들에게 집단괴롭힘을 절대 용납하지 않겠다고 단호하고 강하게 의사를 표출하는 것이 무엇보다 중요하다고 봅니다.

그리고 주의하고 싶은 점은, 집단괴롭힘을 조장하는 '방관자'의 존재입니다. 방관자는 본인이 알지 못하는 사이에 가해자가 되는 경우가 많습니다.

히크먼 상당히 여러 갈래에 걸친 요소를 가진 이 문제에서 제가 가장 주목하는 바도 방관자가 끼치는 영향입니다. 어느 학교에서나 방관자의 숫자가 대부분을 차지하고 있어서 그 영향력은 실로 막대합니다.

방관자들은 교사와 부모의 도움을 받아 친구들끼리 정보를 발신하거나 집단괴롭힘의 실태를 알려줄 수도 있습니다.

이케다 집단괴롭힘이라는 악을 보면서도 그것을 막지 않고, 멀찍이 물러서서 막연히 보고 있거나 자신에게 해가 미칠까 두렵다는 이유 등으로 보고도 못 본 체합니다. 그 결과 대부분의 경우 집단괴롭힘을 조장하게 됩니다. 그것을 보고 가슴 아파하고 마음에 상처를 받는 아이들도 있습니다. 거꾸로 이런 방관자가 전체가 아닌 몇 명이라도 중재하는 편으로 돌아섰을 때 집단괴롭힘이 없어졌다는 사례도 보고되었습니다. 그것이 어려울 경우에는 누군가 한 사람이라도 집단괴롭힘을 당하는 친구를 남몰래 응원해주는 것만으로도 최악의 사태는 피할 수 있습니다.

이런 방관자가 한 발짝 내디디려면 어떤 점이 중요하다고 생각하십니까?

히크먼 같은 친구인 학생의 중재는 흥미롭지만 반면에 어려운 문제도 따릅니다. 일반론으로는 이런 종류의 중재 수법을 커리큘럼에 포함시켜야 한다고 생각합니다.

그런데 이는 신중하게 할 필요가 있습니다. 왜냐하면 현장에서 친구의 중재가 때때로 보복을 부르는 경우도 있기 때문입니다.

많은 조사 결과가 보여주는 바로는 중재자끼리의 중재는 신중하게, 각각의 사례에 맞게 해야 합니다.

개인적인 경험을 말씀드리면 실은 14살 무렵의 저는 비쩍 마르고 책을 좋아하는 아이라서 어떤 선생님의 아들에게 늘 괴롭힘을 당했습니다. 게다가 그 아이는 저뿐 아니라 다른 학생도 괴롭혔는데 방식이 너무 노골적이었습니다. 저는 그 친구 어머니가 왜 남을 괴롭히는 자기 아들의 행동을 눈치채지 못하는지, 왜 말리지 않는지 정말 이상했습니다. 만약 방관자인 누군가가 중재하려고 나섰다면 이번에는 그 아이를 다음 표적으로 삼았을 것이 분명합니다.

집단괴롭힘에 대해 교사가 보고도 못 본 체한다면 그야말로 비극입니다. 교사의 그런 태도는 학습에 방해가 됨과 동시에 불신감을 낳습니다.

반복되는 이야기지만 집단괴롭힘 현장에서 같은 학생들끼리 중재는 중요하지만 보복을 피하기 위한 세심한 주의를 기울여야 합니다.

이케다　교사와 부모는 아이들이 내는 작은 신호를 간과하지 않고 목소리를 냈으면 합니다.

또 상담하면 주위 어른이 잘 대응해준다는 신뢰감이 있어야만 아이들은 방관자의 자세에서 나와 한 발짝 내디딜 용기를 낼 수 있습니다. 아이들의 방관은 어른사회에 대한 불신과 불가분의 관계에 있다고도 할 수 있습니다.

집단괴롭힘을 용납하지 않는 어른의 대응

히크먼   그렇습니다. 방관자는 실제 폭력의 선동자가 될 수도 있습니다. 그렇기 때문에 교사를 비롯해 학생과 보조 스태프 등 전원을 대상으로 하는 종합적인 '집단괴롭힘 대책' 프로그램이 필요합니다.

아무리 선의를 가진 방관자라도 그 행동이 역효과를 초래하는 경우가 있습니다. 그러므로 중요한 점은 학교의 모든 관계자가 앞서 언급한 전미청소년폭력방지자료센터 같은 유효하고 활용 가능한 정보에 정통해야 하지 않을까요.

집단괴롭힘 문제를 악화시키는 세 가지 요소가 있습니다. 첫째는 집단괴롭힘을 부추기는 행동, 둘째는 부적절한 중재, 셋째는 무관심입니다.

그러나 문제는 결국 '적절한 대처가 이루어지느냐 아니냐'라고 생각합니다. 다시 말해 동급생들이 또 교직원과 학교운영자들이 확실하게 대응할 수 있느냐입니다.

개리슨   저는 집단괴롭힘을 막는 행동은 일종의 평화교육이라고 생각합니다. 집단괴롭힘과 대결하려면 개인이나 국가도 '도덕적 용기'와 '지력(知力)'이 요구됩니다.

집단괴롭힘을 막는 최선의 방도는 듀이와 마키구치 회장이 이해한 것과 같은 '행복을 위한 교육'을 실천하는 일입니다.

집단괴롭힘을 묵인하는 행동은 집단괴롭힘을 조장하는 결과가 됩니다.

집단괴롭힘을 당하는 사람은 어른에게 알려야 합니다. 또 친구를 만들거나 동아리에 들어가는 것도 효과적인 수단이겠지요. 집단괴롭힘을 목격한 학생은 어른에게 알려서 힘을 빌려야 합니다. 어른들은 집단괴롭힘의 조짐을 놓치지 않고 학생들과 대화를 나눠 학생들의 네트워크가 조성되도록 도와야 합니다.

요컨대 건전한 민주주의를 촉진하는 것이 건전한 교풍을 만드는 일이 됩니다.

이케다　극히 중요한 포인트이군요.

저는 소카학원의 '영원한 5원칙'으로 ①생명 존엄 ②인격 존중 ③깊은 우정, 평생 우정 ④폭력 부정 ⑤지적, 지성적 인생을 보내라는 지침을 제시했습니다.

소카학원에서는 '폭력이나 집단괴롭힘 같은 비열한 행위는 절대 용납하지 않는다'며 엄하게 지도하고 있습니다.

저도 학원을 방문할 때마다 학생들에게 되풀이해서 강조했습니다. 남의 괴로움을 자기 괴로움으로 삼고, 남의 기쁨을 자기 기쁨으로 삼는 배려 넘치는 교육환경과 건전한 교풍을 만들어내는 일이 교육의 중요한 첫걸음이라고 생각합니다.

마키구치 초대 회장은 "악인의 적이 될 수 있는 용자(勇子)가 아니면 선인의 벗이 될 수 없다"[10], "소극적인 선량함에 안주하지 않고 나아가 적극적으로 감연히 선행할 수 있는 기개를 가진 용자가 아니면 안 된다"[10]고 거듭 강조하셨습니다. 창가교육은 그런 용기 있는 '선한 마음'의 배양을 소중히 여깁니다.

그리고 동시에 우리는 아이들의 모습이 어른사회를 비추는 '거울'임을 잊으면 안 됩니다. 아이들의 문제는 그대로 어른사회의 문제기도 합니다. 그 해결 없이는 근본적으로 해결되지 않는다고 깊이 명심해야겠지요.

가정교육의 역할과
인격의 존중

아이는 존중받아야 할 하나의 인격

　　이케다　여기서는 인간교육의 출발점인 '가정교육'에서 시작하고자 합니다.

저희 SGI는 듀이 박사의 손녀딸인 앨리스. G. 듀이 박사와 예전부터 교류했는데 창가교육에 대해서도 기대를 보내셨습니다.

앨리스 씨가 조부인 듀이 박사의 교육관을 이렇게 말했습니다.

"아이들을 존중해야 할 인격을 갖춘 존재로서 존경하는 마음으로 대등하게 대한다. 동시에 아이들도 한 사람의 인격자이기에 분명한 권리의식과 책임감 등을 바르게 몸에 익혀야 한다."

"할아버지는 '대등하고 사회적 책임감을 가진 존재로 아이들을 다루고, 육성함으로써 아이들은 인간다운 성숙도와 창조성을 급속히 개발할 수 있다'는 교육신념에 살아온 분입니다. 실제로 손녀로서 할아버지를 대한 제 어린시절 경험으로 가장 인상에 남은 것은 할아버지가 저를 늘 하나의 인격체로 계속 대해주셨다는 점입니다."[11]

참으로 시사하는 바가 큰 회상입니다. 아이가 어리다고 해서 얕보지 않고 또 어리광을 받아주는 것도 아닙니다. 손녀딸 앨리스 씨도 강조하신 것처럼 하나의 인격체로서 깊은 애정과 책임과 존경하는 마음으로 대함으로써 아이는 커다란 자신감과 안심을 얻고 자립을 향한 확실한 첫걸음을 내디딜 수 있습니다.

어른의 이런 '인간존경의 마음'이 아이의 성장과 배움에 무엇보다도 소중한 교육환경이 되지 않을까요.

히크먼 지당한 말씀입니다.

아이에게 안심을 주고, 좋은 배움의 환경을 조성하는 것이 부모의 중요한 역할입니다.

부모는 아이를 위해 안전한 환경을 갖추고, 아이의 능력을 신장시킬 뿐 아니라 아이의 교육과정에도 적극적으로 관여하는 것이 필요합니다. 교사와 정기적으로 상담하고 숙제에 관해서도 협력하며 아이와 대화하여 필요한 부분을 능숙하게 뒷받침하는 것이 중요합니다.

이케다 아이를 위해 관여하는 구체적인 방식에 대해서 일본에서도 많은 부모들이 고민하고 있습니다.
듀이 박사 부부에게는 7명의 자식이 있었는데 '가정교육'의 바람직한 모습에 관해 어떻게 생각하고 실천하셨을까요? 많은 독자를 위해서도 이 점에 관해 알려주시겠습니까?

히크먼 존 듀이와 앨리스 부인은 아이들의 행동을 주의 깊이 관찰했습니다. 부부는 듀이 자신이 '주입'과 '(아이에게 자유롭게 말하게 하고서 생각하는 것을) 끌어내기'라 부르는 양극단적인 교육방법은 피하려고 했습니다. 당연히 요즘 많은 부모가 의심도 없이 받아들이는 '주입식' 가정교육은 하지 않았지만 한편으로 부모의 지도 없이 '끌어낸' 것에도 그다지 가치는 없다고 생각했기 때문입니다.

듀이 부부는 아이들이 집안에 있을 때나 놀고 있을 때도 그 모습을 지켜보고 그들의 집중력과 열중하는 모습, 그리고 즉흥적인 행동 등을 관찰했습니다. 그리고 아이들이 가진 이런 에너지를 각자의 재능이나 흥미에 따라 키워주는 데 함께 몰두했습니다.

부부는 또 아이들이 '학교'와 '가정'에서 하는 활동은 단절되지 않고 이어져야 한다고 생각했습니다. 그래서 아이들과 함께 교육을 목적으로 한 여행도 가고 아이들이 진짜 자연과 직접 접할 기회도 적극적으로 만들었습니다. 또 가정생활을 풍부하게 하기 위한 극히 실용적인 기술 등도 아이들에게 가르쳤습니다. '가정과목' 공부는 딸들뿐 아니라 아들들에게도 필요하다고 생각했습니다.

개리슨 듀이에게는 가정이 늘 교육의 출발점이었습니다. 가정에서 다양한 역할을 맡음으로써 아이는 호기심이 자극되어, 거기에서 자신을 둘러싼 세계를 탐구하기 시작합니다. 가정과 가족은 아이가 처음으로 협력하는 것을 배우고, 자신의 욕구와 행동을 타인의 욕구와 행동에 비춰보는 장이 됩니다. 그곳은 협력과 부지런함, 또 책임감 등의 기질이 제일 처음 길러지는 장소입니다.

듀이의 이런 유명한 말이 있습니다.

"가장 훌륭하고 현명한 부모가 자기 자녀를 위해 원하는 바를 바로 사회가 모든 아이들을 위해 원해야 한다. 우리 학교에는 이것 이외는 그 어떤 이상도 편협하고 바람직하지 않은 이상일 뿐이다. 이것 이외의 이상에 따른다면, 그것은 우리 민주주의를 파괴한다."[12]

듀이에겐 '좋은 학교'의 기본은 그가 생각하는 '좋은 가정'의 기본과 같았습니다.

듀이의 가정교육에 관한 사고방식은 대부분 그의 학교교육에 관한 내용에서 쉽게 추론할 수 있습니다.

다시 말해 가정과 학교가 완전히 분리되면 안 된다는 점입니다. 학교와 교사, 관리자, 식당의 종사자, 교장, 비서 등의 교직원은 학생의 부모 그리고 많은 경우 조부모와 삼촌 이모 더욱이 그 밖에 신세를 진 사람들과 긴밀하게 연계할 필요가 있습니다.

이것은 힘든 일일지도 모르지만 아이의 성장에 극히 중요한 일이고, 제대로 추진되면 누구나 서로 배울 수 있고 매우 가치가 있는 대응책이기도 합니다.

부모와 자식이 함께 무언가에 도전한다

이케다　아이의 건전한 성장을 위해서는 '가정'이 중요함과 동시에 가정과 학교 사이에도 연속성이 있어야 한다는 듀이 박사의 사상은 오늘날 교육의 바람직한 모습을 재검토하는 데 늘 되돌아가야 할 기본이라고 생각합니다.

마키구치 회장도《창가교육학체계》에서 많은 부모가 자녀를 아무 목적관도 없이 학교에 보내고 있는 데 크게 의문을 제기했습니다[2]. 미래의 보배인 아이들을 어떻게 기르고 싶은지. 그 근본 이념과 목표를 학교와 부모가 공유하고, 협력하여 아이들을 기르는 자세가 중요하지 않을까요.

또 하나 부모는 자칫하면 무의식 중에 아이에게 '~는 안 돼'

라든가 '~하지 마라' 등 부정적이고 명령조의 말투를 하기
쉽습니다.

어른 자신이 일이 바쁘고 스트레스와 피곤으로 불안하여 아
이의 인격을 존중하기는커녕 전적으로 부정하는 듯한 언행
을 해버리는 경우도 있습니다. 또 부부의 불화가 끊이지 않
는 가정도 있습니다. 이것은 어느 시대나 그렇지만 어른의
정신 세계가 살벌하면 감수성 풍부한 아이의 마음은 깊이 상
처 입고 맙니다.

최근 일본에서는 어린이의 자존감이 낮다는 지적이 있습니
다. 유감스럽게도 '나는 자신감이 없다', '내가 싫다'고 느끼
는 어린이가 늘고 있는 듯합니다.

개리슨 자존감과 자신감은 적절한 독립심에서 생깁니다.
좋은 교사와 마찬가지로 좋은 부모는 아이들과 함께 배우고,
아이들에 관해 배우기를 좋아합니다.

교사가 학교에서 학생을 대하듯이 부모도 가정 안에서 아이
들을 주시하고 각자에게 적합한 일을 내놓으면서 따뜻한 배
려와 자애로 각자의 개성과 능력을 키울 수 있도록 도와줘야
합니다.

이케다 그렇군요. 부모와 자식이 함께 무언가에 도전하
여 성취하는 경험을 하는 것도 중요합니다.

부모 자식이 함께 스포츠를 하거나 취미를 나눠도 좋겠지요.

또 집안일과 가업을 돕는 것도 부모의 노고를 알 수 있는 좋은 경험이 되고, 사회공부가 됩니다.

우리 집은 김 제조업을 했습니다. 소년 시절 김 수확이 한창인 겨우내 추위 속에서도 이른 아침부터 일어나 일을 도운 기억을 잊을 수 없습니다.

정성 들여 만든 김을 짊어지고 도매상에 갖다 주는 일도 제 몫이었습니다. 김은 만듦새에 따라 매입 단가가 정해지는데 "우리 건 좋은 김이에요" 하고 말하면 도매상 주인이 "알고 있단다"(웃음) 하고 대답해준 일도 그리운 추억입니다.

어쨌든 고생을 서로 나누고 함께 성장하는 과정에서 마음이 통하고 더욱 풍부한 관계를 쌓아갑니다. 그렇게 하여 부모자식 간 마음의 유대를 심화하는 것은 자녀가 하나의 인격체로 독립하고 성장하기 위한 확고한 토대가 되지 않을까요.

저는 예전에 일본의 어느 여성잡지에 기고 의뢰를 받고 새로운 시대의 바람직한 가족의 모습 등에 관해 소감을 쓴 적이 있습니다.

그때 부모도 자식도 서로 계발하고, 총명하게 가치를 창조하며 함께 성장하는 '창조가족', '성장가족'의 중요성을 강조했습니다.

그것을 유럽과학예술아카데미의 웅거 회장 부부와 회견할 때 말씀드리니 모니카 여사도 깊이 찬동하고 "나는 어머니로서 20여 년 동안 아이들을 위해 살았지만 희생한다고 느낀 적은 없습니다"라고 웃으며 말씀하셨습니다.

그때 나도 "'자식에게 희생했다'고 생각하는 부모 밑에서 실은 '자식도 희생되고' 있는 것이 아닐까요."라고 답한 적이 있습니다.

확실히 육아는 힘들지만 자녀의 성장을 바라보는 기쁨은 그보다 훨씬 큽니다. 총명한 지혜를 짜내 주위의 협력도 얻으며 명랑하게 육아에 도전해야 비로소 자신도 더욱 성장할 수 있지 않을까요.

부모의 모습을 통해 자녀에게 가르친다

개리슨 저도 그렇게 생각합니다.

사회적으로도 자기희생을 전제로 한 배려가 있으면 안 됩니다.

한편 자신을 뒷받침하기 위해서는 자신을 둘러싼 지역사회와 환경, 소중한 사람들과 친한 사람들, 지금까지 맺은 우정, 그 밖의 모든 것을 소중히 여길 필요가 있습니다. 그렇지 않으면 우리는 살아갈 수 없습니다.

이것은 예를 들면 환경문제에도 해당됩니다. 우리 인간은 물을 마시고 음식을 섭취하고 공기를 마시며 살고 있습니다.

그러므로 살아가기 위해서는 수자원을 보전하고 토양오염을 막고 대기를 깨끗하게 유지해야 합니다.

자신을 소중히 여기려면 타인을 소중히 여길 필요가 있고, 타인을 소중히 여기려면 자신을 소중히 대할 필요가 있습니다. 이것은 '행위의 순환'이라는 것으로 자신의 행동은 전부 마침내 자신에게 돌아옵니다.

이케다   지당한 말씀입니다.

니치렌(日蓮) 대성인의 가르침에도 "남을 위해서 불을 밝히면 내 앞이 밝아지는 것과 같다"《어서》 1,598쪽)라는 말이 있습니다. 남을 위해 애쓴 행동이 실은 자신이 나아갈 길을 밝힌다는 도리입니다.

더욱이 또한 대성인의 주요 저서 중 하나인 '입정안국론'에는 "일신(一身)의 안도(安堵)를 생각한다면 우선 사표(四表)의 정밀(靜謐)을 기도해야 하느니라(자신의 평안과 태평을 원한다면 먼저 세상의 평온과 평화를 기원해야 한다)"《어서》32쪽)라고도 씌어 있습니다.

사람과 사람이 서로 지탱해야만 인간은 비로소 살아갈 수 있습니다. 또 자신은 사회의 일원이라는 자각을 기르는 자세도 중요합니다.

아이들에게 이런 인간관계의 근간에 관해서도 가르쳤으면 합니다. 그것도 부모가 솔선하여 사람들과 지역을 위해 공헌하는 모습을 보이고, 아이들에게 자연스레 가르치는 것이 중요하겠지요.

미국의 위대한 과학자 라이너스 폴링 박사와 나눈 대담에 관해서는 전에도 소개했지만 자제분인 의학자 폴링 주니어 박사에게서 들은 말을 잊을 수 없습니다.

폴링 주니어 박사는 부모님이 동서냉전 시대, 거센 비난과 중상모략을 되받아치고 자신의 신념을 관철하며 평화운동을 추진하신 것을 자랑스럽게 회고하며 가정교육에 관해 이렇게 말씀하셨습니다.

"아이들은 자연히 가정 안에서 부모의 사고방식과 사상을 계승하는 법입니다. 말로 전하는 경우도 있고 무언 중에 전해지는 경우도 있습니다. 부모는 늘 마음속에 '평화를 추진한다'는 강한 신념으로 행동하는 것이 중요하지 않을까요."[13]

개리슨　그와 관련해 말씀드리면 듀이도 자아에 내포된 사회적 성질을 깊이 이해했습니다.

"타인과 관계에 충실한 행위를 통해서 길러지는 자아는 타인의 목적이나 요구와는 전혀 관계없이 혹은 그런 것에 대항하여 형성되는 자아와 비교해서 훨씬 풍부하고 큰 것이 되겠지요. 대비적으로 말하면 관용적이면서 폭넓고 흥미로운 인생에서 나오는 자아는 그만큼 자아를 발달시키고 완성시킬 수 있습니다. 한편 그렇지 못한 인생의 경우 자아는 성장에 필요한 갖가지 관계성에서 분리되기에 본래의 성장이 저해되어 아사해 버립니다."[14]

현대의 가정에서는 경제적 이유 때문에 아이들이 부모와 교류가 적은, 고독한 상태에 놓이는 경우가 종종 있습니다. 부모는 자식을 성실히 대해야 합니다. 타인의 요구와 목적에 관대하게 관심을 갖고 대응하는 것을 자식에게 가르쳐야 합니다. 또 아이들도 부모가 자신들의 행복을 위해 다대하게 노력한다는 사실을 인식할 필요가 있습니다.

사람은 모두 평화와 안심을 강하게 바랍니다. 교육은 가정에서 시작되므로 아이들이 가정 안에서 평화를 찾을 수 없다면 사회에서 평화를 찾기란 더 어려워집니다. 그들이 안정된 가정을 구축하고 지키는 방도를 배우지 못하면 그것을 사회 안에서 찾는 것도 어려워집니다.

평화교육은 중요하지만 먼저 가정에서 아이에게 기본이 되는 최초의 평화체험 기회를 주는 것이 평화교육의 가장 좋은 첫걸음입니다. 이런 실제 경험은 말보다 훨씬 효과적입니다.

이케다 그렇군요. 오랜 세월에 걸쳐 청소년 비행과 등교 거부, 약물과 자살 등의 문제에 그야말로 목숨 걸고 달려들어 많은 아이를 구한 미즈타니 오사무 선생님*이라는 인간교육자가 계십니다.

밤거리를 거닐며 젊은이들에게 말을 건네고 비행청소년의 갱생에 진력한 행동에, 존경을 담아 '야간 순찰 선생님'이라고도 불렀습니다.

2010년 2월 미즈타니 선생님이 창가학회 부인부가 주최한 세미나에서 강연할 때 이렇게 지적하셨습니다.

"본디 가장 편안한 장소여야 하는 가정이 끊임없는 부부싸움 등으로 사이가 좋지 않고 삭막합니다. 그것이 어린 아이들의 마음에 큰 상처를 줍니다. 가정 안에 그런 '조바심'과 '슬픔'이 들어와 있기에 지금 아이들이 살아갈 힘을 잃어버렸다고 봅니다."

그리고 이렇게 말씀하셨습니다.

"아이에게 공부를 시키고 싶으면 부모가 공부해야 합니다. 어르신들에게 다정한 아이로 기르고 싶으면 날마다 자신이 노인에게 다정히 대하며 살아야 합니다. 정의롭게 사는 아이로 기르고 싶으면 부모 자신이 정의롭게 살아야겠지요. 인생은 말이 아닌 행동으로 보여줘야 합니다."[15]

지금까지 수많은 실의에 빠진 아이들의 마음을 어루만져 격려하고 웃음을 되찾아준 '행동하는 사람'의 말인 만큼 무게가 있습니다.

아이의 마음을 건전하게 키우고 쑥쑥 성장시키려면 어른이 진지하고 투철하게 살아가면서 도전하는 모습을 보여주는 수밖에 없습니다.

히크먼 저도 '좋은 본보기'를 보이는 것이 중요하다고 느낍니다. 듀이는 아리스토텔레스에게서 바른 문법을 배워서 구사하는 변론가의 화술을 듣고 올바른 문법을 익히는 것처럼, 우리는 그 범례를 배움으로써 좋은 행동으로 좋은 인간이 된다고 주장했습니다.

듀이는 또 도덕적인 행위는 습관이 되면 더욱 실행하기 쉬워진다, 그럼에도 신중한 도덕적 숙려가 필요한 새로운 상황이 늘 생기는 법이라고도 주장했습니다.

어머니의 사회 진출과 아버지가 가정에 관여하는 방식

이케다　그렇군요. 그러기 위해서 학교교육 현장에서도 어른이 아이들에게 '좋은 도덕적 본보기'를 행동으로 보이는 노력이 불가결해집니다.

이 점을 마키구치 초대 회장은 강조하셨습니다.

"교사는 자신이 존경의 대상이 되는 왕좌에서 내려와 왕좌에 오를 사람을 지도하는 공복(公僕)이 되고, 모범을 보이는 주인이 아니라 모범으로 이끄는 반려(伴侶)가 되어야 한다."[10]

그러므로 또 하나 가정교육을 고찰하는 데 확인해둘 점이 있습니다. 그것은 많은 어머니가 사회에서 일하게 되어 가정 본연의 모습이 크게 달라졌다는 점입니다.

최근 일본에서도 그런 경향이 두드러졌습니다. 결혼 조건으로 '남성이 집안일을 할 수 있는지'를 첫째로 꼽는 여성도 늘었다고 들었습니다.

그런 의미에서는 앞으로 점점 더 어머니의 사회진출과 아버지가 가정에 관여하는 방식이 가정교육을 생각하는 데 매우 중요한 과제가 될 것입니다.

이 점에 관해서는 어떻게 보십니까?

히크먼 가정과 일터에서 여성의 역할이 계속 바뀌지만 이것도 아주 중요한 흥미로운 화제입니다.

지적하신 대로 이 문제는 교육에 큰 영향을 끼칩니다. 1960년대부터 1970년대에 서양에서 거세진 페미니즘*운동은 새로운 경제상황을 낳고, 경제상황의 변화에 아주 흥미로운 형태로 반응했습니다. 결과적으로 서양의 사회구조는 크게 달라졌습니다.

저는 1973년에 독일에서 2년간 포스트닥터(박사학위 취득 후 특별연구원)로서의 생활을 마치고 미국에 돌아왔을 때를 기억합니다. 공항에서 우리 집으로 가는 차 안에서 도로의 건설현장에서 작업 중인 한 무리의 사람들을 발견했는데 그 속에 여성근로자가 있었습니다.

제가 미국을 떠난 1971년에는 그런 광경은 상상도 할 수 없는 일이었습니다. 몇 년 사이에 일어난 그 커다란 변화에 저는 정말 깜짝 놀랐습니다.

그런데 그것은 빙산의 일각에 지나지 않았습니다. 거의 2년 쯤 나라를 떠나 있는 사이에 '여기가 이제껏 내가 살던 곳이 맞나?' 싶을 정도로 사회 전체가 달라졌습니다.

　이케다　일본에서도 최근 사람들의 의식이 달라져 아버지가 육아를 위해 휴가를 내는 등 젊은 아빠가 적극적으로 육아에 참여하는 경향이 늘었습니다. 유아기 아동에게 그림책 읽어주기에 몰두하는 아버지도 늘고, 아버지용 육아잡지 등도 발간되고 있습니다.

　개리슨　이케다 회장은 자녀들과 교류하면서 그런 경험이 있으신지요?

　이케다　저도 그런 경험이 있습니다. 아직 아이들이 어릴 때, 가끔 일찍 귀가하면 '동화책'을 읽어준 적이 있었습니다. 그런데 별로 재미있게 읽지 못하니까 애들이 눈치도 없이 '엄마는 잘하는데' 하고 말하는 게 아니겠습니까. (웃음) 요즘 젊은 아빠들은 저보다 더 잘할 거라 생각하지만 말입니다. (웃음)

그 시절 저는 너무 바빠서 실제 육아는 아내에게 맡겼습니다. 다만 아이들이 '아버지도 지켜보고 있다'고 안심할 수 있게 노력했습니다.

해외에 나갈 때에는 아이들 한 명 한 명에게 그림엽서를 보낸 적도 있고, 생일 선물도 아내가 준비하고 제가 건네주는

콤비 플레이로 간신히 아버지의 존재감을 보였습니다. (웃음)
어쨌든 설령 함께 보낼 수 있는 시간은 짧아도 추억을 만들
수 있습니다. 자녀 교육에서 아내와 약속한 것이 '남을 위해,
사회를 위해 살아갈 것', '모든 사람에게 성실을 다할 것'의
소중함을 가르치는 점이었습니다.

가령 나이가 어려도 진지하게 말을 걸다 보면 이쪽의 생각이
마음속에 느껴질 것입니다.

요즘 일과 가정의 시간적인 조화를 다시 보는 '워크 앤 라이
프 밸런스(워라밸)'라는 사고도 주목받고, 근무방식과 가정에
참여하는 방식을 다시 생각하려는 움직임도 나왔습니다. 이
런 점에서 미국에서는 아버지가 가정에 어떻게 관여하고 있
을까요?

가정 내 육아를 곤란하게 만드는 생활방식의 변화

개리슨　이케다 회장은 자녀의 인생에 매우 큰 존재였군
요. 실은 그것이 중요합니다.

가네코 여사를 뵙고 또 회장이 사모님을 깊이 존중하고 칭찬
하시는 모습을 뵈면서 사모님이 평생 동안 회장의 사업을 함
께 짊어지고 크게 공헌하시고 있고 그 모든 것을 이해하고
계신다고 충분히 느꼈습니다.

그래서 더더욱 가네코 여사는 이케다 회장이 부재중일 때도 자녀들에게 '아버지가 우리 곁에 있다'고 느끼게 해줄 수 있었습니다. 또 사모님은 회장이 사람들의 행복을 위해 일하고 계시다고 깊이 공감하셨기에 자녀들에게도 그 마음이 전해졌을 것입니다.

이렇게 자녀들은 회장을 가까이에서 느끼고 자랑스럽게 생각함과 동시에 회장이 헌신하시는 창가의 세계에, 나아가서는 세계평화와 만인의 행복이라는 큰 목적에 동행하게 되었다고 생각합니다. 그 결과 회장의 가족이 모두 함께 행복을 찾을 수 있었습니다.

마키구치 회장도 말씀하신 것 같은데 어느 가족이나 진심으로 원하면 타인에 대한 '선'의 가치를 창조함으로써 자신의 행복과 '이(利)'의 가치를 함께 발견할 수 있습니다.

이런 가정교육의 문제를 말씀드릴 때는 미국의 어린이 3명 중 1명이 친아버지와 같이 살고 있지 않다는 현실을 언급하지 않을 수 없습니다.

몇몇 자료[16]에 따르면 미국에서는 최근 50년간 싱글맘 가정의 수가 8퍼센트에서 적어도 24퍼센트로 급등했습니다. 인구통계국에 따르면 싱글맘의 자녀 10명 중 7명이 빈곤 혹은 저소득세대로 분류됩니다. 그럼에도 미국인은 대부분 이 중대한 문제를 인식하고 있지 않을 뿐 아니라 불운한 어머니를 비난의 대상으로 여긴다는 사실은 놀랄 만한 일입니다.

미국 '전국 부성(父性) 이니셔티브'의 어느 조사[17]에 따르면 자녀를 한 명이라도 둔 남성의 경우 자신은 처음부터 아버지가 될 마음의 준비가 충분히 되어 있지 않았다고 생각하는 사람이 50퍼센트 남짓이고, 지금은 준비가 되었다고 느끼는 사람은 78퍼센트였습니다.

또 아버지들에게 육아의 최대 장애는 일이고, 두 번째는 수입이라고 답했습니다. 결혼한 어머니들은 바깥에 나가 일함으로써 가계를 도울 수 있지만, 이번에는 그 노동이 어머니에게도 문제가 됩니다.

물론 어머니들에게는 가정에서도 중노동이 기다리고 있습니다. 사회적으로 인정받지 못하고, 또 보상받지 못하는 가사노동은 그 자체가 사회문제입니다.

이케다 회장과 달리 대부분의 남성이 그리고 점점 많은 여성이 이 가사노동의 가치를 인정하지 않게 된 것 같습니다. 가정에서나 사회에서도 남성이나 여성도 동등하게 보상받는다고 실감할 수 있는 사회가 되어야만 합니다.

히크먼 실은 여성이 집 밖에 나가 일하는 가정이 늘고 있다는 현실은 교육과정에 새로운 부담을 더합니다. 예를 들면 하루 종일 일을 한 뒤에 집에서 자녀의 숙제를 돌봐주는 등 적극적인 역할을 하기란 좀처럼 힘듭니다. 그렇지만 그와 같은 부모의 관여는 매우 중요합니다.

미국인에게는 역사적으로도 자신들은 굳건한 개인주의자라고 하는 자부심이 있습니다. 주간돌봄*과 취학 전 교육의 개선 등 소셜서비스에 대한 필요가 높아지는 이면에는 실은 많은 가정에서 부모가 맞벌이를 하고 또 세대주가 한부모인 경우가 많다는 사실이 있습니다.

이케다 일본에서는 친척이 근처에 살지 않는 핵가족이나 한부모가정 등이 증가함과 동시에 부부가 맞벌이를 하는 가정도 늘었습니다.

예전에는 3대가 같이 살거나 친척이나 지역의 유대를 통해 아이를 기르는 지식과 지혜가 아주 일상적으로 전해졌습니다. 그러나 요즘은 주택 사정과 생활방식의 변화 등 여러 이유로 3대가 같이 살기 어렵고 많은 가정이 젊은 부부와 어린 아이만으로 살고 있습니다. 그 때문에 부모들은 종종 아이를 어떻게 키워야 좋을지 몰라 육아서적 등에 의지할 수밖에 없는 현실이 있습니다.

일본의 각 자치단체에서도 부모가 되기 위한 준비를 하는 '어머니학교', '아버지학교' 등을 개최하고 다양한 노력을 거듭합니다. 그러나 사회의 급격한 변화에 관해 그런 것들이 모든 것을 메울 수 있다고는 말하기 어려운 상황입니다.

지역의 교육력 향상을 위한 대응책

히크먼　미국에서는 일부 종교사회학자들이 이런 새로운 상황에서 프로테스탄트의 '메가처치(수천 명의 신도를 거느린 초대형 교회)'가 탄생했다고 보고 있습니다.

결코 전부는 아니지만 이런 교회는 대부분 예전의 비타협적인 신학적 도그마를 대신해 소셜서비스의 제공을 강조하게 되었습니다. 여기서 말하는 '소셜서비스'는 어린이와 어른에 대한 주간돌봄이나 지원그룹, 소셜네트워킹(지인과 우인의 인맥 형성) 등입니다.

이런 교회는 대부분 여전히 안타깝게 편협하고 절대주의적이고 원리주의적인 압력이 남아 있지만 희망의 빛도 있습니다. 저는 앞으로 이런 경직된 신학에서 해방될 것이라 기대합니다. 만약 그렇게 된다면 그것은 환영할 만한 현상입니다. 경직된 도그마는 사람들을 분단시키기 십상이지만 소셜서비스는 사람들을 결합시키기 때문입니다.

일본 사회에서도 맞벌이부부 가정과 한부모가정 숫자가 늘어나면서 각 방면에서 소셜서비스의 수요가 증대할 것입니다.

이케다　확실히 그런 경향은 강해졌습니다. 절박한 문제로 보육원이나 탁아소 정비를 비롯해 고령자를 위한 집 등 각종 서비스에 대한 필요성이 높아졌습니다.

또 여러 단체가 육아지원을 주제로 한 활동을 펼치고, 지금까지의 일본 사회에서 보지 못한 비영리단체의 활동도 생겨 다양화가 추진되고 있습니다.

창가학회의 교육본부에서도 전국 34곳에 교육상담실을 개설했습니다. 경험 풍부한 선생님이 많은 부모자식의 다양한 고민에 친절히 응해주고 있습니다. 1968년 개시 이래, 총 35만 명(2013년 말 38만 명)이 상담하였습니다.

또 육아세미나 개최와 지역에서 젊은 엄마들의 '책 읽어주기 운동' 추진 등 여러 각도에서 활동을 펼치고 있습니다.

'사회를 위한 교육'이 아니라 '교육을 위한 사회'를 실현하기 위해서는 사회 전체가 협력하여 미래의 보배인 아이들을 기르는 데 더 지혜를 모으고 힘을 내야 한다고 생각합니다.

히크먼 저는 SGI가 교육의 기회를 비롯해 남녀의 기회균등에 주력하는 데 박수를 보내고 싶습니다.

일본에 머무르는 중 뵙고서 저는 창가학회가 일본 사회의 진보적 변혁을 제일선에서 제창하고 있다고 느꼈습니다. 이는 힘들겠지만 꼭 필요한 일입니다.

교육의 위기가 우려되는 한편 그것을 멋진 변혁의 찬스로 보는 사람도 있습니다. 예를 들면 펜실베이니아대학교 지역연계센터의 이라 하커비 소장은 근처 학교 내에 각종 소셜서비스 창구를 설치했습니다.

학부모들이 식료배급권 절차나 전기, 가스, 수도요금을 내러 오면 자녀의 학교생활을 좀 더 알게 되고 담임 선생님을 만나보도록 촉구합니다. 그렇게 하여 부모들은 자녀교육에 더욱 적극적으로 관여할 수 있게 했습니다. 필라델피아 시내의 저소득층을 대상으로 한 하커비 소장의 계획은 눈부신 성공을 거뒀습니다.

이케다　시사하는 바가 큰 훌륭한 대책이군요. 아이들을 위해 지역의 교육력을 어떻게든 향상시키려고 하는 정열이 느껴집니다.

'교육을 위한 사회만들기'는 창의 연구를 통해 더 크게 전진할 가능성이 있습니다.

앞으로의 시대는 각 가정이 아이들에게 건강한 성장과 배움의 장이 되도록 지역사회가 어머니, 아버지를 응원하는 것도 더욱 필요하겠지요.

'가정'을 아이들이 마음 편하게 하는 '희망과 기쁨의 항구'로 할 수 있느냐. '사회를 위한 교육'에서 '교육을 위한 사회'로 전환하는 것도 그 출발점은 더욱 좋은 '가정' 환경을 창조하는 데 있음을 잊으면 안 됩니다.

차대의 지성을 육성하는
대학의 사명

대학교육의 의의

이케다　이 지상에서 어느 곳에나 열려 있는 '지성과 정신의 광장'이 바로 대학입니다. 대학은 '진리'에 열려 있고, '미래'로 열려 있습니다.

나는 지금까지 듀이 박사와 인연이 깊은 컬럼비아대학교, 유럽에서 가장 오래된 볼로냐대학교, 또 모스크바대학교, 베이징대학교, 그리고 북미에서 가장 오래된 하버드대학교 등 수많은 최고학부를 방문해 여러 차례 강연했습니다.

전통 있는 세계의 명문대학에서 보면 소카대학교는 '손자'뻘 혹은 몇 세대나 떨어진 자손 같은 존재이지만 대학의 최고책임자 분들과 의의 있는 의견교환을 하고, 대학의 바람직한 모습에 관해서도 대화했습니다. 캠퍼스에서 학생들과 나눈 간담도 가슴 뛰는 한때였습니다. 현재는 많은 대학과 학술, 교육 교류도 추진하고 있습니다.

대학교육의 역할에 관해서는 시대의 변화와 함께 여러 논의가 이뤄져 그 이상상(理想像)도 크게 달라졌습니다. 특히 최근에는 정보화시대의 도래와 글로벌화(지구일체화) 등 대학을 둘러싼 환경도 크게 변화했습니다.

그래서 현대 고등교육의 바람직한 자세에 관해 몇 가지 여쭙고 싶습니다.

우선 현재의 미국 사회에서 사람들은 대학에 어떤 역할을 기대하고 있습니까? 또 어떤 역할을 완수하려고 하는지요? 제일선에서 리더십을 발휘한 두 박사는 어떻게 생각하십니까?

개리슨 일찍이 학생들은 대학에서 받는 교육을 '개인적 성장과 사회 전체의 발전을 위해서 자신들의 독특한 잠재적 능력을 신장시켜줄 본질적으로 가치 있는 것'이라 여겼습니다.

그런데 최근 30년쯤 사이에 미국의 고등교육은 학생들이 구입하는 '사적 재산'으로만 취급되는 경향이 강하고, 최근에는 많은 학생에게 단순한 '교환가치'로 전락했습니다. 다시 말해 더 좋은 직업, 더 높은 수입, 사회적 지위와 교환할 만한 부가가치로 타락했습니다. 이런 학생은 '더 많이 가지는 것'과 '더 큰 인간으로 성장하는 것'을 혼동하고 있습니다.

다만 학생들 사이에도 최근 몇 년은 더욱 가치창조적인 교육을 추구하는 조짐이 다시 보이기 시작했습니다. 다만 아직 그만큼 큰 효과를 보일 정도로까지는 이르지 않았습니다.

이런 배경도 있어 대학원의 연구과정에 주안을 두는 대학에서는 학생의 연구에 보상을 주는 제도를 마련하였는데, 그것은 주로 보조금을 재원으로 하는 연구성과의 출판이라는 형태를 취하고 있습니다. 정부가 세금 지원에서 손을 떼고 있는 현재 이와 같은 보상제도는 더욱 필요해질 것입니다.

대학은 교수로 결정된다

이케다 과연 그렇군요. 일본에서는 이제껏 유명 대학에 진학하면 취직에 유리하게 작용하는 점에서 대학수험까지는 열심히 공부해도 합격하면 배우는 목적을 상실하고 학문에 대한 의욕이 약해져 버리는 경우가 많다고 지적되어 왔습니다.

한편 대학에서 배움의 의의를 발견한다 해도 갓 입학한 18세 무렵은 자신의 장래를 내다보기 힘들지요. 시행착오도 있습니다. 그래서 더더욱 대학에서는, 교수가 얼마나 학생에게 지적 자극을 주고, 관심과 탐구심을 신장시켜주는가가 요구됩니다.

듀이 박사는 '대학교육의 코스 – 거기에서 무엇을 기대해야 하는가'라는 제목의 글 속에서 "대학교육의 영속적이고 유의미한 귀결은 '인간성의 도야'가 되어야 한다"고 명쾌하게 말했습니다.[18] 이것이야말로 오랫동안 해결되지 않는 대학의 과제입니다. 학생 한 사람 한 사람이 학문에 도전하고 대학생활을 통해 그 인간성을 연마하고 한층 빛낼 수 있도록, 교수는 연구하고 노력해야 합니다.

히크먼 저는 일본대학의 철학과와 교육학과에 아는 교수가 몇 사람 있는데 지금 말씀하신 것과 같은 상황은 그들도 자주 이야기합니다.

일본의 대학생은 일단 대학에 들어가면 공부를 게을리 하는 경향이 있지만 이것은 일종의 비극이라 할 수 있겠지요. 모처럼의 찬스를 멍하니 놓치는 셈이기 때문입니다.

이케다 회장이 말씀하신 것처럼 대학생활의 이상은 인간적 성장을 추구하여 고도의 대화를 거듭하고, 새로운 아이디어와 가능성을 발견하는 데 있습니다.

우리 교수가 대학에서 완수해야 할 역할은 학생들의 마음에 인생 속에서 그 시기가 얼마나 귀중한지, 그리고 대학생활의 각종 기회를 활용하는 것이 얼마나 중요한지를 일깨워주는 일입니다.

대학의 교직원은 폭넓은 견식을 넓히는 동시에 학생의 지적,

정신적 성장에 더 힘을 기울여야 합니다. 그리고 가장 중요한 점은 학생들을 가르칠 뿐 아니라 학생들에게서 배우고자 하는 자세가 아닐까요.

이케다   참으로 중요한 지적이십니다. 저도 늘 '대학은 교수로 결정된다'고 소카대학교 교수들에게 말했습니다.
올해(2010년) 4월 입학식에서도 거듭해서 '교수는 학생을 자기 자식 이상으로 소중히'라고 당부했습니다. 교사는 학생이 인간으로서 또 학문의 탐구자로서 성장하기 위한 귀중한 본보기가 되어 격려해야 할 존재입니다.
'배움은 빛', '배움은 인격', '배움은 승리', '배움은 행복'입니다. 함께 배우며 학생 한 사람 한 사람의 재능을 이끌어내고 신장시키고 충분히 꽃피우는 것은 교수로서 숭고한 사명이자 책무입니다.

히크먼   전적으로 맞는 말씀입니다. 미국의 대학생이 어떠한 목적과 동기를 갖고 있는지를 일괄적으로 논하기는 쉽지 않습니다. 왜냐하면 고등교육기관 타입이 여러 갈래에 걸쳐 있기 때문입니다.
이른바 '연구대학'도 있고 리버럴 아트 칼리지*와 같은 단과대학이나 종합대학도 있고, 커뮤니티 칼리지*와 대부분 인터넷상에서 기능하는 대학도 있습니다.
나아가 예를 들면 뉴욕의 '줄리어드음대*'처럼 특정 분야에

특화한 대학도 있습니다. 이 음대에서는 주로 댄스나 연극, 음악을 가르칩니다.

매력 있는 교수가 되려면

이케다   그렇군요. 이만큼 다양해진 사회이기에 갖가지 지향성이 있습니다. 교육도 거기에 맞춰 더 새로운 가능성을 열어야 합니다.

매력 있는 교수가 되는 또 한 가지는 역시 자기 연찬을 심화해야 합니다.

특히 교수는 학생에 대한 교육과 자신의 연구활동을 어떻게 추진해야 하는가. 이 점에 관해서는 어떻게 생각하십니까?

개리슨   저는 개인적으로는 '교육활동'과 '연구활동' 사이에는 전혀 간격이 없다고 생각합니다. 양쪽은 서로 향상시키는 관계입니다. 제 수업에서는 학생들의 자주적인 탐구를 중시합니다.

만약 학생의 질문에 제가 충분히 답하지 못할 경우, 저도 학생과 함께 그 과제를 연구하고 함께 배우려고 노력합니다. 그럼으로써 학생은 독자적인 사고를 몸에 익힐 수 있고 저도 교과 내용을 더욱 깊이 배움과 동시에 학생들을 보다 잘 이해할 수 있습니다.

물론 좋은 연구활동과 좋은 교육활동을 위해서는 교수가 교과내용에 관해서는 고도의 지식을 갖고 또 경외심과 겸허함을 갖추는 자세가 필요불가결합니다.

히크먼 연구와 교육의 상호관계, 그리고 학생과 공동연구의 중요성에 관해서는 저도 개리슨 박사와 같은 의견입니다.

석사논문과 박사논문의 지도교수는 일반적으로 학생에게 필수 혹은 권장하는 문헌리스트를 넘겨줍니다. 저도 다른 사람에게 그렇게 하지만 제 경우 학생에게 "제가 읽어야 할 문헌리스트는 있습니까? 여러분이 읽는 것 중에 제가 알고 있어야 할, 그리고 우리가 함께 참고할 수 있는 내용이 있습니까?"라고 묻습니다.

최근에는 상당히 한정된, 전문적인 분야에서조차 날마다 새로운 책과 논문이 쏟아져서 더는 한 인간이 모든 문헌을 따라갈 수가 없습니다. 그래서 학위논문은 공동작업을 할 수밖에 없습니다.

이는 학부생의 논문에도 해당됩니다. 저로서는 학생이 뭘 읽고 있는지, 인터넷으로 무엇을 하고 있는지, 나아가 여가를 어떻게 보내는지도 알고 싶지요. 그런 모든 것이 효과적인 교육의 뒷받침이 된다고 생각합니다.

이케다 감동입니다. 개리슨 박사와 히크먼 박사 같은 교육자 밑에서 배우는 학생은 행운아입니다.

이 점에 관해 폴링 박사가 제게 말해준 교육자로서의 신념이 생각납니다.

보통 저명한 대학교수라 하면 전문성이 높은 대학원의 학생 등을 우선적으로 가르친다고 여기기 쉬운데 폴링 박사는 정말 실력 있는 교수야말로 오히려 신입생을 가르쳐야 한다고 늘 주장하셨습니다.

신입생 교육에 온 힘을 다함으로써 학생도 크게 촉발되는 한편 교수도 새롭게 발견하여 많은 것을 배울 수 있다고 폴링 박사는 생각하신 것 같습니다.

유전자공학의 세계적 권위자인 인도의 과학자 카티야르* 박사와 대화할 때도 이것이 화제가 되었습니다.

박사는 "나도 신입생 강의를 하고 있는데 여러 가지 질문이 나왔습니다. 이를 통해 효과적으로 내가 그들에게서 많은 것을 배울 수 있었다고 생각합니다"라고 폴링 박사의 탁견을 높이 평가하셨습니다.

개리슨　폴링 박사는 사제관계를 분명 깊이 이해하고 계셨습니다. 불교에서 사제가 묘법(妙法)의 지혜를 구도(求道)하고 함께 노력하듯이 교수와 학생도 또한 전공인 화학법칙을 철저히 배우려면 함께 노력해야 한다고 말씀하셨습니다.

또 듀이가 자주 말했듯이 교수가 효과적으로 지도하려면 학생에 대해 잘 아는 자세가 불가결합니다. 그리고 학생들을 깊이 이해했다면 이번에는 자신의 전공과목 지식을 그들의 수요에 맞춰 재구축할 수 있게 숙달해야 합니다.

따라서 교수가 전공과목을 가르칠 때에는 학생들을 이해할 뿐 아니라 그들과 자신의 관계도 이해할 필요가 있습니다. 그리고 최종적으로는 좋은 교육을 위한 수단으로써 전공과목을 자유롭게 재구축할 수 있는 역량을 갖춰야 합니다. 이렇게 하여 스승과 제자, 또 교수와 학생은 의미와 가치를 함께 창조해야 합니다.

'교육'과 '연구'는 불가분의 관계

이케다　매우 중요한 관점이군요. '함께 가치를 창조한다.' 여기에 교육의 진수가 있습니다.

토인비 박사는 저와 나눈 대담 속에서 반드시 연구자가 동시에 교직자일 필요는 없다고 하면서도 연구에 몰두하기만 하면 인간생활 전반의 흐름에서 고립되고 자신을 격리시키고 만다고 날카롭게 지적하셨습니다.

그리고 '가장 창조성 풍부한 학자'라고 하는 존재는 늘 연구를 다른 활동과 결부시킨 사람들이고, 그런 경험에서 '통찰력과 영지'를 끌어낼 수 있는 사람들이라고 말씀하셨습니다.[19]

'교육'과 '연구'라 해도 본디 불가분의 관계에 있습니다. 이는 어느 대학에서나 직면하는 과제입니다.

모스크바대학교의 사도브니치* 총장도 "모스크바대학교에서는 연구원에게도 강단에 설 기회를 줌과 동시에 교수도 연구시간을 확보할 수 있게 수업시수(授業時數)를 최대한 조정합니다. 운영상 좀처럼 어려운 과제이지만 방법은 이것뿐이라는 생각에 노력하고 있습니다"라고 말씀하셨습니다.

이런 구체적인 연구도 대학 개혁에는 불가분의 관점이지요.

히크먼　정말 그렇습니다.

그리고 또 한 가지는 어느 정도 자신 있게 말할 수 있지만 학생들의 향학심에 동기를 부여하는 것으로 저는 부모의 '강력한 지원'과 '좋은 지도'도 매우 중요하다고 지적하고 싶습니다.

부모는 자녀를 경제적으로 지원할 뿐 아니라 가능하면 '격려'라고 하는 도움을 주어야 한다고 봅니다.

미국 사회학자들은 자녀의 성적이 뛰어난 아시아계 미국인 가정을 종종 예로 들지만 이런 아이들의 교육 성공사례는 가족이나 친구들의 격려가 커다란 역할을 한 것이 분명합니다.

이케다　아시아계 미국인 가정의 열성적인 교육열은 저도 실감했습니다. 또 그런 가정에서 자란 우수한 청년들을 많이 알고 있습니다.

가정 등의 '지원'과 '격려'의 힘이 크다는 점은 중요한 지적이라고 생각합니다.

이전에도 말했지만 일본에서는 고도성장기에 젊은 사람들이 지방에서 대도시로 유입되고, 부부와 아이들만 사는 가정이 늘어서 핵가족화가 추진되었습니다. 그리고 옛날 대가족이 함께 살던 시절의 가족 간 교류가 희박해졌습니다.

지역 사람들의 결속도 약해지고 자연히 어른들이 동네에 사는 아이들을 만나고 격려해줄 기회도 적어졌습니다.

그런 의미에서 아이들의 교육 향상을 위해서는 가정이나 지역에서 격려를 보내고, 풍부한 커뮤니케이션을 구축하려는 창의적인 아이디어가 점점 더 중요하다고 생각합니다.

　　개리슨　　듀이는《공중(公衆)과 그 문제》라는 유명한 저서에서 이렇게 말했습니다.

"연계라든가 연대에 의한 활동은 어떤 공동체를 창출하기 위한 조건이다. 그러나 그런 활동 자체가 물리적, 유기적인 것인데 반해 공동생활은 정신적인 요소를 포함하는 것이고 감정이나 지성, 의식에서 강한 작용을 받는다."[20]

듀이의 이 소견과 다음의 서술은 심원하고 철학적인 실마리가 될 것이라 생각합니다.

"가장 깊고 풍부한 의미에서 공동체는 늘 얼굴과 얼굴을 맞댄 왕래가 있어야 한다. 그렇기 때문에 여러 결함이 있더라도 가족과 이웃이 늘 양육과 육성의 주요한 장소이다. 그런 것을 통해 아이의 기질이 안정적으로 길러지고 인격의 뿌리가 되는 사상과 이념이 길러진다."[20]

그러나 듀이는 이 저서에서 "'얼굴과 얼굴을 맞댄 공동체'를 재구축할 수 있느냐의 전망에 관해서는 우리의 고찰 범위 밖이다"[20]라고 인정했습니다.

요컨대 이런 구체적인 문제에 관해서는 지역공동체 사람들이 자신들의 경험을 통해 스스로 해결의 길을 찾아야 합니다. 더욱이 어떤 공동체에서는 잘되는 일도 다른 지역에서는 잘되지 않는 경우도 있습니다. 그렇지만 문제의식을 가진 지역 사람들이 상담할 수 있는, 충분히 훈련한 전문가는 있기 마련입니다.

지금 새롭게 대두되는 '공동체 형성'이라는 연구분야는 앞으로 커다란 공헌이 기대됩니다. 이 분야 전문가들은 가정과 공동체, 그리고 지역 전체와 의사소통을 꾀하고 각 가족의 중요성과 함께 그 지방의 전통적인 신조와 가치관을 배우는 일이 극히 중요하다는 점을 이해하고 있습니다. 그들은 또 윤리와 정신성이 특히 중요한 것도 알고 있습니다.

총기난사 사건의 배경

이케다 교육의 발전뿐 아니라 지역의 재생을 고찰하는 데도 가족과 지역공동체가 충분히 의사소통을 꾀하고 협력하는 자세는 매우 중요합니다.

지역문제와 관련해 대학교육이 직면한 과제에 대해 사회적 측면에서 또 한 걸음 나아가 고민하고 싶습니다.

일본에서는 최근 대학을 무대로 한 범죄와 폭행사건, 불상사가 잇따르고 있습니다. 특히 대학생의 약물중독은 심각합니다.

나아가서는 타인과 커뮤니케이션이 잘되지 않고 '우울증'과 '은둔형 외톨이'가 되는 학생도 늘어, 대학은 학생들의 멘탈 관리를 위한 대응도 요구되고 있습니다.

개리슨 박사가 계시는 버지니아공대에서는 2007년 4월 16일에 너무나 가슴 아픈 총기난사 사건이 일어났습니다.

〈23세의 남학생이 캠퍼스에서 총을 무차별 난사하여 학생과 교수 등 32명을 살해하고 본인도 자살했다.〉

세상을 뒤흔든 이 처참한 사건에 전 세계 사람들이 큰 충격을 받았습니다.

앞으로의 교훈으로 이 사건을 감히 여쭙고 싶은데 괜찮으신지요?

개리슨 박사는 사건이 일어났을 때, 어디에 계셨고 처음 그 소식을 어떻게 들으셨는지요? 그리고 현재 그 사건에 관해서는 어떻게 생각하십니까?

개리슨 사건 당일 저는 현지에 없어서 뉴스 방송으로 처음 사건을 알게 되었습니다. 만약 현장에 있었다면 많은 동료가 그런 것처럼 저도 연구실 창문에서 사건을 목격했겠지요. 너무나 익숙한 일상의 풍경 속에서 일어난 사건이라서, 그 모습은 TV로 보고 있어도 오싹할 정도로 처참했습니다.

버지니아공대에서 일어난 비극의 심층부에는 미국 사회의 본질적인 문제가 내재되어 있습니다.

다시 말해 미국인은 너무 고립되고 개별화되어 개인주의로 치달은 결과 심각한 정신장애로 명백히 인정되는 사람이 나와도 사회복지 등의 행정서비스로는 대응할 수 없어졌습니다.

버지니아공대의 영어학과 학과장인 루신다 로이는 그것을 저서 《침묵은 잘못이다》[*]에 썼습니다.

침묵은 집단괴롭힘이든 대량살육이든 폭력을 지원하는 편이 되고 맙니다.

이케다 정말 그렇습니다. 사람들이 더 협력하고 서로 적극적으로 관여하는 사회를 구축해야 합니다. 사람들이 서로 무관심한 사회는 그만큼 위험하고 취약한 사회가 됩니다.

개리슨 실은 로이는 이 사건이 일어나기 전에 세계적으로 유명한 시인 니키 지오바니 교수에게서 총기사건의 범인인 남학생을 수업에서 제외시켜 달라는 부탁을 받았습니다. 그러나 로이는 그 뒤에도 남학생을 일대일로 계속 지도했습니다. 그 남학생이 주위 사람에게, 그리고 자기 자신에게도 위험한 존재였음은 그가 쓴 글과 평상시 행동에서 쉽게 추측할 수 있었습니다.

그 뒤 남학생은 상담을 받으라는 법원의 명령을 받았지만 그것을 확인하는 사람도 없었고 본인도 명령에 따르지 않았습니다.

로이의 견해에 따르면 이는 문화적인 비극일 뿐 아니라 제도적인 비극이기도 했습니다. 현대의 대학은 너무나 복잡해지고 기술 편중에 빠져 있고, 대학 운영도 경제 효율과 기술 효율을 중시한 나머지 각종 문제를 충분하게 두루 살피지 못하고 위기에도 마음이 담긴 대응을 할 수 없게 되었습니다.

이케다 상당히 심각한 문제이고 대학교육의 중대한 경종이기도 하군요.

대학으로서 그 뒤 각종 대응이 마련되었다고 생각하는데 어떤 점이 달라졌습니까?

개리슨 그 비극이 일어나고부터는 치안과 정보 전달, 그리고 정신 보건의 서비스 등은 개선되었습니다.

그러나 현실적으로는 연방이나 주 법률에 따라 개인의 권리를 간섭하기가 극히 어렵습니다. 예를 들면 버지니아주의회에서는 전국적인 '총기' 옹호단체의 압력으로 총기소지관리법을 개정하는 법안이 저지당했습니다.

미국이라는 나라는 많은 근대국가와 마찬가지로 헌법상 개인의 '책임'이 아닌 '권리'에 바탕을 두는 국가입니다. 미합중국 헌법의 첫 10가지 수정 조항은 흔히 '권리장전'이라 부르지만 그중 6가지는 명확히 '모든 권리' 혹은 '~의 권리'라는 문구를 사용합니다. 그 밖의 수정 조항에서도 적어도 6가지가 분명히 '권리'를 언급합니다. '책임을 진다' 혹은 '책임'이라는 말은 수정 조항 어디에도 보이지 않습니다.

대학과 지역의 교류

히크먼　　버지니아공대에서 일어난 비극적 사건 뒤 우리 서던일리노이대학교도 새롭게 상담과 안전대책을 강화했습니다.

일반론으로 분명한 것은 각급 학교나 고등교육기관에는 명확한 정신면의 안전네트워크가 필요하다는 점, 또 학생들에게도 친구들의 정신면에서 건강의 위기에 관해 주의를 기울이는 방식과 보고 방법을 가르칠 필요가 있다고 하는 점입니다. 그러나 정말로 유감스러운 것은 미국 입법부의 의원 중에는 이런 비극을 이용하여 자신들의 정책을 추진시키려는 자가 있었다는 점입니다.

가령 제 고향 텍사스주에서는 주의회가 상담서비스의 예산을 강화하기는커녕 대학 캠퍼스에서 호신용 무기를 소지하는 것을 허가한다는 법안을 제출했습니다. 이것은 아주 좋게 말해도 잘못된 방향으로 가는 첫걸음이라고 할 것입니다. 왜냐하면 어쨌든 대다수 캠퍼스에는 알콜류가 남용되는 것이 현실이었기 때문입니다.

개리슨 적극적인 움직임을 들면 버지니아공대에 새롭게 '평화연구, 폭력방지센터'가 마련되었습니다. 이 센터의 책임자는 2007년 4월 16일의 사건 당일 부인을 잃은 교수입니다. 또 새롭게 '학생참여 지역제휴센터'도 개설했습니다. 이 센터는 지역사회의 수요에 맞춰 다종다양한 재능을 가진 자원봉사자를 임기응변으로 배치하여 적절한 조언도 해주는 기관입니다.

이케다 하나하나 구체적으로 대응하는 것이 중요하군요. 대학과 지역이 더욱 긴밀한 협력관계를 구축하는 일은 학생의 건전한 성장과 지역사회의 활력 넘치는 발전을 위해서 더욱 중요합니다.

일본의 소카대학교에서도 몇 년 전부터 학생들이 자주적으로 대학 주변 지역에서 방범, 안전을 외치는 활동 등을 시작했습니다. 그 활동으로 학생들의 유대도 깊어지고, 현지 분들도 매우 고마워하는 것 같습니다. 또 일반시민을 대상으로 한 공개강좌와 지역 행사도 활발히 개최하고 있습니다.

SUA에서도 지역의 다양한 문화교류의 축제인 인터내셔널 페스티벌 개최를 비롯해 지역 주민들과 교류를 소중히 하고 있습니다.

지역에 개방함으로써 대학도 지역이 가진 전통과 문화의 힘을 더욱 폭넓게 받아들일 수 있습니다. 그리고 시민과 교류의 폭을 확대할 수도 있겠지요. 지역 주민들에게도 커다란 계발과 자극이 되어 환영받을 것입니다.

소카대학교로서도 지역과 교류를 더 강화하고 싶습니다.

21세기 대학의
사명

'히포크라테스 선서'

이케다　서원을 관철하는 인생은 존귀합니다. 장엄한 석양과 같은 광채를 발합니다.

퍼그워시회의*의 의장으로서 오랫동안 '핵무기 폐기'를 위해 진력하신 물리학자 로트블랫 박사*가 실로 그러했습니다.

박사가 SUA에서 강연을 비롯해 다양한 기회에 주장하신 것이 있습니다.

그것은 대학에서 배우거나 과학 등의 전문지식을 몸에 익힌 사람은 '히포크라테스 선서*'를 하고 졸업해야 한다는 주장이었습니다.

학문을 닦은 사람은 그 지식을 자신의 윤리와 책임에 기반해 인류와 사회를 위해 바르게 쓰겠다고 선서해야 한다는 박사

로트블랫 박사와 회견하는 이케다 SGI 회장(2000년 2월, 오키나와)

의 주장에는 '핵무기'를 낳은 '윤리 없는 과학'에 대한 통한의 마음이 담겨 있었습니다.

역사가 토인비 박사도 "지적 직업의 훈련을 받은 모든 사람이 '히포크라테스 선서'를 해야 합니다"[19]라고 강조하셨습니다.

두 분은 이 점에 관해서 어떻게 생각하십니까?

히크먼　'히포크라테스 선서'와 같이 서약하는 일은 과학 종사자에게 자신의 연구와 일이 사회의 '가치'와 깊이 연결됨을 거듭 인식시켜주는 좋은 계기가 된다고 봅니다.

안타깝게도 교육자조차도 아직 많은 사람이 '과학은 사실에만 관계되는 학문'이라 생각합니다. 그러나 이제는 그와 같은 생각은 용납되지 않는 시대가 되었습니다.

과학의 법칙은 '그 실험적 확증이 재현 가능하고 검증 가능한 것'이라는 의미에서 객관적이라는 사고방식은 견지해야겠지만 과학자 자신이 종종 가장 중요한 가치판단에 내몰리는 것도 사실입니다.

그러므로 학생들이 '윤리 측면의 훈련은 자신의 전문분야에서 단순히 관계가 있을 뿐만 아니라, 오히려 불가결한 부분'이라고 인식하는 자세가 매우 중요합니다.

개리슨 로트블랫 박사와 토인비 박사의 통찰은 현명하다고 생각합니다. 또 저는 이케다 회장이 세계적인 규모로 핵무기 폐기를 주도하시는 사실도 잘 알고 있습니다.

'히포크라테스 선서'는 모든 학문 분야에서 존중받아야 하겠지요.

첫 번째는 '이 의술을 내게 가르쳐준 사람을 부모처럼 존경한다'는 서약입니다. 스승이 늘 제자를 존중해야 하듯이 제자는 늘 스승을 존경해야 합니다.

두 번째는 '어떤 사람에게도 해가 되는 치료를 하지 않는다'는 것을 의료인에게 호소하고 있습니다.

만약 예술과 과학 등 모든 분야의 실천가가 전부 똑같이 이 원칙에 기반하여 서약한다면 그때야말로 세계평화가 실현되겠지요.

교양교육의 특징

이케다 이 '히포크라테스 선서'가 요구하는 인간의 자질, 그 커다란 토대를 함양하는 것이 '교양교육'이 아닐까 하고 생각합니다.

진정한 '교양'은 더욱 인간답게 살기 위한 기본적인 힘입니다. '자신을 더욱 인간답게 변혁하기 위해 배우는' 학문이 교양교육입니다.

학문의 지식이 곧 지혜는 아닙니다. 지식을 능숙하게 다루는 지혜가 있어야만 풍부한 가치를 낳습니다. 지식과 아울러 지혜를 기르는 것이 '교양교육'의 목적입니다. 그것은 인생과 사회에 새로운 가치를 창조하는 힘이 될 것입니다.

SUA는 리버럴 아트 칼리지, 다시 말해 교양대학으로 출발했습니다. 이는 전문지식에 한정하지 않고, 다른 학문과 관계성을 심화하고 더욱 종합적으로 배우기를 지향하고 있습니다. 열린 마음과 더욱 높은 윤리관, 그리고 우수한 교양과 지혜를 몸에 익힌 전체인간(全體人間)을 육성하기 위한 대학입니다.

히크먼 이케다 회장은 리버럴 아트 교육의 장점을 실로 멋지게 표현하셨습니다. 저로서는 이 이상 무언가를 덧붙이기가 힘들군요.

저도 리버럴 아트 칼리지에서 배우고 또 35년에 걸쳐 철학과에서 가르쳤습니다. 그동안의 멋진 경험과 성장의 기회에 저는 늘 감사하고 있습니다.

어느 조사 결과에 따르면 리버럴 아트 칼리지 졸업생은 한정된 전문분야의 훈련을 받은 학생보다 두각을 빨리 나타내는 경향이 있습니다.[21]

더 말하자면 '철학'과 같은 리버럴 아트 학문은 그 뒤에 배우는 '법학' 등 전문분야 연구에서 성공을 거두기 위한 최고의 토대가 됩니다.

듀이는 그것을 잘 알고 있었습니다. 리버럴 아트 교육에는 단순한 훈련 이상의 것이 있습니다.

'리버럴 아트'는 '배움의 방법을 배우는' 과정이고 평생학습에서 필요한 지적 기반을 어떻게 키우는지를 배우는 교육입니다.

이케다　마키구치 회장도 "교육은 지식의 전수가 목적이 아니라, 학습법을 지도해야 한다. 연구를 터득시켜야 한다. 단편적인 지식을 가르치거나 주입하는 것이 아니다. 자기 힘으로 지식을 얻는 방법을 터득케 하고, 지식의 보물창고를 여는 열쇠를 주어야 한다"[10]고 주장했습니다.

대학교육이라 하면 전문과정에 시선을 빼앗기기 쉽지만 저는 '교양교육'에 먼저 그 특징이 있다고 생각합니다.

문호 괴테는 "모든 위대한 것은 우리가 그것을 알아차리기가 무섭게 우리를 형성한다"[22]고 말했습니다. 괴테가 말하는 '형성한다'는 독일어로 'bilden(빌덴)'이고 명사형 'Bildung(빌둥)'은 '교양'을 의미합니다. 이 말도 교양교육의 중요성을 상징한다고 해도 좋겠지요.

듀이 박사는 "학생은 대학에서 배움으로써 자신의 흥미를 끄는 것 중에서 어떤 것이 가치가 있고, 무엇을 우선하여 어떤 조화를 이뤄야 하는지를 배운다"고 대학교육을 자리매김했습니다.[18]

'인생에서 가장 소중한 가치는 무엇인가', '그 판단기준은 무엇인가'라는 점을 생각하는 토대가 되는 것이 '교양'입니다. 교양교육이 쇠퇴하고 교양이 단순한 장식이 되는 것은 기초가 부실한 공사와 똑같습니다.

그렇게 되면 인간이나 사회도 근본으로 삼아야 할 가치관을 상실하고 맙니다. 지식이 있어도 교양이 없으면 '진정한 지식인'이라고는 할 수 없습니다. 대학은 어디까지나 '교양 있는 지식인'을 육성하는 교육이 원점입니다.

개리슨　듀이는 '내적 선(善)인 정신과 자아를 발전시키는 순수한 지식을 배우는 교양교육'과 '외적 선인 전문적이고 실용적인 연구를 위한 교육' 사이에 이원성이 있으면 안 된다고 주장했습니다.

일반적으로 듀이가 자주 말한 것처럼 모든 순수 지식은 지배계층인 유관계급에 결부되고, 실용적인 지식은 그들을 섬기고 따르는 하층노동계급에 결부된다고 여겼습니다.

자연과학은 이 이원성을 깨뜨리는 데 도움이 되었지만 우리 사회는 아직도 학생을 위한 내면적인 가치를 낳는 학문, 이른바 일반 교양과정과 사회를 위한 외재적인 가치를 낳는 학문, 이른바 직업교육을 분리하려고 합니다.

이에 반해 듀이는 자아와 그 행위는 '서로 영향을 끼치는 통일체(트랜잭셔널 유니티)'라고 믿었습니다. 개인은 물론 사회에서도 생각과 행동을 분리할 수 없습니다. 유일하게 의미 있는 구별은 행위가 지적인지 아닌지 일뿐이겠지요.

이케다 맞습니다. 교육의 본디 목적도 통일된, 건전한 인간의 육성에 있습니다. 건전한 생명과 인격을 함양하는 전인교육이 요구되고 있습니다.

개리슨 우리는 이 세상에 눈에 보이는 모든 '행위'를 통해 현재의 자아와 정신을 표현하고 동시에 미래의 자아와 정신을 형성하므로 현재와 미래의 자아와 행위 사이에 구별은 존재하지 않습니다.

진정한 자유교육은 '인간을 자유롭게 하는 교육'입니다. 만약 적절한 지도가 이루어진다면 어떤 교육도 자유교육이 될 것입니다.

저는 실로 가치를 창조하는 창가교육의 실천 속에서 그런 자유교육의 개념을 보았습니다. 창가교육의 모든 학교에서는 학생들이 다른 사람들을 도우면서 자기를 성장시키는 방법을 배우고 있습니다.

평화 탐구는 외부로 향하는 것이지만 그와 동시에 자신에게 '이로운 가치'를 가져오고 세계에 '선한 가치'를 가져옵니다. 진정한 인간주의는 존재와 지식을 행동에서 분리하는 것이 아닙니다.

글로벌화 시대, 교육의 바람직한 모습

이케다 창가교육에 대한 깊은 이해에 진심으로 감사합니다. 인간이 성장하는 데 '자기'와 '사회', '정신'과 '행동'의 연관성을 중시하는 듀이 박사의 관점은 실로 교양교육의 정수라고 할 수 있겠지요.

그래서 아무쪼록 의견을 듣고 싶은 것이 현대와 같은 글로벌화 시대 '새로운 교육'의 바람직한 모습입니다. 다른 나라와 민족의 가치관과 문화를 이해하고, 거기에서 겸허히 배우고 가치 창조하는 것을 가르치는 교육, '세계시민교육'이라 부르는 프로그램이 더욱 요구되고 있습니다.

그 일례로 건설적인 미래를 지향한 글로벌한 관점에서의 '역사교육'도 필요하다고 저는 생각합니다.

예를 들면 일본은 제2차 세계대전 중에 아시아 여러 나라를 침략하여 막대한 희생과 피해를 초래했습니다. 그런 역사를 외면하지 않고 21세기의 새로운 우호관계를 구축하려고 진지하게 노력하는 자세를 익히는 것이 더욱 중요하다고 봅니다. 그래야만 일본은 아시아 사람들에게 진정으로 신뢰를 얻을 수 있지 않을까요.

듀이 박사는 "현재 사회생활의 모든 양식과 관심에서 역사를 분리하면, 역사의 생명을 죽이는 것과 같은 단절이 일어난다"[23]고 지적했습니다. 그리고 '지리'와 '역사'라는 학문은 '직접적인 개인적 경험의 의미를 확대시키기' 위한 중요한 학교교육의 수단이고, '지리'는 자연적 연관을 명확히 하지만 '역사'는 인간적 의미를 명확히 한다고 말했습니다.[23]

도다 회장도 '역사를 배우는 것은 사관(史觀)을 기르는 일'이라고 자주 말씀하셨습니다. 과거의 역사에서 배우면서 현상의 본질을 날카롭게 간파하는 눈을 길러야만 현재의 구체적 사항을 거울로 삼아 미래를 전망할 수 있습니다. 그런 의미에서도 역사교육은 교양교육에서 불가결하다고 할 수 있겠지요.

개리슨 동감입니다.

마키구치 회장은 늘 개인적인 사항과 특정 사항, 또 구체적인 사항에서 논리를 펼쳤습니다. 듀이도 또한 구체적인 특정 사항에서 추상적이고 보편적인 사항까지를 추론하여 그 추상적인 개념을 구체적인 실천 속에 확인해야 한다고 주장했습니다.

따라서 역사도 마키구치 회장이나 듀이가 지리를 가르친 것과 같은 방법으로 가르쳐야 한다고 생각합니다.

다시 말해 역사는 '시간'에 대응하고 지리는 '공간'에 대응하는 과목입니다. 역사는 다양한 이야기로 성립됩니다. 저도 역사를 가르칠 때에는 개인의 경험 속에서 일어난 몇 가지 사건에서 시작합니다. 거기에서 학생들의 개인적인 이야기와 그들 가족의 이야기를 결부시킵니다.

학생들에게 부모나 조부모에게 인터뷰를 시키는 것이 가족의 역사를 아는 데 도움이 됩니다. 자기 가족의 역사를 앎으로써 부모나 조부모의 생애에 영향을 준 자국의 역사로 연결시키기 쉬워집니다.

거기에서 세계의 역사로 이행하는 것은 손쉬운 작업이 됩니다.

이케다　매우 중요한 핵심이군요.

개리슨 박사가 말씀하신 것처럼 개인의 인생에 입각해 시대를 포착하는 것은 더 깊은 역사를 배우는 데 통하고 청년에게 소중한 체험이 됩니다.

차원은 다르지만 창가학회 청년부는 가족과 가까운 분들을 취재한 증언을 모아서 세상 사람들의 전쟁체험을 출판하여 후세에 남기는 작업을 추진했습니다. 이 반전(反戰) 출판 시리즈《전쟁을 모르는 세대에게》는 총 80권에 이르렀습니다.

이 기록 속에는 원폭피폭자 등 전쟁피해 체험과 종군하여 전쟁의 가해자가 될 수밖에 없던 체험도 적나라하게 담겨 있습니다. 거기에는 전쟁의 비참함과 잔혹함의 통절한 절규가 있고, 전쟁의 어리석음을 다양한 관점에서 배울 수 있습니다.

히크먼　80권이나 되는《전쟁을 모르는 세대에게》출판 이야기를 듣고 큰 용기를 얻었습니다. 스페인계 미국인 철학자인 조지 산타야나*의 말이지만 "과거를 기억하지 못하는 자는 과거의 잘못을 되풀이할 운명에 처한다"고 경고했습니다.

우리 교육자는 학생에게 전쟁의 무서움 다시 말해 폭력이 초래하는 황폐와 끔찍한 잔혹함을 잊지 않도록 계속 가르쳐야 합니다. 그것이 우리가 할 일 중 하나이기도 합니다.

또 하나는 학생들이 다른 문화, 특히 자신들과 가장 동떨어진 다른 문화에 대한 공감과 이해의 가교를 놓는 데 도움을 주는 일입니다.

듀이는 '지리와 역사는 모든 학과 중 가장 중요한 과목이다.

왜냐하면 많은 학과가 이 두 과목에서 파생되기 때문이다.' 라고 썼습니다.[24]

학생들이 만약 자국과 그 문화를 더욱 넓은 시야에서 이해한다면 새로운 창조적인 형태로 다양한 민족과 사상을 포착할 수 있게 되겠지요.

듀이의 실용주의는 실제적 경험을 중시했습니다. 그것은 오늘날 지구시민을 육성하는 한층 유효한 수단이 되는 것으로 글로벌한 '대중(퍼블릭)'을 형성하는 방도를 제시해줍니다.

이 글로벌한 '대중'의 기초가 되는 것은 내면적으로는 관심과 목표를 공유하는 일이고, 외면적으로는 뜻을 같이하는 사람들과 연계나 동맹을 구축할 수 있는 능력입니다. 이런 과정 전체의 저류에는 중요한 실험주의적 요소가 있습니다. 과학적 수법은 보편적으로 응용할 수 있는 것이고, 그것이 실행된다면 불신이라는 균열을 잇는 가교가 될 수 있습니다.

실용주의자이자 사회복지사업가인 제인 애덤스는 전에도 말한 대로 시카고의 '헐 하우스'라는 세틀먼트 하우스(인보관)에서 활약했습니다. 애덤스의 활동도 또한 '가장 어려운 상황에서 사는, 가장 다종다양한 사람들 사이에서도 공동체를 구축할 수 있다'는 훌륭한 모범사례를 보여준 것입니다.

듀이 자신은 진화론적인 자연주의 측에 서 있었습니다. 다시 말해 그는 세계를 분단적으로 포착하는 초자연주의*가 논하는 도그마를 인정하지 않고 세계 여러 민족이 가진 공통성을 강하게 주장했습니다. 듀이에 따르면 그런 공통성은 글로벌한 '대중'을 낳는 기반이 될 수 있는 것이었습니다.

그는 또 온건한 문화상대주의 사상, 다시 말해 좋든 싫든 문화 간의 차이야말로 중요하다는 사고방식을 받아들였습니다.

그 때문에 세계 여러 문화의 뛰어난 특징은 아주 풍부하고 다채로워서 단 하나의 원리나 일련의 원리를 가지고 이해하고 판단할 수 없다는 명백한 사실을 깨달았습니다.

듀이가 말한 것처럼 '아는' 것만으로는 의미가 없는 영역도 있습니다. 그것은 다른 문화의 음악과 요리 등을 즐긴다는, 좀 더 기본적인 '경험'의 영역입니다.

국제교류는 다문화 이해와 평화의 토대

이케다 지당한 말씀입니다. 그런 경험은 새로운 발견을 가져오고 상호이해를 심화하고 가치를 창조하는 힘이 됩니다.

특히 최근에는 글로벌한 시야를 가진 다양한 가치관에서 배우는 자세를 몸에 익히는 것이 '교양교육'의 큰 역할 중 하나로 기대됩니다.

그런 의미에서도 교양교육의 기초가 되는 폭넓은 '독서'와 '어학'의 중요성도 강조해두고 싶습니다.

독서는 실용적인 지식 습득과 아울러 동서고금의 명작과 만남을 통해 시대와 국가의 다양성을 초월해 인간이 가진 '커다란 보편'을 접할 수 있게 해줍니다.

그리고 어학은 말할 나위도 없습니다. 저는 어학의 중요성에 관해 소카학원과 소카대학교에서도 여러 번 강조했습니다. 왜냐하면 언어는 곧 문화의 정수이고 다른 나라의 언어를 배우는 것은 그 언어를 사용하는 사람들의 '가치관'과 '사고방식'을 배우는 데도 통하기 때문입니다.

독서와 어학은 상대방 편에 서는 글로벌한 시야를 길러줍니다. 저는 전쟁 중에 청춘 시절을 보냈기 때문에 영어는 적국의 말이라 해서 배울 수 없었습니다. 그런데 그것이 얼마나 원통한지 모릅니다. 제 인생에서 큰 후회 중 하나입니다.

소카대학교는 젊은 대학이지만 세계 44개국·지역, 121개 대학(2020년 62개국·지역, 225개 대학)과 국제교류를 추진해, 해마다 많은 학생이 자매교류를 맺은 해외 대학에서 배우고 또 각국 유학생이 소카대 캠퍼스로 옵니다.

전에도 말했지만 SUA에서도 한 학기 동안 해외 대학에서 배우는 프로그램 등 국제적인 교류 체험은 학생의 성장을 촉진하는 커다란 계발의 기회가 되고 있습니다.

두 분이 몸담고 있는 대학은 소카대학교의 대선배입니다. 아무쪼록 조언을 부탁드립니다.

개리슨 버지니아공대도 국제색이 풍부한 대학입니다. 그 강력한 국제교류를 중심적으로 추진하는 곳이 '크랜웰국제센터'입니다. 이 센터는 1400명 이상에 이르는 전 세계 유학생을 지원하고 그들의 지역활동과 교육, 문화, 사회적 교류활동의 일대거점으로 기능하고 있습니다. 이 센터는 유학생과 그 가족이 미국생활에 적응할 수 있도록 도움을 줌과 동시에 미국 학생들이 본교 국제우호프로그램을 통해 여러 외국을 방문할 때에도 지원합니다.

버지니아공대는 도미니카공화국, 스위스, 이집트, 인도에 연구센터를 두고 있습니다. 또 70개 이상의 교환유학생 프로그램과 30개 이상의 교직원 주도 프로그램을 제공합니다.

이에 덧붙여 앞서 이케다 회장이 언급하신 것과 같은 어학연수나 글로벌한 시야에 선 일반교양을 중시하고 국제연구의 학위를 제공합니다.

한편 농학과 공학분야에서 국제적 리더로서 세계 각지에 컨설턴트를 파견함과 동시에 각국에서 오는 방문객을 빈번히 맞이합니다. 버지니아공대는 이처럼 국제적인 사명을 수행하는 데 힘을 쏟는 등 공과대학으로서 경제활동에서도 비중을 두고 있습니다.

그러나 창가교육의 불가결한 요소인 '인간교육', '평화교육'이라는 면에서 본교는 아쉽게도 아직 충분한 대응을 하지 못하고 있습니다.

히크먼 소카대학교는 그 강력한 국제교류 프로그램으로 높은 평가를 받고 있습니다.

서던일리노이대학교 카본데일캠퍼스에도 충실한 '국제교류 서비스'가 있고 현재 150개가 넘는 대학과 교류협정을 맺었습니다. 오스트리아, 코스타리카, 영국과는 한 학기에 이르는 장기간 교류 프로그램이 있고 또 가나, 이집트, 이탈리아, 그리스, 독일, 기타 나라들과도 2~3주간의 다양한 단기교류 프로그램이 있습니다. 이런 프로그램은 본교의 평의위원회에서 계속적으로 심의를 받고 있습니다.

2008년과 2009년도에는 65명의 풀브라이트(장학금) 연구자[*]를 받아들였습니다. 또 본교에는 '제2외국어로서의 영어센터'와 '세계미디어연구소'가 있고 그 밖에 중국어, 프랑스어, 독일어, 일본어, 스페인어, 미국식 수화에 의한 지도, 외국어와 국제무역 양쪽을 배우는 학제적인 전공 프로그램도 있습니다.

더욱이 서던일리노이대학교 카본데일캠퍼스의 '듀이연구센터'에서는 지난 15년간 30개국에서 130명 이상의 객원연구원을 받았는데 그중 5명은 덴마크, 러시아, 중국, 폴란드, 마케도니아공화국에서(2019년 '북마케도니아공화국') 온 풀브라이트 연구자였습니다.

이케다　각 대학이 장대한 범위로 빛나는 실적을 쌓아오셨음을 잘 알았습니다.

유럽에서 수백만 명 이상의 유학과 학생교류를 실현한 에라스무스 프로그램*과 소크라테스 프로그램*처럼 학생의 국제교류 촉진은 상호이해와 신뢰를 심화하고 평화의 기반을 구축하기 위한 커다란 힘이 되었습니다.

듀이 박사는 아이들을 유럽에 여행시켜 다문화를 체험할 기회를 주었습니다. 어릴 때에 세계로 열린 눈은 인간의 시야를 크게 확대하고 다른 문화와 다양한 가치관에서 자연스럽게 배우는 마음을 길러주는 법입니다.

하물며 21세기의 글로벌시대에 청년들이 다문화를 이해하는 토양을 경작하는 일은 앞으로 더욱 중요한 대학의 사명이 되지 않을까요.

다른 문화를 배우는 일은 평화의 씨앗을 뿌리는 일

개리슨　듀이는 가능성이 저절로 개화한다는 사고방식은 인정하지 않았습니다. 가능성이 개화하려면 '연기(緣起)'와 같은 무언가가 필요하다고 보았습니다. 다른 것과 상호 영향을 주고받음으로써 모든 것은 비로소 '개별'적인 가능성을 발휘할 수 있습니다.

인간이나 국가도 같다고 할 수 있습니다. 다시 말해 우리는 다른 문화를 허용할 뿐만 아니라, 다양한 차이를 세계의 번영과 성장에 필요한 양식으로 적극적으로 평가해야 한다는 말입니다.

진정으로 자유롭고 인간주의적인 대학교육은 '평화'와 '이해'라고 하는 21세기의 새로운 지구적 가치관을 창출할 수 있도록 모든 차이를 감싸고 성장시켜야 합니다.

창가교육은 실로 글로벌시대인 21세기에 필요하다고 여겨지는 가치를 창조하는 교육입니다. 이번에 새롭게 취임하신 청용화 주일중국대사(2010년 2월 부임)는 소카대학교 졸업생입니다. 그 연원이 이케다 회장이 중일 간의 불신의 벽을 허물고자 진력하신 1960년대까지 거슬러 올라간다고 알고 있습니다.

이케다 회장이 최초로 중일국교정상화를 호소하신 때는 1968년, 약 2만 명의 대학생이 모인 회합에서였지요. 이것이야말로 실로 세계적인 사명을 짊어진 대학이 국제관계 개선에 얼마나 이바지할 수 있느냐를 보여주는 훌륭한 모범입니다.

히크먼　저도 이케다 회장이 말씀하신 것에 진심으로 찬동합니다.

21세기의 대학이 그 존재 의의를 지키고 사명을 완수하려면 해외 유학 프로그램이나 교환유학제도 등의 국제적인 대책을 강화해야 합니다. 앞서 언급된 에라스무스 프로그램은 실시상 세부적인 문제점이 몇 가지 있지만 다문화 이해라는 차원에서는 이미 큰 성과를 내고 있습니다. 만약 세계의 모든 대학이 교환유학제도를 위해 대규모로 지속적인 노력을 기울인다면 20세기 참사의 대부분은 피할 수 있었을지도 모른다고 생각합니다.

다른 언어를 배우는 것은 다른 문화에 관해 배우는 것이고, 다른 문화를 배우는 것은 평화의 씨앗을 뿌리는 일입니다. 이것은 서로 비슷한 문화와 가치관을 가진 나라들 사이에서도 중요한 일입니다. 최근에도 스페인과 중남미 여러 나라 사이에서 교환유학을 추진하는 에라스무스 프로그램과 같은 시도가 기획되고 있다는 소식을 듣고 크게 절감했습니다.

'창립 정신'의 의의

이케다 청춘시절에 다른 문화와 가치관을 접하고 그 훌륭함을 배우는 소중함은 아무리 강조해도 지나치지 않겠지요. 지금 말씀하신 대로 21세기의 사회는 대학과 대학의 교류를 기축으로 하면서 흔들림 없는 평화의 네트워크를 반드시 만들어야 한다고 생각합니다.

다음에 대학에서 '창립 정신'의 의의에 관해서도 듣고 싶습니다.

저는 지금까지 하버드대학교와 모스크바대학교, 옥스퍼드대학교를 비롯해 세계의 많은 대학을 방문하고 교류했는데 그 속에서 느낀 점이 각 대학이 '창립 정신'을 소중히 여긴다는 것입니다.

'창립 정신'이 깊이 뿌리내리고 학생에게 스며든 그런 전통과 역사는 대학의 귀중한 '보물'이고 '생명'이라 해도 좋겠지요.

시대의 파도를 넘어 만들어지고 오래도록 계승된 '창립 정신'에는 대학의 좋은 전통과 정신 풍토를 기르는 데 근간이 되는 힘이 있습니다.

이는 대학에만 한정된 이야기가 아니라 어떤 단체나 사회이든 '원점'을 잊지 않고 그 근본정신에 늘 되돌아가며 나아가는 곳에는 반드시 성장이 있고 발전이 있습니다.

소카대학교는 '인간교육의 최고 학부가 되라', '새로운 대문화 건설의 요람이 되라', '인류의 평화를 지키는 요새가 되라'를 건학의 3대 정신으로 내걸었습니다. 그리고 이 정신의 실현과 함께 '학생 중심', '학생 제일'의 대학을 지향하고 있습니다.

많은 졸업생도 이 건학 정신을 가슴에 품고 사회에 공헌하는 인생을 목표로 활약하고 있습니다. 또 졸업생이 동창 네트워크 조직을 만들어 모교 발전에 다양한 면에서 기여해줍니다. 더욱이 졸업생이 후배의 육성과 진로지도, 조언 등을 위해 바쁜 시간을 쪼개 모교에 다니는 모습도 보입니다.

저는 일본을 비롯해 세계 각지의 졸업생에게 연일 수많은 편지를 받는데, 졸업생들이 대학교 시절의 이상과 결의 그대로 생기발랄하게 활약하는 모습을 접하는 것만큼 창립자로서 흐뭇한 일은 없습니다.

개리슨　전통의 계승은 복잡하고 어려운 문제입니다. 물론 의식(儀式)과 기념행사도 매우 중요하지만 창가 동창 여러분처럼 동창회에서 볼 수 있는 긴밀한 선후배의 유대를 통해 창립자에게서 재학생으로 전통이 계승된다는 점도 중요합니다.

그래도 특히 중요한 것은 '창립 정신' 자체입니다. 미래 세대에게 전통정신 중 무엇을 첫째로 전하고, 무엇을 전하지 않을지에 따라 다르지만 그것은 창립자의 지혜를 얻는 바가 크다고 생각합니다.

그 점에서 일본의 소카대학교와 SUA는 정말 행운이라고 생각합니다. 게다가 두 대학의 지금 세대의 학생들은 창립자를 가까이 뵐 수 있고, 개개인의 인생이나 또 대학이라는 조직으로서도 적극적으로 교류를 꾀해주는 스승이 계신 행운을 얻은 사람들입니다.

이런 사제의 유대라는 커다란 네트워크 안에서 이케다 회장도 예전에 은사 도다 조세이(戶田城聖) 회장에게서 배운 것과 똑같이 지금의 젊은 세대에서도 배우고 성장한다고 느끼고 계시지 않을까요.

실제 도다 조세이 회장은 이케다 회장의 마음속에 지금도 살아 계십니다. 그리고 학생과 졸업생들 마음속에도 살아 계십니다. 졸업생들의 활약을 가장 큰 기쁨으로 삼고 계신 것도 잘 알았습니다.

저희 버지니아공대의 모토는 '자 봉사하자(라틴어로 우트 프로심)'입니다.

토지공여대학*(랜드 그랜트 유니버시티)으로 출발해서 특히 주(州) 정부에 대한 봉사, 국가에 대한 봉사, 또 최근에는 세계에 대한 봉사가 강조되고 그 전통은 지금도 명맥이 계승됩니다.

또 버지니아공대는 창립 당시부터 기술면을 중시하고 실용적인 교육 촉진을 통해 농업, 상업, 공업 발달에 기여하는 것을 목표로 했습니다. 이 방향성은 대학의 강령과 지도요강에서 늘 강조됩니다. 그러나 그 교육을 '인간을 자유롭게 하는 것'이라는 면에서는 반드시 성공하지는 못했습니다.

또 우리 대학의 역사에는 실은 군사적인 측면도 있습니다. 창립 당시인 1872년에는 학생 전원이 전(前) 남부군 장군의 지휘하에 있어 사관후보생의 부대에 소속되었습니다. 더욱이 1973년에는 미국에서 처음으로 여성 사관 후보생을 그 부대에서 받아들였습니다. 버지니아공대에는 지금도 제복 차림 사관후보생의 대규모 조직이 있고 이 전통은 본교의 학풍 전체에 스며들었습니다.

또 이 사관후보생 동창회는 대학을 강력히 지원하고 있습니다. 버지니아공대에는 활발한 동창회 조직이 있어 졸업생들은 재정적으로나 지적(知的)으로도 또 사회적으로도 대학에 기여합니다. 예를 들면 앞서 말씀드린 '크랜웰국제센터'는 1986년에 윌리엄 크랜웰가문이 기증했습니다.

자신의 과거를 알지 못하고 과거에 긍지를 갖지 못하는 대학에 미래는 없다고 해도 좋겠지요. 그러나 창립의 전통 중 무엇을 유지하고, 무엇을 변혁해야 하는지에 관해서는 각 세대가 물어야 할 과제라고 생각합니다.

히크먼   소카대학교 건학의 3대 정신인 '인간교육의 최고 학부가 되라', '새로운 대문화건설의 요람이 되라', '인류의 평화를 지키는 요새가 되라'는 이념은 매우 흥미 깊은, 또 촉발하는 바가 풍부한 이념입니다.

이런 세 가지 이념은 서로 연관되면서도 또 서로 다르고 각

각 독특합니다. 그 창립 정신은 SUA에도 흐르고 있습니다.

예를 들면 '인간교육의 최고학부가 되라'는 이념은 무릇 생각되는 최고봉의 대학이 되는 것을 시사합니다. SUA는 이미 그것을 달성했음을 뒷받침하는 증거가 있습니다. 최근 〈US뉴스〉 리포트[*]에 따르면 SUA는 캘리포니아주 리버럴 아트 칼리지의 상위 10개 학교의 순위 안에 들었습니다. 이는 2001년에 문을 열어 아직 세월이 짧은 대학으로서는 실로 눈부신 위업이라 할 수 있습니다.

창립자인 이케다 회장이 탁월한 비전을 바탕으로 헌신적으로 힘을 쏟으신 점과 비할 데 없는 학문의 기회를 창출하려는 하부키 총장의 진력이 컸다고 생각합니다. 가령 현재 SUA에는 교수와 학생 비율이 1:9입니다만 이는 많은 고등교육기관이 부러워하는 부분입니다.

'새로운 대문화건설의 요람이 되라'는 이념은 SUA의 동창생 네트워크를 상기시킵니다. 그것은 그들이 사회로 나가 실업계나 산업계, 또는 정계에 몸을 둔 뒤에도 계속 지킬 수 있는 연결고리가 있고 '공통의 가치관'과 '공통의 도전'으로 맺어진 국가와 지역을 초월한 네트워크입니다. 국가주의적이지 않고 국제적이고 글로벌한 새로운 문화 창조는 실로 훌륭한 큰 뜻이고 SUA가 기반으로 하는 평화와 대화라는 가치관을 반영하는 것입니다.

그리고 '인류의 평화를 지키는 요새가 되라'는 세 번째 이념
은, SUA와 그 자매대학이 가진 좀 더 광범위한 가치관을 상
기시키고, 그를 달성하기 위한 도전을 고무하는 것입니다. 이
것은 인류의 존속과 번영에 매우 중요한 점입니다.

이런 세 가지 이념은 함께 대학의 바람직한 자세와 그 가능
성을 상기시키는 훌륭한 이정표가 되겠지요.

세계시민의 요건과
교육

평화와 인권을 위해 행동하는 청년들

　　이케다　　뉴욕은 지구사회의 축도라고도 할 수 있는 세계
도시(코스모폴리스)입니다. 세계시민을 육성하는 최첨단 교육의
도시이고, 듀이 박사가 활약하신 인연의 땅이기도 합니다.

우리 국제창가학회(SGI)의 뉴욕문화회관은 20세기 초반 사람
들에게 널리 열린 시민교육을 위한 학교인 '랜드스쿨(랜드사회
과학학교)'로 이용한 역사적 건물입니다. 듀이 박사가 70대 무
렵 이곳에서 일곱 번 정도 강의하신 일도 기록에 남아 있습
니다.

2002년에는 이 문화회관에서 듀이 박사의 서거 50주년을 기
념하는 행사가 열려 히크먼 박사가 의의 깊은 강연을 해주셨
습니다. 거듭 감사드립니다.

히크먼　듀이는 랜드스쿨 사업을 크게 지원했습니다. 이 학교는 노동자에게 폭넓은 교육을 제공하기 위해서 창설된 곳입니다. 현재 그 건물이 세계시민교육을 추진하는 SGI의 활동 터전이 되었음을 듀이도 틀림없이 기뻐할 것입니다.

이케다 회장이 지금 말씀하신 것처럼 그는 1930년대에 이곳에서 '교육과 사회의 진보', '정치와 문화', '목적에 관한 문제' 등을 주제로 몇 차례 강연했습니다.

듀이가 70년쯤 전에 강연을 한 같은 장소에서 스피치할 기회를 얻은 일은 저에게 큰 영광이었습니다. 이 기념행사에는 이탈리아와 일본 등 멀리서도 참석해 민주주의와 교육의 진보에 진력한 듀이의 공적을 함께 상찬할 수 있었습니다.

이케다　정말 감사합니다. 강연회의 모습은 일본의 〈세이쿄신문〉에도 보도되어 큰 반향을 불러일으켰습니다.

올해(2010년) 5월에는 이 뉴욕문화회관에서 일본의 청년들이 모은 '핵무기금지조약' 제정을 촉구하는 227만 6167명의 서명 목록의 기탁식이 거행되었습니다.

이는 유엔본부에서 개최된 '핵확산금지조약(NPT)'의 재검토회의에 맞춰 실시되어 두아르테 유엔군축담당 고위대표 등을 맞아 이 회의와 유엔에 제출한 서명입니다.

대리 참석한 가탄 의장고문이 재검토회의의 카박툴란 의장의 메시지를 대독했습니다.

미국SGI의 뉴욕문화회관. 일찍이 듀이 박사가 강연한 역사적 건물이기도 하다.

핵무기 없는 세계를 만들기 위해 청년들이 적극적으로 행동
하고 국제사회에 강력한 희망의 메시지를 발신하고 있음에
많은 기대의 목소리가 있었습니다.

　　히크먼　이제껏 일본의 소카대학교와 SUA의 학생 여러분

을 비롯해 각지 SGI의 문화회관에서도 청년들과 만날 기회
가 있어서 여러분의 '평화'와 '인권' 활동에 관해서는 익히 잘
알고 있습니다.

청년에게는 이상을 향한 의욕이 있습니다. 그 마음을 더 키
우고 '평화'와 '인권'의 가치 창조를 향해 그들을 인도하는 것
은 가능하고 또 필요한 일입니다. 그렇게 된다면 훌륭한 교
육의 기회가 많이 열립니다. 또 청년들에게 미래는 그들의
것이고, 그들이 창조해야 한다고 깨닫게 해주는 일이 중요합
니다.

개리슨　저도 평화와 인권에 이바지하는 SGI 여러분의 눈
부신 활동을 잘 알고 있습니다.

소카대학교와 SUA를 비롯해 소카학원에서 만난 학생 여러
분과 교류를 통해 '평화'와 '인권'이 학교뿐 아니라 여러분의
생활 전반에서 늘 관심 있는 주제임을 알 수 있었습니다. 어
디든지 또 누구든지 모든 사람이 그래야 한다고 생각합니다.

'세계시민'의 요건

이케다　두 선생님의 따뜻하고 깊은 격려에 창가의 청년
들도 크게 용기를 얻었을 거라 생각합니다.

앞서 언급했지만 뉴욕은 듀이 박사가 오랜 세월에 걸쳐 교육

자로서 또 사회활동가로서 숱한 족적을 남긴 장소입니다. 특히 명문 컬럼비아대학교에서는 44세에 철학교수에 부임하고부터 만년까지 계속 교단에 섰습니다.

1996년 6월, 그 컬럼비아대학교 교육대학에서 강연한 일도 제게는 잊지 못할 추억입니다.

강연에서 새로운 인간교육을 지향한 듀이 박사와 마키구치 초대 회장의 철학의 공통성을 논하며 '세계시민'의 요건을 언급했습니다.

'세계시민'이라 하면 일반적으로는 어학이 뛰어난 사람이나 각국을 오가는 일에 종사하는 사람 등을 떠올릴지도 모르겠습니다. 그러나 실제로는 꼭 국제적인 업무 등에 종사하지 않아도 지역에 뿌리를 내리며 지구 규모로 매사를 생각하고 평화를 희구하며 행동하는, 말 그대로 '세계시민'이라 부르기에 상응하는 풀뿌리 시민들이 있습니다.

나는 컬럼비아대학교 강연에서 '세계시민'으로서의 요건을 이렇게 들었습니다.

一. 생명의 상관성을 깊이 인식하는 '지혜로운 사람'

一. 인종과 민족, 문화의 '차이'를 두려워하거나 거부하지 않고 존중하고 이해하여 성장의 양식으로 삼는 '용기 있는 사람'

一. 가까운 곳뿐만 아니라 먼 곳에서 고뇌하는 사람들도 동

고(同苦)하고 연대하는 '자비로운 사람'

그리고 그런 보편적인 영지와 정신, 다시 말해 '세계시민'이 갖춰야 할 탁월한 자질을 육성하는 일이 향후 교육의 중요한 역할 중 하나라고 제안했습니다.

개리슨 전적으로 동감입니다. 세계시민의 요건을 말하기 전에 이케다 회장이 1993년 하버드대학교 강연(25)에서 '인간 복권의 기축'을 주제로 논하신 점을 언급하고자 합니다. 회장은 듀이가 그 저서 《공통의 신앙》 속에서 '종교적인 것'을 복권해야 하는 긴요함을 호소한 점을 언급하고 예전의 (신이 중심인) 타력의존이 인간의 가능성과 책임의 과소평가라 하면 (이성만능주의인) 근대의 자력의존은 인간 능력의 과신이고 에고이즘의 비대화라 논하고 그 어느 쪽에도 치우치지 않는 '중도(中道, 제3의 길)'를 모색할 필요성을 말씀하셨습니다.

그리고 '종교가 사람을 강하게 만드느냐, 약하게 만드느냐'라는 주제로 대담하게 언급하셨습니다.

만약 인간이 독선적인 종교에서 보이듯 '외적인 권위'에 무조건 복종한다면 인간상호 간 연결이 보이지 않게 되고 상상력 풍부한 공감이 저해받아 '타인'과 '차이'에 대한 두려움이 생깁니다. 이는 이성의 전능성을 믿는 사람들과 마찬가지로 인간의 능력을 과신하는 경우에도 해당됩니다.

이케다 종교는 인간을 현명하게 하고, 강하게 만들고, 행복하게 하기 위해 존재합니다. 사람들이 서로 차이를 극복하고 평화를 구축하기 위해 존재해야 합니다. 저는 그것이 21세기 종교의 사명이라고 생각합니다.

이성은 양날의 검입니다. 이성에 대한 과도한 의존이 본디 있어야 할 인간의 정신성, 다시 말해 자애와 신뢰와 우정 등의 '열린 인격'을 상실하게 만들고 인간의 위기를 초래한 것도 사실입니다.

그렇기 때문에 더더욱 개리슨 박사가 말씀하신 것처럼 극단으로 치우치지 않는 중도의 인생 자세가 중요하지 않을까요.

개리슨　　그렇습니다. '지혜', '용기', '자비'를 갖춘 사람은 행복을 중도의 삶 속에서 찾습니다.

이 '용기'와 '자비'에 관해 한마디 덧붙이겠습니다. 도덕적 용기는 단순한 만용이나 허세가 아니라, 인간다운 올바른 용기입니다. 자신이 경험하는 하나하나의 상황을 정확하게 판별하고 도의적인 상상력이나 최선의 가능성을 상상하는 힘을 갖출 때 우리는 이미 '세계시민'입니다.

인간은 서로 관련되어 살아가는 존재이므로 '지혜', '용기', '자비'는 상대에게 금세 전해지고, 누구라도 곧바로 이해합니다.

마키구치 회장은 《인생지리학》에서 지리 학습을 통해서 인간 사이의 연관성을 해명하셨습니다.

"세계를 이해하려고 사람이 향토를 떠나 여행을 할 필요는 없다. 세계 각지의 특산물은 우리가 사는 외딴 시골의 작은 마을에도 도달한다. 지구상의 모든 현상은 무역 등의 경제적 영위를 비롯해 인간 사이의 연관성에 의해 맺어지고 있다"[26] 고 가르치셨습니다.

향토(지역사회)는 세계의 축도

이케다 그렇습니다. 말씀하신 대로입니다. 마키구치 회장은 자신이 입고 있는 옷이나 몸에 걸치는 것이 먼 나라의 많은 사람 덕분에 지금 여기에 있다고 가르치며 "향토는 세계의 축도이다. 향토에서 토지와 인생, 자연과 사회의 복잡한 관계를 아이들에게 직접 관찰하게 함으로써 가정과 학교 그리고 시읍면을 파악하게 하고 널리 세계를 이해시킬 수 있다"[26]고 결론지으셨습니다.

그런 교육은 생명의 상관성을 인식하는 '지혜', 다른 민족과 문화의 차이를 두려워하지 않는 '용기' 그리고 다른 나라 사람들의 고통에도 동고(同苦)하는 마음인 '자비'를 기르기 위한 소중한 기연(機緣)이 되고 기반이 되는 것이 아닐까요.

개리슨 잘 알았습니다. 저도 작은 도시에서 나고 자랐는데 그 경험에서 작은 도시도 큰 세계의 '축도'임을 배웠습니다. 세계와의 연계를 느끼고 고유 속에서 보편을 발견하는 능력이 있다면 어디에 살더라도 우리의 경험은 큰 가치가 됩니다.

더욱이 진지하게 '지혜'를 찾고 '도덕적 용기'와 '자비'를 기를 수 있다면 어떤 사람을 만나도 정신적 차원에서는 완전히 평등한 처지에서 대하고 배울 수 있습니다.

윌리엄 블레이크*의 시 '순수의 전조(前兆)'에 이런 구절이 있습니다.

순수를 꿈꾸며 / 윌리엄 블레이크(1757~1827)

한 알의 모래에서 세상을 보고
한 송이 들꽃에서 천국을 본다.
그대 손바닥 안에 무한을 거머쥐고
순간 속에 영원을 붙잡는다.[27]

이것은 '대우주'의 모든 것이 '소우주'에 집약된다는 사상입니다.

그러므로 우리는 일상의 세계를 명확히 파악하고 '지혜'와 '도덕적 용기' 그리고 '자비'에 도달할 수 있다면 이 넓은 세상 어디에 가더라도 당황하거나 균형감각을 잃지 않고 경험을 넓히고 의미와 가치를 심화하는 마음을 계속 유지할 수 있습니다.

이케다 참으로 지당한 말씀입니다.

블레이크는 제가 청춘시절부터 애독한 매우 좋아하는 시인 중 한 사람입니다. 시인의 날카로운 눈은 만물의 진리를 훌륭히 내다보고 있습니다.

인간은 누구나 평등하고 존극한 생명의 여정을 걷기 위해 이 세상에서 생을 누립니다. 그러나 표면적인 차이에 사로잡혀 거만해지거나 비굴해지거나 혹은 타인을 증오하거나 또 상처를 입히는 경우가 너무나 많습니다.

불전(佛典)에는 "결국 만법(萬法)은 기심(己心)에 담겨져서 일진(一塵)도 궐여(闕如)함이 없고 구산(九山), 팔해(八海)도 자신에게 갖추어지고 일월(日月), 중성(衆星)도 기심에 있느니라"《어서》 1473쪽)라고 설해져 있습니다.

하나의 인간 생명이라는 '소우주'에는 '대우주'의 만법이 들어 있고 끝없이 펼쳐지고 무한한 가능성이 있습니다. 이런 생명관과 우주관으로 청년들의 마음을 넓히고 싶습니다.

인간은 생명의 좀 더 깊은 차원에서 내적인 존엄성에 드넓은 마음으로 눈뜨는 자세가 중요합니다. 그리고 타인과 차이에서 서로 겸허히 배우고, 서로 풍부하게 고양시키며 함께 성장해야 합니다. 그 확실한 길이 열린 마음으로 대화를 거듭

하는 일이 아닐까요.

개리슨　맞습니다. 우리는 모두 다르지만 그 다른 점이 우리의 일상입니다. 그런 차이가 있어도 '지혜'와 '도덕적 용기' 그리고 '자비'를 길러 마주한다면 좀 더 커다란 '차이'를 만나도 정확히 대처할 수 있습니다.

히크먼　정말 그렇습니다.

이케다 회장이 언급하신 '향토(지역사회)는 세계의 축도'라는 마키구치 회장의 주장은 듀이의 철학을 상기시키는 말입니다.

듀이는 민주적인 제도가 제대로 작동하려면 그가 버몬트주 벌링턴에서 보낸 소년 시절에 자주 열린 뉴잉글랜드 지방의 '타운 미팅'과 같은 기능이 있어야 한다고 생각했습니다. 이 지방에는 여전히 이런 집회가 사람들의 생활에 중요한 부분을 차지합니다.

확실히 인터넷도 중요한 교육의 가능성을 많이 제시해줍니다. 그러나 그것은 직접 얼굴을 맞대고 대화하는 커뮤니케이션을 대신할 수 없습니다.

특히 미국처럼 인종적, 문화적으로 다양한 국가에서는 현지 지자체의 의회와 시민단체의 활동, 또 각종 클럽에 참여함으로써 자신들에 관한 다른 견해를 배우거나 다른 사람들에 관한 생각을 고칠 수 있습니다.

개리슨　더 보충하자면 제가 앞서 한 발언은 편협한 향토애를 칭송하는 뜻은 아닙니다. 일반론으로 젊은 사람들이 외부 세계를 여행하는 일은 매우 좋다고 생각합니다.

이케다 　두 선생님의 구체적인 제안에 전적으로 찬성합니다.

청년들이 다른 언어, 다른 문화와 만남을 체험하는 일은 세계시민으로서 갖춰야 할 마음을 기르는 가장 귀중한 재산이 되기 때문입니다.

예술, 인권, 환경교육

히크먼 　이 문제를 듀이의 실용주의 관점에서 생각해보면 세계시민의 바람직한 모습에서 실험주의적 요소를 강조하는 것이 중요하다고 생각됩니다. 듀이는 실험주의적인 관점에서 연속성과 공통성의 소중함을 강조하고 회의주의자와 인종차별주의자 등이 "인간생활의 근본적인 특징은 '차이'와 '단절'과 '불균형'에 있다"고 한 주장을 거부했습니다.

듀이는 사람들에게 이렇게 말했습니다.

"인간은 다양한 것과 연계하고 지역사회가 있어야 성립하는 존재이고 그런 것들과 관계 속에서 비로소 개개의 인간으로서 존재한다. 인간은 농밀한 사회적 규범의 네트워크 안의 행위자이고, 그러므로 농밀한 사회적 정치적 관계라고 하는 네트워트 안에서 살아가는 존재다. 그 네트워크는 실험주의적 수단과 결론에 바탕을 둘 때 가장 제대로 기능한다. 그것을 우리 교육자는 학생들에게 제대로 가르칠 필요가 있다."(취의)

더욱이 듀이의 실험주의적인 탐구에서 인간이 경험한 미(美)를 규명하는 '심미적' 영역(예술과 문화 등)이 아주 중요한 역할을 합니다. 따라서 만약 듀이가 살아 있다면 틀림없이 '세계시민'의 자질로, 다시 말해 오늘날 학생들이 더 폭넓고 새로운 지구공동체에 참여하기 위한 준비로 '심미적 교육'이 불가결한 요소라고 주장했을 것입니다.

　　이케다　듀이 박사는 사람들의 마음속에 '사회의 일원'으로서 자각을 촉구하고, '공공성'을 기르는 교육 실천을 중시했습니다. 그즈음 심미적 교육으로서 '사람들을 이어주는 예술의 힘'에도 주목하셨지요.

그래서 박사는 대공황시대 미국의 공립학교에서 음악, 미술, 연극 등의 활동이 경제적인 이유로 삭감됐을 때는 단호히 반대하는 논진을 펼쳤습니다. 이 점도 핵심입니다.

다음으로 논점을 한 걸음 더 확대하면 이런 세계시민 육성에는 '인권교육'과 '환경교육'이 중대 열쇠를 쥐고 있는 게 아닐까요.

여기에도 지역사회를 기반으로 한 관점이 불가결합니다. 지역사회 사람들의 상호부조(相互扶助) 정신과 자기 주변의 자연을 소중히 여기는 마음과 세계평화를 바라고 지구환경을 소중히 여기는 마음은 본디 서로 통합니다. '지역에서 행동하는' 것은 '지구적으로 생각하고 발상하기' 위한 출발점이 되고 기반이 됩니다. 이 '지역'과 '세계'의 왕복작업이야말로 하나의 중요한 핵심이라고 생각합니다.

개리슨 환경교육에서 중시해야 할 것은 인류 전체도 인류의 문화와 함께 모든 생물, 물리체계와 상호관련성 속에 있다고 하는 점입니다. 불법의 연기관(緣起觀)을 가르쳐야 하겠지요.

또 야외 체험학습을 중시할 필요도 있다고 봅니다. 만약 환경교육이 마키구치 회장과 듀이가 선구를 끊은 것처럼 지리와 역사 지도법을 더 발전시키는 방식이 된다면 그것은 극히 유망한 것이 되겠지요.

그리고 인권에 관해 배우는 것이 첫걸음입니다. 유엔의 '세계인권선언*'은 인권교육의 제도를 구축하는 데 단단한 기반이 됩니다. 우리는 새삼 누군가에게 듣지 않는 한 자신들의 권리에 관해 알지 못하는 경우가 많습니다.

예를 들면 저는 '세계인권선언'에는 '미합중국헌법'과 달리 '교육을 받을 권리'가 인권으로 선언되어 있음을 수업에서 자주 지적합니다. 미국에서는 주(州)정부가 법률에 따라 자기주의 모든 주민에게 교육서비스를 금지할 수 있고 실제로 그와 같은 사태가 생긴 경우도 있습니다.

'세계인권선언'에는 '합중국헌법'에 정해져 있지 않은 권리가 수없이 담겨 있습니다. 제 수업에서 몇 차례에 걸쳐 그런 항목을 조사해보니 학생들에게 극적인 효과가 나타났습니다. 또 인권침해 실태를 영상을 이용해 시각에 호소하는 방법도 학생들에게 인권문제에 대한 공감과 관심을 갖게 하는 데 도움이 되는 것도 알았습니다.

또 덧붙여 말하면 우리는 '누가 권리를 갖느냐'만 묻지 말고 '누가 어떻게 그런 권리를 지키느냐'를 늘 물을 필요가 있다고 생각합니다. 왜냐하면 인권에 관한 책임을 논의하는 일도 중요하기 때문입니다.

생명의 '존엄성'과 '평등'이 근본 기준

히크먼   저는 한 사람의 미국시민으로서 최근 10년 정도 우리나라 정부의 몇 가지 조치에 대해 가슴이 매우 아팠습니다. 또 직업상 과학기술의 사회적 역할에 관심을 갖는 철학자로서 앞서 이케다 회장이 '인권교육'과 '환경교육'이라는 두 가지 콘셉트를 관련지으신 점을 기쁘게 생각합니다.

이런 분야에서 우리나라와 다른 나라들의 실정(失政)이 몇 가지 있습니다. 가령 투명성 결여와 편협한 비전 그리고 환경 문제를 둘러싼 불공정을 필요악이라든가 큰 문제가 아니라고 용인해버린 일을 들 수 있습니다.

인권에 관한 정의(正義)의 문제는 제 생각으로는 큰 문제의 일부에 지나지 않습니다. 그 큰 문제는 자신의 확신과 예단에 영향받지 않고 객관적인 실험과 시행의 결과를 얼마나 있는 그대로 받아들일 수 있느냐 하는 점입니다.

최근 10년간 우리나라 과학기술 정책은 눈에 띄게 타락했습니다. 인권단체가 제공하는 데이터는 어둠에 묻히고 양심적인 과학의 성과가 무시되거나 배제되었습니다. 전문 기후학자가 보고하는 환경문제조차 '정크 사이언스(이론적 근거가 부족한 과학)'라든가 '더 연구할 여지가 있다'는 등의 이유로 퇴박을 놓았습니다.

이런 권력남용에 항의하여 비영리단체인 '우려하는 과학자 동맹*'은 수천 명의 서명을 모았습니다. 그 속에는 노벨상 수상자도 있고 각종 전미 아카데미의 회원도 포함되었습니다.

긍정적인 측면을 들면 실은 우리나라의 역사에서 이런 불행한 시기 자체가 중요한 사례연구의 재료를 제공한다는 점입니다. 다시 말해 우리 교육자는 투명성과 폭넓은 비전의 중요성, 그리고 환경정의(환경보전과 사회적 정의를 동시에 추구할 필요성을 나타내는 개념)의 이점 등에 관해 학생 등의 이해를 돕기 위해서 이런 사례연구를 활용할 수 있다는 점입니다.

이케다　각각 중요한 문제제기입니다.

'인권'과 '환경' 문제는 현대사회의 빛과 그림자 중 '그림자' 부분이 확장하고 있음을 나타냅니다. 어떤 대의명분을 내세워도 약자가 희생되고, 지구환경이 파괴되는 일은 절대 용납하면 안 됩니다.

그러므로 생명존엄을 기반으로 한 세계시민으로서의 윤리와 철학, 그리고 사람들의 행복을 위해 헌신하는 숭고한 '인류의식'을 교육현장과 생활의 터전에서 구체적인 실천을 통해 익히는 것이 한층 더 중요하다고 생각합니다.

그리고 급속히 변화하는 시대에 즉응해서 다시 말해 새로운 문제의식을 갖고 먼저 스스로 성장하여 행동하기 위해서 우리는 평생에 걸쳐 계속 배워야 합니다.

듀이 박사는 "교육의 목적은 사람들이 자신들의 교육을 계속 이어갈 수 있도록 하는 데 있다"[28]고도 말했습니다. 그런 세계시민 교육이 앞으로의 시대에는 더욱 필요해질 것입니다.

평생학습과
인간의 성장

'평생교육'의 의의

이케다 인간을 인간답게 빛내는 힘은 무엇인가. 그것은 '배우는 마음'이고 '성장하는 생명'입니다. 그리고 그 원천이 교육입니다.

"나는 교육이 사회진보와 사회개혁의 가장 기본적인 방법이라고 믿는다."[29]

이 말은 듀이 박사의 일관된 주장이었습니다. 박사는 이 신념 그대로 사회 속에 뛰어들어가 민중교육의 발전을 위해 열심히 진력하셨습니다.

그 무대 중 하나가 앞서 화제가 된 뉴욕의 '랜드스쿨(랜드사회과학학교)'이었습니다. 이 역사적인 건물은 본래 시민의 진심 어린 기부로 1887년에 지었습니다. 당초 여성의 지위 향상과 교육을 위해 일하는 여성들이 직업훈련을 받거나 교양과 매너 등을 배우는 장소로 사용되었는데 마침내 여성뿐 아니라 모든 사회인을 위한 '평생학습' 센터가 되었습니다. 예전에 건물 정면 입구에 새겨진 '민중의 집'이라는 명칭이 그 성격을 잘 나타냅니다. '평생학습', '평생교육'은 우리가 인생을 통해 배우고 향상하고 계속 성장하기 위해서는 빼놓을 수 없습니다.

두 선생님은 이 주제에 관해서는 어떻게 생각하시는지요?

개리슨 우리가 지향해야 할 교육의 가장 중요한 목표는 '공부하는 기쁨을 배우는' 것이고, 그 기쁨을 평생에 걸쳐 계속 추구하기 위한 방도를 배우는 데 있습니다.

이른바 정규 학교교육에서는 종종 '가르치는 것이 아이들을 오히려 공부를 싫어하게 만드는' 의도치 않은 결과를 가져오는 경우가 있습니다. 사람은 배움을 멈출 때 자기만이 가진 능력을 꽃피울 가능성이 사라져 버립니다.

세계 다른 나라들도 마찬가지이지만 미국인은 대체로 평생학습을 글로벌 시대에 추구되는 지식을 흡수하기 위한 대책, 혹은 다음의 새로운 일을 대비하여 늘 기술을 연마하고 재훈련하기 위해서 필요한 일로 보고 있습니다.

확실히 직업훈련은 큰 도움이 되지만 그런 종류의 훈련으로 자기 성장과 지역사회의 복지에 가장 이바지하는 비판적으로 사고하는 힘, 창조적인 능력, 또 자기성찰적 자질이 길러지기는 극히 희박하지 않을까요.

히크먼　교육자는 평생학습에 관해서 적어도 두 가지 중요한 과제를 떠맡을 필요가 있다고 생각합니다.

첫째 제공되는 교과과정이 각 지역사회의 요청과 이익에 맞을 것, 둘째 자력으로는 학습 비용을 지출할 여유가 없는 저소득층 사람들에게도 교육의 기회를 주는 것입니다.

당연히 육아 등의 사회복지 인프라 기반을 강화하는 일도 필요합니다. 활력과 창조성 넘치는 안정되고 평화로운 사회는 평생학습을 계속할 수 있는 사회입니다.

통신교육의 발전과 과제

이케다　각각 중요한 핵심을 지적해주셨습니다.

듀이 박사는 1930년, 컬럼비아대학교 교수를 퇴임하고 철학명예교수에 취임합니다. 랜드스쿨에서 강연한 기록이 남아 있는 때는 마침 이 무렵에 해당합니다. 뉴욕 월스트리트의 주가가 대폭락하고 세계공황이 시작된 이듬해였습니다.

듀이 박사는 이 공황으로 고통받는 많은 사람들을 '배우는 기쁨'으로 조금이라도 격려하고 싶다, 사회 재건에 일조하고 싶다는 마음에서 평생학습에 진력하신 게 아닐까요.

평생학습은 인생의 거친 파도를 극복하기 위한 커다란 힘도 됩니다. 불법을 기조로 한 우리 SGI의 운동도 어떤 의미에서 평생에 걸쳐 계속 배우고, 자신을 연마하고 함양하는 '인생대학'이고 평생학습의 도전이라고 생각합니다.

개리슨 박사는 '공부하는 기쁨을 배우는' 소중함을 지적하셨습니다. 불법에서는 진정한 기쁨은 "자타 함께 지혜와 자비가 있는 것"(《어서》 761쪽, 취의)이라고 설했습니다. 실로 서로 배우고, 서로 격려하고, 함께 생명의 가능성을 꽃피우는 곳에 끝없는 환희가 있습니다.

그리고 거기에 비로소 히크먼 박사가 말씀하신 '활력과 창조성 넘치는 안정되고 평화로운 사회'가 열리겠지요.

평생학습에는 다양한 형태가 있는데 최근 일본에서도 크게 주목받는 것이 '통신교육'입니다. 앞서 교육비 문제도 언급하셨지만 통신교육은 다양한 사정으로 학교에 가지 못한 사람들의 요망에도 부응합니다.

두 선생님의 대학에서는 통신교육에 관해서 어떻게 다루고 있는지요?

히크먼　오늘날 미국에서 통신교육은 대부분 인터넷을 이용하고 몇몇 대규모 교육기관은 전면적으로 웹화되어 있습니다. 저도 1980년대에 '커넥트에드(ConnectEd)'라는 인터넷을 사용한 통신교육의 초기 실험에 참여한 적이 있습니다.

당시 어렵다고 느낀 점은 타이핑한 메시지를 주고받기만 해서는 얻을 수 없는 인간적인 교류가 아무래도 필요한 점이었습니다. 이 때문에 장시간에 걸쳐 전화로 교신하게 되었습니다. 장거리전화 요금이 지금보다 훨씬 비쌌을 무렵인데 말이지요. 최근에는 인터넷을 이용해 무료전화와 화상회의를 할 수 있게 되어 덕분에 일대일 교류가 훨씬 쉬워졌습니다.

이런 진보 덕분에 교육의 내용이 더욱 풍부해지고 예전에는 원격지라서 혹은 신체적인 장애 때문에 통학하지 못한 사람들도 학습과 교육을 계속할 기회가 확대되었습니다.

서던일리노이대학교는 평생학습에 주력하고 있고 그 일환으로 통신교육부에서는 몇백 개나 되는 코스를 쌍방향 방식으로 인쇄물과 인터넷을 통해 제공합니다.

개리슨　예전의 통신교육은 컴퓨터로 하는 '온라인 통신교육'으로 진화했습니다. 다만 이 교육시스템의 문제점은 통신교육을 수강할 수 있는 대상이 컴퓨터 이용을 경제적으로 조달할 수 있는 사람들로 제한된다는 점입니다.

버지니아공대는 세계 온라인 교육분야의 리더격인 존재입니다. 1998년 이후 총계 13만 명 이상의 온라인 수강자에게 6,000개 이상의 강좌를 제공했습니다. 그리고 35개 대학원의 학위와 전문 자격, 면허취득을 위한 코스를 전부 제공하고 있습니다.

소카대학교 통신교육부 하계스쿨링 학생을 격려하는 창립자 이케다 SGI 회장(1976년 8월)

현재 대학의 온라인 교육은 캠퍼스 내의 학생을 비롯해 주내(州內) 각지와 주(州) 이외 지역의 수강자에게도 강좌를 배포해 버지니아공대의 일부가 되었습니다.

현대의 과학기술은 사회적 교류를 다양한 형태로 촉진시키지만 다른 학생이나 교수와의 커뮤니티로 연대감이 생길 때 온라인 학습은 가장 이상적인 형태가 된다는 사실이 밝혀졌습니다.

예를 들면 어떠한 종류의 통신교육도 수강자들이 다른 학생과 직접 얼굴을 맞댈 수 있는 기회가 있으면 좀 더 효과를 발휘한다는 걸 알게 되었습니다.

이케다 두 대학 모두 시대의 요구에 부응하고자 또 깊은 이념 위에서 통신교육에도 주력하고 있는 것을 잘 알았습니다.

일본에서도 평생학습이 주목을 모으는 가운데 대학의 통신교육뿐 아니라 특정 자격 취득을 위한 통신교육도 늘고 있습니다.

소카대학교는 1976년 5월 16일에 통신교육부를 개설했습니다. 이후 1만 3000명 이상(2020년 2만 명 이상)이 학사학위를 취득하고 졸업했습니다. 박사학위 취득자를 비롯해 세무사, 행정사, 법무사 등 국가시험 합격자도 다수 배출했습니다.

특히 교직과정을 이수하고 자격을 취득하여 교원이 되는 분도 많고, 교원채용시험 합격자는 약 2000명(2020년 3500명 이상)이 넘습니다. 고학(苦學)을 거듭하고 사회적 경험도 풍부해서 어려운 교육현장에서도 끈질기게 개성을 발휘하고 신뢰를 얻는 선생님들이 수없이 빛을 발하고 있습니다.

바야흐로 명실공히 일본의 대학으로서는 최고의 통신교육이 된 사실이 진심으로 기쁩니다. 또 최근 몇 년은 말레이시아 공개대학교 등 해외 통신교육대학과 교류도 강화했습니다.

마키구치 초대 회장이나 도다 제2대 회장도 통신교육을 중시하셨는데 통신교육부 설치는 대학의 설립 구상을 가다듬기 시작할 때부터 염원이었습니다. 고등교육을 배울 기회는 모든 사람에게 평등하게 열려 있어야 한다는 것이 선사와 은사에게서 이어받은 신념입니다.

그 바람대로 통신교육부에서 실로 폭넓은 연령층의 분들이 예를 들어 어떤 사람은 다망한 일 속에 틈을 내서, 어떤 사람은 육아에 힘쓰면서 또 어떤 사람은 인생의 총 마무리를 장식하며 학문에 도전하고 있습니다.

개리슨 박사도 히크먼 박사도 시대와 환경이 달라도 사람과 사람이 직접 얼굴을 맞대는 '인간적인 접촉'이 소중하다는 점을 함께 지적하셨습니다. 저도 이 생각에 전적으로 동감입니다.

소카대의 통신교육에서는 하계와 추계 스쿨링에 일본 각지를 비롯해 세계 각지에서 수강생이 캠퍼스로 모입니다. 이 스쿨링은 통신교육생들이 우호를 다지며 함께 배우는 소중한 촉발의 장이 되고 있고, 매회 많은 분이 즐겁게 참여하십니다. 역시 이런 인간적인 교류가 모든 이에게 큰 격려와 버팀목이 되고 힘이 되는 것 같습니다.

히크먼　소카대학교의 선견지명은 크게 상찬받아야 마땅합니다. 앞으로 교육의 바람직한 모습을 생각하면 통신교육은 중요도가 점점 높아질 것입니다.

지역사회는 평생학습의 무대

이케다　계속 배우는 사람에게는 진보가 있습니다. '지(知)'의 발견에는 인생의 기쁨이 있습니다.

그래서 평생학습과 평생교육을 구체적으로 추진하는 데 다양한 측면에서 중요한 무대가 되는 곳이 '지역'입니다. 듀이 박사는 교육을 '단지 학교교육이라는 의미뿐 아니라 공동사회가 그 구성원의 성향과 신념을 형성하는'[30] 것으로 보았습니다.

지역사회의 평생교육과 평생학습을 위한 환경을 충실하게 갖추는 일은 지역의 교육력을 종합적으로 높이고 나아가서는 학교교육의 수준을 더욱 다각적으로 향상시키는 결과로도 이어질 것입니다. 이는 '교육을 위한 사회'의 기반 조성에도 크게 기여하게 됩니다.

가까운 곳에서부터 평생교육을 충실하게 하는 일은 향후 교육의 과제임과 동시에 지역사회의 커다란 도전이자 희망이기도 하지 않을까요.

히크먼 이케다 회장은 교육과 사회기관이나 제도 등의 발전과 관련성에 관해서 중요한 지적을 하셨습니다. 듀이는 사회기관의 재구축은 계속 추진해야 할 프로젝트이고 어디쯤에서 완결하는 성격의 것이 아니며 또 그 주요한 원동력 중 하나가 학교라고 믿었습니다.

따라서 듀이는 '유소년기는 어른이 되기 위한 준비기간' 그리고 '교육은 우리를 다른 사람들에게서 자립시키기 위해 존재한다'고 아직도 많은 사람이 생각하는 두 가지 사고방식을 거부했습니다.

듀이는 '성장', 다시 말해 '경험'을 계속 재구축하는 일이야말로 교육의 유일하고 정당한 목적이라고 생각했습니다.

개리슨 듀이는《공중과 그 문제》끝머리에 "우리는 무한한 지성의 품에 감싸여 있다"[30]는 에머슨의 확신을 말한 뒤, 이렇게 끝맺었습니다.

"지성이 지역적 공동사회를 그 매개체로 하여 소유하는 데 이르기까지 지성은 잠재적인 성격에 그치고, 그 전달도 어중간하고 불명확한 데다 약하디약한 것에 머물러 있다."[30]

지역에 뿌리내리고 주민이 직접 얼굴과 얼굴을 맞대는 듯한 공동사회야말로 모든 '공중'을 형성하고 유지하기 위해서는 필요불가결함을 듀이는 확신했습니다. 여기서 그가 말하는 '공중' 안에는 통신교육과 공동체, SGI와 같은 단체도 포함되겠지요.

또 듀이는 '창조적 민주주의 – 우리 눈앞의 과제'라는 제목의 논문 속에서 이렇게 말했습니다.

"최근에 나는 이런 기분이 든다. 다시 말해 민주주의의 핵심을 이루는 것, 그리고 최종적으로 민주주의를 보증하는 것. 그것은 다름 아닌 검열받지 않고 자유롭게 쓰여진 그날의 뉴스를 읽은 이웃들이 길거리에서 이러쿵저러쿵 주고받는 거리낌없는 모임 속에 있다. 또 각 가정의 거실과 아파트의 한 방에서 친구들이 자유롭고 활달하게 대화를 나누는 화기애애한 모임 안에 있다."[31](취의)

창가학회는 실로 그런 모임에서 출발했습니다. 이케다 회장이 도다 조세이 회장을 만난 것도 그런 모임이었지요.

저는 민주주의를 보증하는 것은 동시에 미래 SGI의 발전과 번영도 보증하리라 생각합니다.

좌담회는 평화·문화·교육운동의 기둥

히크먼 운좋게 저는 이제껏 SGI의 회관을 몇 번 방문했고, 뉴욕문화회관과 시카고와 로스앤젤레스 회관에서는 강연도 했습니다.

각지에 있는 이런 SGI의 회관에 관해 저는 '지역사회의 유대를 강화하는 시설'로 박수를 보내고 싶습니다. 저는 이런 회관이 듀이가 마음속에 그린 인간의 성장과 지역발전에 기여하는 공공시설의 모범사례처럼 여겨집니다. 듀이가 창설하기 원하고, 발전시키고 싶다고 희망한 것은 실로 이런 '장(場)'이었습니다.

또 듀이가 성장을 바란 것은 개리슨 박사도 언급하신 '공중'이라 이름 붙인 존재였습니다.

'공중'은 어떻게든 설명할 수 있지만 듀이가 중요하다 여긴 두 가지 측면이 있습니다.

그 하나는 '공중'은 스스로 이룩하고 싶은 바람과 자신의 목표와 목적을 명확히 자각하는 자세가 필요하다는 점입니다.

그리고 또 하나가 '공중'은 다른 '공중'과 성공적으로 연계할 수 있어야 한다는 점이었습니다.

SGI의 회관에는 이 두 가지 방향성이 분명히 나타나 있습니다. 앞서도 언급했지만 SGI의 회관은 인간이 단순히 가치를

'이끌어내는 사람'이 되는 데 그치지 않고 가치를 '창조하는 사람'이 되는 소중함을 깊이 배울 수 있는 장소라고 말씀드리고 싶습니다.

이케다 지역사회에서 우리의 운동이 갖는 의의와 회관의 사명을 정확하게 표현해주셔서 깊이 감사드립니다.

개리슨 박사가 말씀하신 대로 SGI는 지역에서 자유롭고 활달한 대화의 장으로써 매달 '좌담회'를 열고 있습니다. 좌담회는 우리가 평화·문화·교육분야에서 민중운동을 추진하는 기둥입니다.

제2차 세계대전이 끝난 2년 뒤 여름, 나는 도다 선생님과 이 좌담회에서 처음 만났습니다. 그 대화의 자리에서 당시 고민을 솔직하게 질문한 일은 전에도 말씀드린 대로입니다.

그날 좌담회에서 도다 회장이 강의하신 '입정안국론(立正安國論)'의 내용 등은 충분히 이해하지 못했지만, 젊은 제 질문에 도다 회장이 해준 명쾌하고 확신에 찬 대답에서 확실한 정의와 밝은 희망을 직관했습니다. 이분 밑에서 배우자고 마음을 정했습니다.

좌담회는 전쟁이 일어나기 전에 마키구치 회장이 시작했는데, 마키구치 회장은 이 모임의 의의를 신앙의 측면뿐 아니라 교육적 측면에서도 중시했습니다.

어떤 청년이 마키구치 회장에게 "좌담회가 아니라 더 규모가 큰 강연회 형식으로 하는 편이 낫지 않을까요?"라고 질문한 적이 있습니다.

그때 마키구치 회장은 "아니, 그렇지 않다. 인생에 대한 문제는 대화가 아니고서는 상대에게 통하지 않는다. 강연만으로는 듣는 쪽이 남의 일이라고밖에 느끼지 않는 법이다"라고 대답하셨습니다.

마키구치 초대 회장이나 도다 제2대 회장도 참으로 의의 있는 일대일 대화와 교류를 통해 민중이 현명해지고, 강해지기를 바라 마지않으셨습니다.

인간과 인간의 살아 있는 마음의 교류가 얼마나 민중의 생명을 깊이 이어주고 소생시키고 그리고 건전한 지역사회를 구축하는지, 학회의 좌담회운동이 갖는 의의 중 하나도 실로 거기에 있다고 생각합니다.

히크먼 '좌담회'가 교육적인 측면을 갖는 점은 매우 중요하다고 생각합니다.

또 '좌담회'를 의의 있고 유효하게 하려면 다양한 과제에 진취적으로 대처하는 사람들이 모이는 장으로 하고 그런 도전을 뒷받침하는 조직적인 체제를 갖추는 일이 필요하지 않을까요. 그렇지 않으면 회합이 통합되지 않고 그 자리로만 끝나버릴까 염려됩니다.

교육은 문제해결의 근원적인 힘

이케다 맞습니다. 모두 기뻐하며 전진하고 함께 성장하려면 지역에서 다양한 지원과 사람들의 협력이 필요해집니다. 창가학회의 조직도 그러기 위해서 존재합니다. 그것은 '인간을 위한 조직'이고 '한 사람 한 사람의 행복을 위한 조직'입니다.

어쨌든 앞으로의 사회에서는 지역공동체의 역할, 지역의 교육력과 지역의 대화 네트워크가 더욱 중요해지겠지요.

앞서 말씀드렸지만 듀이 박사가 '랜드스쿨'에서 강연하신 무렵 일본도 세계공황의 여파로 동란의 시대를 맞았습니다.

그런 속에서 마키구치 회장은 1930년 필생의 대작인《창가교육학체계》(제1권) 발간에 즈음해 당시의 심정을 이렇게 쓰셨습니다.

"입학난, 입시 지옥, 취업난 등으로 천만 명이나 되는 아동과 학생이 아수라장과 같은 상황에서 괴로워하고 있는 현대의 문제를 다음 세대에 절대로 물려주면 안 된다고 생각하니 마음이 미칠 것 같아 시시한 훼예포폄(毁譽褒貶) 같은 것은 안중에도 없다."[2]

세상의 격랑 속에서 신음하는 청소년을 생각하니 '마음이 미칠 것 같아' - 이것이 '창가교육의 아버지'가 품은 마음이었습니다.

듀이 박사와 마찬가지로 마키구치 회장도 또한 혼미한 사회를 근본부터 재건하려면 교육의 힘뿐이라고 생각했습니다. '창가교육학회' 다시 말해 '창가학회'의 전신인 조직을 설립하고 교육의 힘으로 사회를 변혁하고 민중을 구하겠다고 일어섰습니다.

마키구치 회장은 그해 교육 잡지에 이렇게 기고했습니다.

"세상은 정치, 경제, 예술의 각 분야를 통해 근본적인 개혁과 진전을 교육의 힘에 기대를 걸려고 한다. 사회적 모순과 갈등 해결은 근본적인 인간성 개조의 문제이고, 인간성 개조의 종국적인 역할은 결국 교육이 맡아야 한다."[32]

《창가교육학체계》의 발간에는 이 신념이 넘칩니다. 현대사회의 병리라 해도 문제의 근원은 인간에게 있습니다. 인간 자신을 향상시키고, 인간을 성장시키지 않고서는 문제는 해결되지 않습니다. 교육은 그 근원적인 힘이 됩니다.

따라서 듀이 박사와 마키구치 회장의 '교육으로 사회를 다시 세운다'는 뜻을 우리는 더욱더 힘차게 실현했으면 합니다.

두 분과의 대화는 그 미래를 위한 나침반이라고 생각합니다.

히크먼 마키구치 회장의 말에는 실로 선견지명이 있습니다. 이 '지구'라는 점점 취약해지고 오염되어가는 행성에서 우리 인류가 맞닥뜨린 많은 문제를 생각하면 마키구치 회장이 명확히 말씀하신 것처럼 바야흐로 인류 자체가 발본적으로 변화할 필요가 있습니다.

개인 각자의 인생과 지역사회의 처지, 또 사회기관과 제도가 맡아야 할 역할, 나아가서는 생태계의 장기적 보전 등에 관해 인간이 내린 바의, 위태롭고 종종 용납하기 어려운 선택의 결과를 생각한다면 인류는 변할 수밖에 없습니다.

듀이와 마찬가지로 마키구치 회장도 많은 필요한 변혁을 이루려면 가장 넓은 의미에서의 '교육'을 더욱 중시하는 수밖에 없다고 인식하셨습니다.

우리가 나누는 이런 유형의 대화가 수많은 사람들에게 더한층 크게 넓혀져, 이제껏 없던 새로운 사고(思考)가 생겨나고 성장을 위한 새로운 가능성이 넘쳐나, 밝은 미래가 인류에게 열리기를 기대합니다.

　　개리슨　앞서 '좌담회'와 '대화'의 의의가 화제가 되었지만 이 점에 관해 한마디 말씀드리겠습니다.

생각해보면 저는 이 간담을 계속하다 보니 어떤 사실을 깨달았습니다. 그것은 이 대화에서 다룬 논제에 다소의 지식은 있어도 저로서는 전공 외의 주제도 있었다는 점입니다.

그래도 몇 가지 화제에 관해서는 적절하고 가치적인 발언도 할 수 있었습니다.

그리고 마침내 분명히 알게 된 점은 '내가 극히 중요한 인물과 대화를 나누고 있구나. 그 인물은 창가교육 시스템 전체를 만들어내고 두 대학을 설립하고 그런 운영상의 실무를 하나하나 파악하시고 있는 인물이다'라는 사실이었습니다.

실은 저는 이 간담에서 다루는 주제가 대부분 철학적인 문제임을 깨닫기까지 조금 시간이 걸렸습니다.

또 이 간담이 '동양과 서양의 대화'인 점을 깨닫고 충격을 받았습니다. 실제로 듀이의 사고가 얼마나 동양적인지를 깨우치는 것은 매우 흥미 깊은 일입니다.

그리고 이 대담은 늘 구체적인 사항에서 시작하여 보편성을 가진 고도의 통찰로 인도된다는 사실에 정말 깜짝 놀랐습니다.

여담이지만 아주 소중한 경험이라는 생각에 말씀드렸습니다.

이케다　두 선생님은 위대한 석학이시면서 참신한 '향학심'과 왕성하게 '성장하는 생명'이 가득 넘치십니다. 그래서 더더욱 이 간담을 통해 새로운 가치를 창조할 수 있어 저야말로 감사드립니다.

듀이 박사는 평화롭고 행복한 사회의 요건으로 열린 '대화의 정신'과 '민주주의 철학'을 드셨습니다. 그리고 그 신념대로 원기왕성하게 대화의 폭을 넓혀 사람들을 격려하고, 좀 더 나은 민주사회를 만들고자 행동하셨습니다.

다음은 듀이 박사의 '대화의 정신'과 '민주주의 철학'에 관해

다양한 일화도 나누며 여쭤보고 싶습니다.

3장

대화와 민주주의

공생사회를 만드는
'대화'의 힘

듀이의 '대화 철학'

　이케다　위대한 '대화의 명수'는 '잘 듣는 사람'입니다. 다시 말해 마음을 열고 '귀를 기울이는 사람'입니다. 듀이 박사는 그 훌륭한 모범입니다.

미국의 작가 제임스 토머스 패럴*은 박사와 나눈 추억을 되돌아보면서 이렇게 말했습니다.

"듀이의 재미있는 특징 중 하나는 늘 청년에게 귀를 기울이려고 한 점입니다. 듀이는 어느 청년에게나 무척 친절했습니다. (중략) 저는 듀이만큼 (남의 이야기에) 귀를 기울이는 철학자를 본 적이 없습니다. (중략) 정말 듀이는 첫째도 둘째도 셋째도 들으려고 했습니다."[1]

듀이 박사는 서민이나 청년들과 스스럼없이 대화를 나누고 폭넓게 소통하면서 한 사람 한 사람을 인격의 빛으로 계발했습니다.

히크먼 박사와 개리슨 박사 또한 박사의 이러한 대화의 정신을 생생히 계승하고 있습니다. 일본에서도 청년과 학생들 속으로 뛰어들어 절묘한 대화의 드라마를 펼치셨습니다.

모두 여기에 듀이 박사가 관철한 '대화의 철학'의 진수가 있다고 감탄했습니다.

그래서 이번에는 듀이 박사가 어떠한 신념으로 거듭 '대화'를 했는지, 그 '대화의 철학'에 대해 이야기 나누고자 합니다.

개리슨 듀이는 《경험으로서의 예술》에서 이렇게 말했습니다.

"언어는 말하는 사람뿐 아니라 듣는 사람이 있어야 비로소 성립한다. 듣는 사람은 반드시 필요한 파트너다."[2]

듀이는 자신이 민주적 대화 이론에서 말한 것을 스스로 실천했습니다. 듀이는 사소한 일로 의기소침하거나 흥분하지 않았습니다.

또 듀이가 사람들과 교류할 때 가장 중시한 것은 넓은 마음과 지적인 솔직함이었습니다.

듀이는 개인적인 대화를 나눌 때는 상대에게 진심을 담아 말하고, 공적인 토론을 벌일 때는 대체로 대립적인 어조를 삼갔습니다. 그래서 듀이와 다른 견해를 가진 사람들도 누구와도 기탄없이 대화하는 듀이의 '대화의 개방성'에 경의를 표했습니다.

요컨대 듀이의 매력은 일상의 현실적인 지혜에서 나오는 '상식'에 있었다고 생각합니다. 듀이는 자신의 이론에서 언급한 여러 미덕을 자기 인격 속에서 구현했습니다.

이케다 자신의 철학을 스스로 실천하고 그 인격과 행동을 통해 체현하는 듀이 박사야말로 진정한 인간철학자였다는 가장 큰 증거입니다.

박사는 이른바 까탈스러운 '철학자'의 이미지와는 정반대의 사람이었다고 할 수 있겠지요.

히크먼 맞습니다. 확실히 철학자라고 하면 일반사회와 동떨어진 이론 세계에 틀어박혀 자기들끼리만 이야기하는 듯한 인물이 많습니다. 그러나 이케다 회장이 지적하셨듯이 듀이는 그러한 철학자의 이미지와는 전혀 다른 인물이었습니다.

잘 아시는 바와 같이 듀이는 다양한 계층과 분야의 사람들과 정면으로 마주했습니다. 예를 들면 학교 학생들에게는 인간주의적인 교육학을 개척한 인물로서, 또 대학의 동료들에게는 학문적인 철학의 개혁을 추구하는 인물로서 영향력을 발휘했습니다.

그리고 뜻을 함께하는 정치개혁자들에게는 파시즘*과 스탈린주의[*]라는 한 쌍의 해악(害惡) 사이에서 건설적인 길을 나아가는 인물로서 개혁의 방향을 제시했습니다.

또 아마 이 점이 가장 중요하다고 생각하지만, 극히 평범한 소년소녀들과 어른들에게는 여러 복잡한 문제에 대해 조언하고 명쾌하게 설명할 수 있는 인물로서 다가갔습니다.

듀이는 강연자로서도 집필자로서도 인기가 많았는데, 주고받은 편지 기록에 따르면 몹시 바쁜 나날을 보내면서도 고교생과 일반인 등 많은 사람과 편지를 주고받았습니다.

한 가지 주목할 만한 예로 듀이가 미 육군의 한 병사에게 쓴 편지가 있습니다. 그 편지에는 듀이의 종교관이 단적으로 나타나 있다고 말하는 연구자도 있습니다.

이케다　그야말로 온 힘을 다해 한 사람 한 사람을 격려했군요. 듀이 박사의 성실함과 따뜻한 인간성이 잘 느껴집니다.

박사의 소탈한 인품을 나타내는 재미있는 일화는 많습니다. 예를 들면 박사가 말년에 어느 별장에서 지낼 때의 일입니다. 별장 농장에서 닭을 많이 길렀는데, 듀이 박사는 채집한 달걀을 근처에 사는 사람들에게 나눠주었습니다.

하루는 고용한 농부가 쉬는 날이라 듀이 박사가 직접 달걀을 나눠주러 다녔습니다. 어느 부잣집 부인이 헐렁한 바지를 입은 박사를 보더니 이렇게 말했습니다.

"아, 늘 오시는 분은 오늘 쉬나요? 그래서 듀이농장에서 달걀을 나눠주러 할아버지를 한 분 보냈군요."

박사는 '자신이 듀이'라고는 밝히지 않았습니다. 훗날 이 부잣집 부인의 집으로 듀이 박사가 식사에 초대되었습니다. 박사를 맞이하자, 그 부인은 깜짝 놀라며 이렇게 말했다고 합니다.

"어머나, 달걀장수 아니신가요!" (웃음)[3]

그때 듀이 박사가 얼마나 유쾌한 웃음을 지었을지 눈에 선합니다.

박사는 결코 자신을 꾸미거나 뽐내지 않는 사람이었습니다. 사람들 속으로 헤집고 들어가 이야기꽃을 피웠습니다.

저는 그것이 결과적으로 박사 자신의 철학을 더욱 깊고 단단하게 만들고, 더욱 크게 넓히지 않았을까 생각합니다.

제 스승인 도다 제2대 회장도 호방하고 활달한 성격으로 이른바 종교지도자라는 이미지와는 거리가 멀었습니다. 늘 서민의 고뇌에 귀를 기울이면서 유머 넘치는 말로 사람들을 격려하고 청년을 육성한 '대화의 명수'였습니다.

심원하고 난해한 불법(佛法) 철리도 선생님이 말씀하시면 인생과 생활에 직결되어 모든 사람의 마음에 와닿았습니다. 누구나 진심으로 공감하고, 그것이 깊은 확신과 결의가 되어 한 사람 한 사람이 용기를 일으켰습니다.

불전(佛典)에는 "사람이 무엇을 가르친다는 것은 무거운 수레에 기름을 칠하여 움직이기 쉽게 하고, 배를 물에 띄워 움직이기 쉽게 하는 것과 같다"(《어서》 1,574쪽, 취의)고 씌어 있습니다. 도다 회장은 바로 그러한 지도의 달인이었습니다.

어쨌든 인간애가 빛나는 '열린 인격'이야말로 창조적인 대화를 위한 중요한 자질 중 하나일 것입니다.

두 분은 듀이 박사가 이러한 인격을 연마하고 기를 수 있던 요인이 무엇이라고 생각하십니까?

듀이의 인격을 기른 것

개리슨   좋은 기회이므로 그러한 측면에서 듀이의 인생을 다시 한번 되돌아보고자 합니다.

듀이는 자신의 내면을 드러내는 일이 좀처럼 없었습니다. 그래서 자기자신에 대해서나 자신의 성장 과정에 대해서는 사람들에게 거의 말하지 않았고, 출판물 속에서도 자전적인 저술은 단 두 군데밖에 보이지 않습니다. 그럼 하나하나 중요한 사항을 살펴보겠습니다.

첫째, 듀이는 '절대주의에서 실험주의로'라는 논문에서 "뉴잉글랜드문화의 유산을 받아들이면서 내 마음에 스며들었다고 생각하는 분단과 격리의 감각(자아를 세계에서 격리시키고, 영혼을 육체에서 분리시키고, 자연을 신에게서 분단시킨 것)은 견딜 수 없는 억압을 가져다주었다기보다 내면을 심하게 손상시켰다"고 술회하며, 토머스 헉슬리의 생리학설을 읽고 '상호의존성'이나 '상호관련적인 통일'이라는 개념에서 감명을 받은 것이 그 뒤 사색의 기본이 되어 자신이 입은 내면의 상처를 치유해주었다고 말했습니다.[4]

각각의 요소가 서로 긴밀하게 관계하여 하나의 통일체를 형성한다는 이러한 유기적인 사고방식은 시인인 새뮤얼 테일러 콜리지*, 철학자인 헤겔과 윌리엄 제임스의 저작에도 반복적으로 나오는 사고방식입니다.

듀이는 이러한 시인과 철학자에게서도 큰 지적 영향을 받았다고 말했습니다.

둘째, 딸 제인이 편찬한 《존 듀이전》에도 소년 시절의 환경이 듀이의 인격 형성에 큰 역할을 한 경위가 씌어 있습니다.

듀이는 소년 시절부터 청년 시절에 걸쳐 집안살림을 돕기 위해 책임감을 갖고 여러 직업에 종사했습니다. 그것은 언뜻 보기에 그다지 중요하지 않은 것처럼 생각하기 쉽지만, 듀이 자신은 《민주주의와 교육》에서 "(직업을 위한 교육이 아닌) 직업을 통해 받는 교육이야말로 최선의 교육"[5](취의)이라고 명확히 말했습니다.

이것은 철학에 대해 듀이가 내린 정의를 생각할 때 더욱 깊은 의미가 있습니다. 듀이는 "철학은 교육의 일반이론이라고까지 정의할 수 있다"[5]고 말했습니다.

이케다 회장이 말씀하신 대로 듀이는 '행동하는 철학자'였습니다. 평범한 하루하루의 일에서 최대의 지혜를 찾아냈습니다. 인간은 그러한 일상적인 일에서 인생의 고난을 극복하는 길을 배우는 법입니다.

이케다　중요한 점은 사람들이 희망을 갖고 삶의 현실에 용감하게 맞서는 것입니다. 그러기 위한 지혜의 원천이 되는 철학이야말로 민중이 바란 것입니다. 듀이 박사는 민중의 대지에서 서민과 고락을 함께하면서 인간을 위한 철학을 직접 만들어 가르쳤다고 해도 좋을 것입니다.

저는 마키구치 초대 회장과 도다 제2대 회장이 듀이 박사를 존경한 이유를 잘 압니다.

또 '직업을 통해 받는 교육이야말로 최선의 교육'이라는 박사의 사상도 중요합니다. 일하는 데서 보람을 찾고 일을 통해 배우고 성장하여 사람들과 사회를 위해 힘쓴다, 이러한 사회적 실천에 빛을 비춘 교육은 가치창조와 충실한 인생으로 이어집니다. 그것은 지금까지 이야기를 나눈 마키구치 회장의 '반나절 학교제도' 정신과도 깊이 공명합니다.

개리슨　듀이의 인격을 형성한 또 하나의 측면은 부모에게서 받은 영향입니다.

이전에도 언급했지만, 듀이에게 강한 사회적 책임감을 심어

준 사람은 듀이의 어머니입니다. 한편 듀이의 아버지는 사교적인 상인으로 지역 사람들의 사랑을 많이 받았습니다. 듀이가 소년 시절을 보낸 버몬트주 벌링턴은 이미 공업도시로 발전하여 계층도 민족도 종교도 다종다양한 도시로 바뀌어 있었습니다. 그리고 듀이가 청년 시절에 일한 호수 주변지역에는 아일랜드인과 프랑스계 캐나다인 노동자들이 살고 있었습니다.

듀이는 활발하면서도 내성적인 소년으로 어려서부터 남의 이야기에 귀를 기울이는, 듣기의 명수였습니다. 듀이는 자신이 민주주의의 훌륭함을 배운 곳은 바로 이 벌링턴이라는 도시였다고 말했습니다.

히크먼　지금 개리슨 박사가 말한 내용과 조금 겹치지만, 듀이가 '열린 인격'을 기른 배경에 대해 몇 가지 요소를 중심으로 살펴보고자 합니다.

첫째, 앞서 말한 듀이가 뉴잉글랜드지방의 '타운 미팅'이라는 훌륭한 전통을 이어받았다는 점입니다.

'타운 미팅'은 '얼굴과 얼굴을 맞댄 커뮤니케이션'에 뿌리를 둔 전통으로 민주주의의 바람직한 모습 중 하나입니다.

둘째, 듀이가 버몬트대학교에 입학할 무렵에는 학생과 교수의 비율이 이상적이어서 학생들은 교수와 대화할 기회를 자유롭게 누릴 수 있었습니다.

유감스럽게도 지금은 대부분의 대학에서 그러한 기회를 누릴 수 없습니다. 한 학급의 학생 수가 200명이 넘는 경우도 많기 때문입니다.

제가 기쁘게 생각하는 점은, SUA에는 학생들이 교수진과 자유롭게 대화할 수 있는 좋은 전통이 있다는 것입니다. 학생 9명에 교수 1명이라는 비율은 상찬할 만합니다.

이케다 감사합니다. 역시 '일대일 대화'가 중요하지요. 여기에서 무한한 가치가 생겨납니다. 또 저도 소단위로 소통하는 교육을 더욱 중시해야 한다고 생각합니다.

조금 전에 '타운 미팅'을 언급하셨는데, 요 몇 해 사이 이러한 주민참가형 민주주의의 전통은 일본에서도 지방자치의 중요성과 함께 다시 주목받고 있습니다.

듀이 소년은 주민들이 서로 활발하게 대화하는 '타운 미팅', 다시 말해 '풀뿌리 민주주의'의 숨결을 자유롭게 호흡하면서 '열린 대화'의 정신을 몸에 익힌 셈이군요.

히크먼 그렇습니다.

셋째, 듀이의 아내 앨리스 듀이의 영향력입니다. 앨리스는 미국의 원주민을 존경하고, 그 문화적인 공헌을 존중하는 환경에서 자랐습니다.

넷째, 듀이의 절친한 벗인 제인 애덤스의 삶에서 배운 깊은 통찰이었습니다. 애덤스는 대화를 방해하는 그 어떤 어려운 장애도 이겨낼 수 있는 여성이었습니다.

애덤스는 세틀먼트 하우스(인보관)를 설립하여 19세기 말부터 20세기 초까지 수십 년에 걸쳐 시카고에 유입된 이주민의 물결을 맞이했는데, 애덤스는 다른 사람의 의견을 귀담아 듣는 것이 얼마나 중요한지, 문화의 차이를 존중하는 것이 얼마나 중요한지를 듀이에게 알려주었습니다.

또 듀이가 1919년부터 1921년까지 26개월 동안 중국에 머무를 때 적극적으로 '대화'를 실천한 것도 매우 중요한 결과를 가져왔습니다. 듀이가 보여준 '대화'의 자세가 큰 역할을 하여 중국 방문은 성공했습니다.

　　이케다　　듀이 박사는 근대 중국의 발전에 큰 영향을 미친 미국의 지성 중 한 사람으로도 아주 유명합니다.

저는 중국의 저명한 역사가인 장카이위안(章開沅)* 박사와도 대담을 나누었습니다. 장 박사는 미국에서 듀이 박사에게 가르침을 받은 교육자 타오싱즈(陶行知)*가 듀이철학의 '교육즉생활', '학교즉사회' 사상을 '생활즉교육', '사회즉학교'로 발전시키고 민중교육을 통해 중국을 근대화시켰다고 논했습니다.[6]

혁명 전야의 중국에서 듀이 박사는 각지를 돌며 200회가 넘는 강연을 했다고 합니다. 또 박사는 적극적인 대화와 창조적인 '커뮤니케이션(의사소통)'을 유념하면서 많은 청년을 계발하고, 격려하고, 용기를 북돋워 주어 중국 사회에 새로운 교육사상의 숨결을 불어넣었습니다. 이것은 매우 중요하다고 생각합니다.

듀이 박사는 이러한 대화를 통한 '커뮤니케이션'의 의의에 대해 어떻게 생각했습니까?

대화야말로 가장 좋은 커뮤니케이션

개리슨　듀이는 저작《경험과 자연》에서 "모든 영위 중에서 커뮤니케이션만큼 경이로운 것은 없다"며 커뮤니케이션이 이루어질 때 "모든 자연현상은 재고(再考)와 수정(修正)을 할 수밖에 없다"는 유명한 말을 남겼습니다.[7]

듀이에 따르면 인간에게 사고력이 있다는 말은 마음에 무언가 '의미'를 품는다는 것이고, 그 '의미'는 '언어를 통한 커뮤니케이션'에서 나타납니다.

이런 종류의 커뮤니케이션은 두 사람 이상의 인간(사회적 존재)이 자신들 이외의 제3의 사물이나 인간에 관해 결과적으로 행동을 통한 일치를 본다는 사실을 함축합니다.

우리는 자신의 사고나 자아를 타인의 세계관을 받아들이는 능력에 의존하고 있습니다. 그렇기 때문에 인간의 행복을 위해서는 좋은 커뮤니케이션이 반드시 필요합니다.

이러한 언어를 통한 커뮤니케이션에서 '대화'가 가장 좋은 방법임은 말할 필요도 없습니다.

듀이는 '민주주의를 가늠하는 기준은 자유롭고 열린 커뮤니케이션에 있다'고 믿었습니다. 만약 인간의 영위 속에 커뮤니케이션에 제약을 가하는 요소가 있다면, 그것은 민주주의를 제약하는 것이나 다름없습니다.

듀이는 '대화'나 '학문적 탐구'를 포함한 '탐구'도 똑같이 민주주의의 기준이 된다고 생각했습니다.

히크먼   《경험과 자연》은 듀이의 주요 저서 중 하나로 1925년에 발간했습니다. 개리슨 박사가 그 한 구절을 앞서 소개했는데, 제5장의 첫머리는 다음과 같은 문장으로 시작합니다.

"모든 영위 중에서 커뮤니케이션만큼 경이로운 것은 없다. 사물이 외부에서 밀어내고 끌어당기는 차원에서 인간에게 나아가 그들 자신에게도 내면의 본질을 밝히는 차원으로 변화할 수 있다는 점, 그리고 커뮤니케이션이 참여와 공유라는 성과를 낳는다는 점은 전질변화(全質變化)*조차 그 빛이 바랠 만큼 경이롭다."[7]

여기에서 듀이가 말하고자 한 것은 극히 단순한 측면과 복잡한 측면의 양면을 포함하고 있습니다. 단순한 측면을 말하자면 '대화'에 참여하여 서로 이야기를 주고받는 것은 매우 생산적인 행위이며 예수 그리스도가 행한 기적(전질변화)조차 그 빛이 바랠 만큼 굉장한 일이라는 것입니다.

더 복잡한 측면을 말하자면 '커뮤니케이션'은 인간과 인간 이외의 자연(생물뿐 아니라 무생물도 포함)과의 계보적인 관계를 확립하는 작업이라는 것입니다.

인간의 지력이 나타나야 비로소 자연은 그 자체의 사고능력을 갖게 된다고 듀이가 말한 것은 바로 이 후자의 의미에서입니다.

커뮤니케이션은 인간 이외의 자연에도 있지만 '대화', 다시 말해 자신을 다른 사람의 처지에 놓고 다른 사람의 처지에서 자신을 응시하는 능력은 역시 인간에게만 주어진 독자적인 능력입니다. 그렇게 생각하면 우리 인간에게는 매우 큰 책임이 있다고 할 수 있습니다.

듀이가 자신을 찾아온 거의 모든 사람과 '대화'하고자 노력한 것은 잘 알려진 사실입니다.

커뮤니케이션과 불법의 연기관

이케다 매우 시사적인 이야기입니다. 대화와 커뮤니케이션의 여러 의의에 대해 말씀해주셨습니다.

불법의 연기관(緣起觀)에 대해서는 이전에도 언급했는데, 불법

에서는 모든 생명이 서로 영향을 주고받으면서 불가분으로
연결되어 있다고 설합니다.

그리고 '의정불이(依正不二)'라고 해서 '정(正, 정보, 正報)', 인간과
같은 생명활동을 영위하는 주체와 '의(依, 의보, 依報)', 그 주체의
기반이 되는 환경이 '불이(不二)'라는 것, 다시 말해 '둘이면서
둘이 아닌' 일체(一體)의 관계에 있다는 것을 밝혔습니다. 이
것은 현상면에서는 구별되지만, 그 근원적인 차원에서는 일
체라는 의미입니다. 생명은 순간순간 이 '의정불이'의 법칙에
따라 서로 작용하면서 변화합니다.

우리 생명은 인간과의 관계, 사회와의 관계, 그리고 자연과의
관계 등 모든 환경과의 관계 속에서 서로 영향을 주고받습니
다. 어떤 의미에서는 생명과 생명의 '커뮤니케이션'을 주고받
으면서 계속 변화하고 있습니다.

그러한 변화 속에서 가치창조의 '커뮤니케이션'을 구축하면
서 모든 것을 성장과 행복의 방향으로 발전시킨다, 의정불이
의 법리는 이것을 가리킵니다.

듀이 박사는 "행성은 태양계 안에서 운행된다", "인간의 정신
도 다른 사람과의 교류와 상호 커뮤니케이션을 통해 성장한
다"[8]고 통찰했습니다.

박사 또한 만물의 장대한 연관 속에서 '커뮤니케이션'의 의
의를 파악했다는 사실을 잘 알 수 있습니다.

동양을 깊이 동경한 민주주의의 시인 휘트먼*도 만물의 불가
사의한 관계를 이렇게 소리 높여 말했습니다.

"전체가 인연의 실로 하나로 엮여 있음에도 하나하나가 또렷
이 자기자신으로 존재한다."[9]

만물도 인간사회도 서로 영향을 주고받는 불가분의 관계에
있기 때문에 더 좋은 '커뮤니케이션'이 더욱 중요하다고 할
수 있겠지요.

  개리슨 듀이가 그랬듯이 저도 휘트먼을 참 좋아합니다.
듀이는 휘트먼과 마찬가지로 일상의 커뮤니케이션에서 나타
나는 모든 현상에 대해 경외심을 품었습니다. 듀이는 인간끼
리 얼굴과 얼굴을 맞대고 나누는 대화를 '민주주의의 성채'
로서 특히 중시했습니다.

  이케다 '일대일 대화야말로 민주주의의 성채다.' 듀이 박
사와 두 박사의 확고한 이 신념은 제 마음에도 깊이 와닿습
니다.

저는 1991년에 통일독일의 바이츠제커* 초대 대통령과 만났
을 때 들은 말을 지금도 잊을 수 없습니다.

"우리 인간은 물질적인 번영뿐 아니라 인간 자신에 대해, 그
리고 인간의 연대와 '함께 살아갈 책임'에 대해 관심을 가져
야 합니다."

동서냉전 아래 같은 민족이 분단되고 서로 반목하던 시대를

경험한 철인지도자의 말씀인 만큼 무게감이 있었습니다.

대통령의 지론은 자본주의와 민주주의 체제 모두 그 자체로는 인간다운 '미덕'이나 '책임감'을 이끌어낼 수 없다는 것이었습니다. 그리고 그것을 이루기 위한 '민중의 역할'을 중시했습니다.

어떠한 사회구조든 그 속에 따뜻한 '인간의 마음'이 서로 통하지 않는다면 이 세상은 살벌해지고 말 것입니다.

인간이 인간으로서 똑같이 존중받고 인간답게 살아갈 수 있는 민주주의 사회와 '공생사회'의 기반을 만들려면, 사람들의 마음과 마음을 하나로 잇고 서로 존중하고 성장시키는 창조적인 '대화'가 필요합니다.

그 냉엄한 냉전시대에 저도 소련과 동독의 많은 분과 교류했습니다. 많은 사람이 동유럽 진영을 적대시하던 시대입니다. 고르바초프* 전(前)대통령, 모스크바대학교 로그노프 전(前)총장*과도 거듭 대화하고 대담집도 발간했습니다.

그러나 같은 인간으로서 만나 솔직하게 대화하면 반드시 마음은 통합니다. 오늘날에는 그토록 견고해 보이던 '철의 장막(帳幕)*'도 '베를린장벽*'도 없습니다. 그렇기 때문에 고정관념에 사로잡히지 않는 인간주의 철학과 대화의 행동이야말로 더욱 중요하지 않을까요.

개리슨 정말 그렇습니다. 무한한 가능성을 간직한, 다원

적으로 변화하는 이 우주에 철학은 깊이 그리고 영속적으로
관계해야 합니다. 요컨대 철학에 필요한 인식은 인간 개개의
존재를 포함한 모든 존재는 물질 덩어리나 고정적인 실체로
이루어지는 것이 아니라, 유동적인 현상으로 이루어진다는
인식입니다.

이렇게 인식하려면 앞서 이케다 회장이 언급하신 불교의 '연
기(緣起)' 개념을 이해할 필요가 있겠지요. 그리고 바람직한
철학은 좋은 관계를 만들어냄으로써 가치창조를 찾는 철학
입니다.

그러한 철학은 고정적이고 절대적인 사고방식에 사로잡히지
않습니다. 그것은 이 세상의 악을 하나의 물질이나 실체로
파악하는 것이 아니라, 오히려 단순한 나쁜 관계성으로 파악
하여 능숙하게 좋은 관계성으로 전환할 수 있다고 믿는 철학
입니다.

사회적인 차원에서 말하자면, 바람직한 철학은 인간 한 사람
한 사람을 이러한 관계성을 맺는 '무엇과도 견줄 수 없는 오
직 하나뿐인 중심점'으로 삼아 소중히 여기는 철학이어야 합
니다. 그것은 또한 인간 한 사람 한 사람이 가진 독자적인 '잠
재능력'은 다른 사람과 '트랜잭션(transaction, 상호교섭)'을 해야
비로소 꽃피울 수 있음을 깊이 인식하는 철학이어야 합니다.
그렇기 때문에 우리는 모든 '차이'를 뛰어넘어 정신적인 평

등성을 주장할 필요가 있습니다. 이러한 철학은 다양한 '차이'를 그저 받아들이는 것만이 아니라, 그 차이를 존중하며 발전시켜야 합니다. 그것은 늘 역동적인 사회적 관계를 추구하면서 창조적인 사회적 행동을 통해 나쁜 관계성을 좋은 관계성으로 전환하여 인간의 고뇌를 없애는 것을 목표로 하는 철학입니다.

이케다   그것이 듀이 박사가 제창한 '창조적 민주주의'를 지탱하는 철학이기도 하지요.

박사에게 '민주주의'는 정치나 사회 체제에 국한되지 않고 더 넓고 깊은 인간의 '삶' 그 자체였습니다.

민족과 종교, 이데올로기 등 여러 차이를 뛰어넘어 인간이 활기차게 타인과 관계하고, 사회와 관계하여 영속적으로 더욱 인간다운 세계를 창조하는 것이었습니다.

'연(緣)'에는 선연(善緣)과 악연(惡緣)의 양면이 있는데, 인간은 주체적 의지를 통해 악연(나쁜 관계성)을 좋은 방향으로 바꿀 수 있습니다. 종교도 인간이 더욱 현명해지고, 더욱 강해지고, 더 나은 삶을 살아가기 위해 있습니다. 제가 1993년 하버드 대학교 강연에서 듀이 박사의 통찰에 입각해 21세기 종교의 커다란 사명을 강조한 것도 바로 이 점이었습니다.

차이를 뛰어넘는 커뮤니케이션의 중요성

히크먼　민주주의의 이상(理想)을 둘러싼 매우 깊은 고찰을 말씀해주셔서 감사합니다.

듀이는 일관되게 민주주의를 일종의 '신앙'으로 간주했습니다. 듀이의 표현을 빌리자면, 인간은 '경험'을 통해 다음 '경험'을 더 질서 있고 풍요롭게 하는 방법을 알아낼 수 있습니다. 민주주의는 그러한 '인간의 능력에 대한 신앙'이라고 생각했습니다.

그것은 초자연적, 또는 비자연적인 권위에 의지할 필요 없이 우리가 개인으로서, 또 공동체로서 '경험'에 내재된 가능성에 대한 신앙을 토대로 더 나은 세계를 창출하기 위해 협력할 수 있음을 뜻합니다. 그리고 그 '경험'을 명확히 하고 변혁하는 것이 민주적인 삶을 살아가는 데 꼭 필요한 생명선이라고 했습니다.

창가학회와 같은 인간주의 종교 단체에는 이러한 인간의 능력에 대한 '신앙'을 명확히 말하고 추진하고, 그리고 회장이 말씀하신 '악연을 좋은 방향으로 바꾸는' 모범을 보이고 노력을 장려해야 할 중요한 역할이 있다고 생각합니다.

요컨대 철학과 종교적 신념, 민주주의와 교육이 지향하는 바는 모두 똑같이 가치를 창조하는 데 있고, 인간의 삶의 질을 높이는 데 있다고 할 수 있습니다.

　　개리슨　'악연'을 '선연'으로 전환하여 인간의 고뇌를 없애려는 철학은 끊임없이 계속 진화하는 다원적인 민주주의를 창도(唱導)하고 선도해야 합니다. 그 민주주의는 서로 다른 역사와 소원을 가진 사람들의 각각의 시대와 장소의 요청에 응해야 합니다.

여기에서는 서로 '차이'를 뛰어넘는 커뮤니케이션이 중요합니다. 그리고 그 커뮤니케이션은 '지식'에 머무는 것이 아니라, 그 속에서 올바른 행동을 이끌어내는 '지혜'를 늘 추구해야 합니다.

그런 의미에서 듀이의 철학은 여기에 열거한 특징을 모두 갖추고 있습니다. 제 한정된 지식에 비추어보면 창가학회의 철학도 이와 같은 특징을 갖추고 있습니다.

그러나 듀이의 프래그머티즘과 창가학회의 철학은 전혀 다른 문화적 토양에서 탄생했습니다. 이러한 사실을 볼 때 지혜는 분명 시대와 장소를 뛰어넘는다고 할 수 있습니다.

듀이의 철학과 창가학회의 사상 사이에는 세세한 점에서는 확실히 많은 차이와 표현상의 차이가 있을 것입니다. 그러나 우리는 지금 이렇게 즐겁게 '대화'를 나누고 있습니다.

창가학회는 중세 일본의 봉건적 엘리트주의에서 니치렌불법의 이념을 추려내어 근본적으로 민주주의적인 특질을 민중의 손으로 되찾았습니다. 그렇기 때문에 저는 그 이념이 듀이의 프래그머티즘에 더욱 가까워졌다고 생각합니다.

'대화'를 통한
분쟁해결의 조류

듀이를 일깨워준 애덤스의 신념

이케다 '세계인권선언' 초안 작성에 참여하신 브라질문학아카데미 아타이드* 전(前)총재가 유언처럼 하신 말씀이 있습니다.

"모든 악의 위협을 이겨내는 것은 '대화'를 통한 상호이해와 연대의 힘이다."(10)

현대사회는 이 대화의 힘이 더욱 요청되고 있습니다.

대화에는 '풀뿌리 대화'부터 이른바 '문명 간 대화'까지 여러 차원이 있지만, 그 전제가 되는 것은 먼저 상대와 대화 테이블에 앉는 것입니다.

그런데 현실적으로는 이것이 굉장히 어렵습니다. 민족과 문화적인 배경 등이 다르고, 서로 다툼을 벌이는 경우에는 특히 그렇습니다.

지금까지 우리는 듀이 박사가 관철한 '대화의 정신'에 대해 이야기를 나누었습니다.

대화를 추진하는 힘에 대해 두 박사는 어떻게 생각하십니까?

히크먼 저도 다문화 간의 '대화'는 어려운 과제라고 생각합니다. 이케다 회장도 자신의 폭넓은 경험을 통해 잘 아시겠지만, 이러한 '대화'에는 엄청난 노력이 필요합니다.

이전에도 말씀드렸지만, 듀이에게 큰 영향을 준 인물 중 한 사람인 제인 애덤스의 활동에서 좋은 교훈을 얻을 수 있다고 생각합니다.

1890년대에 애덤스와 듀이는 시카고를 무대로 함께 활동했습니다. 당시 인간이 대립하는 본질과 그 해결 방법을 고민하던 듀이에게 애덤스의 존재는 매우 큰 도움이 되었습니다. 애덤스가 세틀먼트 하우스 부지로 택한 약 200헥타르(약 60만 평) 규모의 지역에는 4만 4000명이 넘는 사람들이 살고 있었는데, 대부분 외국에서 온 이주민이었습니다. 그 사람들은 약 18개국에서 건너온 사람들로 언어도 생활습관도 다양했습니다.

그래서 애덤스는 언어와 문화의 차이에서 오는 갈등에 대한 대처법은 물론 민족적인 대립이나 이데올로기상의 대립에 대처하는 방법을 찾아야 했습니다.

애덤스가 그곳에서 경험한 실패와 성공은 수많은 국적과 언어 그리고 생활습관이 전에 없이 친숙해지고, 점점 글로벌화(지구일체화)하는 세계를 마주하는 우리에게 중요한 교훈을 줍니다.

이케다 민중과 동고(同苦)하고 민중의 괴로움을 없애고자 힘쓰는 자애로운 여성의 행동은 시간이 지날수록 더욱 사람들에게 깊은 감동을 주고 빛을 발합니다.

듀이 박사도 시카고대학교 동료들과 함께 세틀먼트 하우스에서 펼치는 교육활동에 참여했습니다. 그 활동은 매우 귀중한 경험이었습니다.

애덤스는 20년 넘게 세틀먼트 활동을 하면서 빈곤과 싸우고 사회의 부조리와 싸우며 서로 다른 사람들을 하나로 잇기 위해 힘썼습니다.

"정의를 확립하기 위해 아무리 시간이 걸린다 해도, 또 이를 위해 아무리 어려운 길을 걷는다 해도 정의가 안정될 때까지 멈추면 안 된다."[11] 이 말은 제가 좋아하는 애덤스의 말입니다.

히크먼 듀이는 1894년 10월 10일, 아내 앨리스에게 보낸 편지에 애덤스에 관한 매우 솔직한 생각을 이렇게 썼습니다.

"나는 애덤스에게 이렇게 물었소. '이 세상에는 개인 간의 대립도, 이데올로기 간의 대립도, 제도 간의 대립도 있습니다.

그 대표적인 예가 기독교와 유대교, 노동자와 자본가의 대립이고, 지금으로 말하면 교회와 민주주의의 대립일 것입니다. 진리를 이해하고 성장을 실감하려면 그러한 대립의 존재를 인식해야 한다고 생각하지 않습니까?'

그러자 애덤스는 일언지하에 '아니오'라고 답하고 이렇게 말했소. '본디 사상이나 제도 간의 대립 등은 실제로는 존재하지 않습니다. 그러나 인간이 관여함으로써 개인의 자세나 반응이 투영되고, 그 결과 진의를 이해하게 되기는커녕 그것이 늦춰지고 왜곡되고 맙니다.' 이렇게 말하는 애덤스의 말투는 참으로 태연하고 담담했소.

나는 지금 여기에 애덤스의 모습을 재현할 수 없지만, 만약 그럴 수 있다면 지금까지 본 적이 없을 만큼 훌륭히 표현된 지성 넘치는 도의적 신념이라는 것을 당신도 조금은 이해할 수 있을 것이오."[12]

애덤스 연구로 저명한 메릴린 피셔의 말에 따르면, 애덤스가 듀이에게 가르친 것은 아무것도 모른 채 상상력만을 동원하여 타인의 생활에 개입하려고 하면 비참한 결과를 가져온다는 점이었습니다.[13]

애덤스 자신도 '서로 공감하고 상대를 아는 것이야말로 인간이 안고 있는 문제들을 대처할 때 우리가 취해야 할 유일한 길'[14]이라고 썼습니다.

그리고 말할 필요도 없이 이러한 배려심을 갖고 상대를 아는 것이야말로 듀이가 내세운 교육철학의 핵심입니다.

개리슨 그렇습니다. 듀이는 《윤리학》에서 이렇게 말했습니다.

"공감은 자아를 초월하여 사고를 확장시켜 그 사고의 영역을 보편적인 지점까지 도달시킨다. (중략) 공감은 도덕적 판단이 형태를 갖춰 살아 움직이는 모습이다. (중략) 왜냐하면 그것은 가장 효험이 뚜렷한 지적 관점을 제공해주기 때문이다. 그것은 복잡한 상황을 해결하기 위한 더없이 훌륭한 도구다."[15]

듀이는 분명 애덤스와 거듭 대화를 나눔으로써 이러한 견해에 다다랐겠지요. 히크먼 박사가 지적했듯이 애덤스는 적대 (敵對)와 반목(反目)이 무익하고 유해하며, 또 듀이가 말하는 '가장 효험이 뚜렷한 지적 관점'에 입각하여 대처하면 그러한 것들은 불필요해진다고 생각했습니다.[15]

애덤스는 듀이에게 연구실에 틀어박혀 학문에만 몰두하는 것이 아니라, 시카고 거리에서 실용적인 지성을 실제로 행동에 옮기는 훌륭한 모범을 보여준 것이 아닐까요. 이와 동시에 혜택받지 못한 사람들과 함께 활동하면서 '동정심'과는 전혀 다른 '지적 공감'이 얼마나 중요한지를 듀이에게 인식시켰다고 생각합니다. 이것은 듀이의 마음에 깊이 새겨졌습니다.

역사적인 '벨파스트협정'

이케다 잘 알았습니다. 히크먼 박사가 지적하신 '배려심'과 개리슨 박사가 지적하신 '지적 공감'은 모두 매우 중요한 관점입니다.

애덤스는 제1차 세계대전이라는 동란의 시대를 뛰어넘어 미국 최초의 여성평화단체 '여성평화당(WPP)' 대표로 활약하고, 나아가서는 여성국제평화자유연맹(WILPF) 회장으로서 세계의 여성 연대를 아시아·태평양 지역까지 넓혔습니다.

그러한 평화활동을 펼치면서 1923년 6월에는 일본을 방문하여 위대한 '평화의 어머니'로서 사람들의 열렬한 환영을 받았습니다.

일본에서는 강연 등을 했지만, 피로가 겹쳤겠지요. 유감스럽게도 병으로 쓰러져 잠시 머물다 귀국길에 올라야 했습니다.

그러나 애덤스의 사상과 행동은 일본의 여성·평화운동이 발전하는 데 큰 깨우침과 용기를 주었습니다.

애덤스는 이렇게 말했습니다.

"나는 사람들 사이에, 나라와 나라 사이에 존재하는 정의는 사람과 사람, 나라와 나라의 상호이해가 이루어지고 촉진되어야만 확립된다고 믿는다."[16]

오랜 기간에 걸쳐 거듭 대화하여 민중 간이든 국가 간이든 상대를 이해하고 공감을 나누는 것이야말로 역시 무엇보다 중요하다는 사실을 애덤스는 통감했을 것입니다.

아무리 어려운 상황이라 해도, 또 어려운 상대라 해도 대화의 길을 여는 것이 문제를 해결하는 첫걸음입니다. 이것은 세계의 수많은 지성과 대화를 나눈 저 자신의 결론이기도 합니다.

개리슨　확실히 어떤 상대든 우선 대화 테이블에 앉히는 것이 먼저입니다.

여기서 가장 중요한 점은 초대한 쪽도, 초대받은 쪽도 서로 경의를 표하고 우호적인 환대의 마음으로 모든 것을 생각하는 것입니다. 또 어떤 상대든 억지로 무리하게 대화에 끌어들이는 난폭한 방식은 삼가야 할 것입니다. 왜냐하면 폭력은 폭력을 영속화할 뿐이기 때문입니다.

때로는 폭력 악화를 막기 위해 일시적으로 힘을 통한 중재, 예를 들어 군사행동에 나서는 경우가 있을지도 모르지만 최대한 억제하며 대처하고 조속히 화해를 꾀해야 합니다.

그러한 중재의 한 예로 '북아일랜드분쟁*'의 화해는 전 세계에 희망의 빛을 보냈습니다.

북아일랜드분쟁은 가톨릭계 주민과 프로테스탄트계 주민의 종교 간 대립이 얽힌 분쟁이지만, 간접적인 원인을 거슬러 올라가면 더욱 심각하고 복잡한 몇백 년의 역사가 배경에 있었습니다.

그러나 1993년 12월 15일에 화해의 공동선언을 발표한 뒤 사태는 크게 호전됐습니다. 1998년 4월에는 역사적인 '벨파스트협정'이 실현되어 자치정부와 의회가 설치되었습니다.

이케다 예. 획기적인 평화의 포석이 되었습니다. 북아일랜드에서 이어진 뿌리 깊은 대립은 20세기 들어, 특히 1960년대 말부터는 손을 쓸 수 없을 정도로 심각해져 증오로 가득 찬 극심한 테러행위가 오갔습니다.

그것이 근래에 이르러 지역주민의 의사를 존중하고 관계자의 주장에 끈기 있게 귀를 기울이는 '대화노선'을 추진하면서 역사적인 합의를 이루어내고 평화라는 성과를 착실히 쌓았습니다. 이것은 위대한 비폭력의 승리이자 용감한 대화의 승리라고 해도 좋을 것입니다.

하루라도 빨리 분쟁이 해결되기를 기원하고 이를 호소한 아일랜드와 영국의 SGI 동지들도 함께 기쁨을 나누었습니다.

2009년 5월에는 북아일랜드의 벨파스트퀸스대학교 그렉슨 총장 일행을 소카대학교에 맞이했습니다.

퀸스대학교는 분쟁을 종결하고 평화를 전진시키는 데 크게 공헌한 학부입니다.

총장은 긴 분쟁 중에도 해마다 지역 주민들의 마음과 마음을 잇는 예술제 '벨파스트페스티벌'을 개최한 점을 예로 들며

'문화와 예술은 평화를 건설하는 위대한 요소'라고 말씀하셨습니다.

평화를 중재하는 데 큰 역할을 한 이 대학의 조지 미첼* 전(前)총장과는 지금까지 저도 편지를 주고받는 등 거듭 교류했습니다.

미첼 전(前)총장은 '분쟁은 인간이 일으키는 것이기에 반드시 인간이 종결시킬 수 있다'는 확신을 갖고 끈기 있게 대화를 지속한 분입니다.

　　개리슨　어떤 일이든 시대와 장소에 따라 사정은 다르겠지만 '벨파스트협정'이라는 이 훌륭한 협정은 다음과 같은 일반론으로 종합해볼 수 있지 않을까요. 앞서 저는 어떤 상대든 우선 대화 테이블에 앉히는 것이 먼저라고 말씀드렸는데, 아일랜드의 사례는 지금 바로 세계 각지의 분쟁에 적용할 수 있는 점이 여러 가지 있다고 생각합니다.

첫째, 대다수 민중이 분쟁 종결을 바라고 이를 위한 용기와 결의를 나타내야 한다.

둘째, 폭력은 결코 분쟁 해결을 가져오지 않는다는 인식이 널리 퍼져야 한다.

셋째, 지도자들은 평화를 바라는 민중의 의사를 이해하고 그러한 민중의 의식을 기르는 것이 중요하다.

넷째, 조지 미첼 전(前)총장과 같은 중재자의 존재가 결정적인 역할을 하는 경우가 많다. 직접 대화 테이블에 앉기를 꺼리는 관계자들 사이에는 양쪽의 신뢰를 받는 중재자의 존재가 종종 필요하다.

다섯째, 평화를 위한 노력을 돕는 제삼자는 유익하지만, 분쟁을 지연시키는 제삼자는 유해하다.

여섯째, 교섭에 나서는 당사자들은 끊임없이 서로 연계를 취해야 한다. 현대의 통신기술은 그 도움이 된다.

일곱째, 중요한 것은 신뢰와 인내다.

여덟째, 지역이나 공동체에 뿌리내린 여러 단체의 힘을 결집해야 한다.

아홉째, 중재안은 양쪽 당사자에게 경제적 이익을 느낄 수 있게 해야 한다. 아일랜드의 경우에는 유럽연합(EU)에 참가하는 것이 가져오는 역할의 변화가 중요했다.

열째, 중요한 것은 희망이다.

열한 번째, 각 당사자가 자신들의 발언권이 공평하고 적정하게 확보되고, 권한도 적정하게 분담되고 있다고 확신할 수 있어야 한다.

열두 번째, 자신들의 의견을 말할 수 있고, 상대의 의견에도 주의 깊게 귀를 기울이는 것이 어떤 경우에도 매우 중요하다.

지금 이케다 회장이 언급하신, 클린턴 대통령(당시)의 특사로서 북아일랜드분쟁의 중재에 나선 조지 미첼 전(前)총장은 아랍인의 피를 이어받은 아일랜드계 미국인으로 미국 상원 민주당 원내총무를 역임한 경력의 소유자입니다.

북아일랜드분쟁의 모든 당사자가 이 미첼 특사에 대해 훌륭한 중재자이자 양쪽의 이야기를 공정하게 듣는 사람으로, 그 인내력은 모든 사람의 신뢰를 얻었다고 보고했습니다.

저는 여기에 열거한 각 항목이 반드시 모든 상황을 망라한다거나 전부 꼭 필요하다고는 생각하지 않습니다. 어디서부터 손을 쓰는 것이 가장 좋을지는 상황에 따라 다를 것입니다. 무엇보다 중요한 점은 모든 면에 걸쳐 생기 넘치는 '조화의 정신'이 맥동하는 것이라고 생각합니다.

'첫째도 교육, 둘째도 교육, 셋째도 교육입니다'

이케다 개리슨 박사가 열거하신 항목은 하나하나 모두 평화를 실현하는 데 급소가 되는 관점입니다.

저는 이 북아일랜드의 경험과 지혜를 세계가 배워야 한다고 'SGI의 날' 기념제언을 비롯해 여러 기회를 빌려 강조했습니다.

개리슨 박사가 첫째 항목으로 내세우셨듯이 평화를 향한 단호한 의지와 용기 있는 대화의 힘을 보여준 매우 중요한 궤적입니다.

히크먼　이케다 회장이 소개하신 '종결시킬 수 없는 분쟁은 없다'는 신념은 특히 평화에 대한 전망이 보이지 않는 최악의 상황에 빠진 경우에 우리가 깊이 명심해야 할 중요한 핵심입니다.

또 개리슨 박사는 '벨파스트협정'에 이를 수 있던 많은 요소에 대해 잘 설명하고 분석하셨습니다. 이러한 요소는 모두 현재와 미래의 또 다른 분쟁을 해결하는 방법을 생각할 때 틀림없이 도움이 될 것입니다.

개리슨 박사가 말씀하신 요소는 모두 중요하지만, 그 외에 저는 아이들 교육의 토대가 되는 사회복지가 해야 할 중심적 역할도 강조하고 싶습니다.

아이들은 특히 사회적으로나 경제적으로 약한 위치에 있으므로 교육 기회를 빼앗기기 쉽습니다. 그리고 교육이 빈약하거나 기능하지 않는 곳에서는 인생의 가능성을 전망하는 능력도 결여되기 마련입니다. 특히 공통의 정신적 목표를 향해 서로 협력하면서 행동하는 일을 상상해낼 수 없습니다.

개리슨　'부조화(분쟁이나 악 등)'를 '조화(평화나 선 등)'로 전환하기를 바란다면 무엇보다 '대화'에 힘써야 합니다. 그래야 인간이 가진 창조성의 '가능성'을 인지하게 됩니다.

여기서 중요한 점은 '대화'에 참여한 모든 사람이 '차이'를 뛰어넘어 공감하고 저마다 신조와 가치관 그리고 생활방식을 서로 이해하려고 노력하는 것입니다. 그렇지만 서로 충분히 이해하기는 좀처럼 쉽지 않습니다. 그래도 우리가 힘을 합쳐 새로운 의미를 만들어낸다면, 상호이해가 구축되는 경우도 있을 것이고 적어도 대화를 지속하려는 의욕은 생겨날 것입니다.

중요한 점은 존경심을 품으면서 대화를 즐기는 어느 정도의 '쾌활함'을 유지하는 것이 아닐까요. 무엇이든 좋습니다. 늘 서로 차이를 존중하고 악의 없는 농담이나 친교 그 자체를 즐기면서 가능성을 찾아야 합니다.

이케다 중요한 지적입니다.

퀸스대학교 그렉슨 총장이 자신의 신조로 삼은 것은 비폭력의 투사 간디의 신념이었는데, 간디가 '잘 웃는 사람'이었다는 사실은 유명한 이야기입니다.

심각한 상황이나 모종의 교착상태를 타개하려면 교섭력과 같은 기술도 물론 중요합니다. 이와 더불어 불굴의 마음과 밝고 명랑한 마음, 다시 말해 사람들의 마음을 하나로 모으는 강인한 낙관주의가 반드시 필요합니다.

북아일랜드분쟁을 해결하기 위해 수많은 어머니와 함께 일어서서 역사적인 평화행진을 벌인 베티 윌리엄스* 여사도 강인한 낙관주의로 싸운 위대한 '평화의 어머니'입니다.

윌리엄스 여사를 만났을 때 저는 이렇게 물었습니다. "여사님은 북아일랜드분쟁을 교훈으로 삼아 증오와 보복의 연쇄는 세대를 거듭할수록 잔혹해진다고 지적하셨습니다. 이 연쇄를 끊기 위해 무엇이 가장 필요하다고 생각하십니까?"

여사의 대답은 명쾌했습니다.

"그것은 상대에게 굴복하지 않고 더욱더 자애로운 마음을 보여주는 것 아닐까요."

그리고 여사는 이러한 일화를 들려주었습니다.

"어떤 한 남성이 제게 무섭게 달려들더니 머리로 들이받기라도 할 것처럼 격한 몸짓으로 불만을 토로했습니다. 저는 조금도 위축되지 않고 그 남성 앞에 섰습니다. 얼마 안 있어 그 남성은 지쳤는지 점점 온순해지더니 제 앞에서 물러났습니다. 저는 돌아서는 그 남성의 뒷모습을 향해 이렇게 말했습니다. '그래도 저는 당신에게 자애를 베풀겠습니다.' 두 달 뒤 그 남성은 우리와 같은 평화운동가가 되었습니다."

또 윌리엄스 여사는 "여성은 폭력을 쓰거나 압정(壓政)을 펼치는 악한 인물이 정치가로 뽑히지 않도록 해야 할 책임이 있다"고도 말씀하셨습니다. 그다음에 필요한 것은 "첫째도 교육, 둘째도 교육, 셋째도 교육"이라고 힘주어 말씀하신 것도 잊을 수 없습니다. 조금 전에 히크먼 박사가 하신 이야기와 일치합니다.

다른 문화나 종교 등 다양한 배경을 가진 사람들과의 차이를 뛰어넘으려면 역시 교육과 문화의 계발이나 교류가 중요합니다.

그것은 무엇보다도 '열린 마음'을 길러주고 '열린 대화'를 촉진하기 때문입니다.

'마음의 소리'에 귀 기울이는 대화를

히크먼 베티 윌리엄스 여사의 굉장한 체험과 관련하여 앞서 언급한 또 한 명의 평화활동가 제인 애덤스의 이야기로 돌아가고자 합니다.

애덤스는 1890년대에 시카고에서 문화적으로 다양한 이주민들의 조화를 꾀했는데, 그 활동 초기에 경험한 저항에 대해 말한 적이 있습니다.

어느 날 길거리에서 누군가가 애덤스에게 침을 뱉었습니다. 그러나 그때 과감하고 자애 넘치는 대응을 한 것이 계기가 되어 애덤스는 사람들에게 다종다양한 이주민 그룹을 잇는 중재자로 사람들에게 받아들여졌습니다.

윌리엄스 여사와 애덤스 두 사람에게 퍼시피즘(pacifism, 평화주의)은 결코 퍼시비즘(passivism, 수동주의·소극주의)이 아니었습니다.

개리슨 저는 1990년대 초에 스테파니 킴벌과 함께 '차이를 뛰어넘는 대화에서 상대의 주장을 듣는 것'을 주제로 논문을 썼습니다.

우리 두 사람이 개발한 가장 강력한 아이디어는 다음과 같습니다.

'대립하는 두 사람의 주장이 아무리 상반되더라도 때로는 두 사람 사이에 이해를 낳을 수 있다.'

애덤스는 이미 대학에서 학문을 연구하는 것은 그만두었지만, 지역활동에 적극적으로 나서 풀뿌리 민주주의를 위해 헌신했습니다. 결국 '차이를 뛰어넘는 대화'에서 가장 중요한 점은 북아일랜드분쟁의 사례에서도 밝혀졌듯이 각각의 지역이나 지방에서 성공을 거두는 것입니다.

본디 '대화'의 절반을 차지해야 하는 것은 상대의 주장에 귀를 기울이는 것이지만, 이것은 실제로는 그대로 잊어버리기 쉽습니다. 인간은 아무래도 말할 권리만을 의식하는 듯합니다.

우리는 언뜻 '대화(다이얼로그)'를 나누는 것처럼 보여도 실제로는 '독백(모놀로그, 혼잣말)'을 하는 경우가 지나치게 많습니다. 이것은 양쪽이 서로 상대의 주장을 듣지 않고, 자기가 말할 차례만 기다리기 때문입니다.

듀이가 지적했듯이 '독백은 어중간하고 불완전한 사고'[17]에 지나지 않습니다. 유감스럽게도 지금 다문화 간의 대화에서 버젓이 통용되는 것은 대부분 실제로는 '어중간하고 불완전한 사고'입니다. 그러나 '대화'에 참여한 모든 사람이 주의 깊게 상대의 말을 듣는다면, 조화롭고 일관성 있는 사고에 도달할 수 있을 것이고, 적어도 폭력사태는 피할 수 있을 것입니다.

때로는 당사자끼리 대화를 시작할 준비가 되어 있지 않은 경우도 당연히 있습니다. 그런 경우에는 당사자들을 떨어뜨려 놓는 것이 어쩌면 최선의 방법일지도 모릅니다.

또 이것은 킴벌 덕분에 알게 된 사실인데, 상대를 배려하는 '동정심'은 대부분 가치적이지만, 때로는 그것이 위험한 경우도 있습니다. 우리는 자신이 아닌 상대의 생각을 들으려고 노력하지 않으면, 자신의 요구와 필요, 그리고 소망이 상대를 위한 것이라고 혼동하는 경우가 있습니다. 이것은 위험합니다. 타인의 괴로움을 상대의 처지가 아닌, 자신의 처지에서 해결하려고 하면 예상치 못한 비참한 사태를 불러오고 맙니다.

이케다 그렇습니다.

지금까지 이야기를 나누었듯이, 대화가 성립하려면 상대의 이야기를 잘 듣고 서로 이해하는 것이 가장 중요한 출발점입니다. 대화는 상대가 보내는 '마음의 소리'에 성실하고 진지하게 귀를 기울이는 행위이기도 합니다.

한자말에 마음 깊이 귀를 기울이는 '경청(傾聽)'이라는 표현도 있습니다. 입은 한 개, 귀는 두 개이므로 말하는 것보다 두 배로 '잘 듣는' 노력이 중요합니다.

'이 사람은 어떻게 이런 생각을 하게 되었을까', '이 이야기를 통해 무엇을 전하려는 것일까', '정말 하고 싶은 말은 아직 꺼내지 않은 것이 아닐까' 등 상대가 말하는 이야기의 핵심을 받아들이는 이쪽의 안테나 감도도 중요한 요건일 것입니다. 덧붙여 말하자면, 불법에서 설하는 보살도(菩薩道)의 실천상에서 남의 이야기를 듣는 것은 남의 괴로움에 '동고'하는 전인적인 행위이기도 합니다.

개리슨　잘 알았습니다. 저는 '법화경(法華經)' 제25품(관세음보살보문품)을 처음 읽고 관세음보살을 알았을 때 깊은 수용성과 배려심으로 사람들의 고뇌에 찬 소리를 듣는, 이 보살의 이상적인 모습을 바로 이해할 수 있었습니다. 관세음보살은 늘 '상대편'의 필요·욕구·관심·소망에 따라 타인의 고뇌를 이해하고 경감시키려고 노력합니다.
이문화(異文化) 간의 대화에 나서려면, 누구나 이 보살의 정신을 본받도록 노력해야 합니다.

이케다　대화를 포기하는 것은 '인간에 대한 신뢰'를 포기하는 것입니다. 그 뒤에 남는 것은 '힘의 논리'밖에 없습니다. 폭력이나 힘은 증오를 낳고, 새로운 폭력을 통한 보복을 낳습니다. 이래서는 영원히 평화를 구축할 수 없을 것입니다.

지금까지 인간성에 대한 신뢰를 바탕으로 하는 듀이 박사의 철학은 '지나치게 낙관적'이라고 비판받은 적도 있었습니다. 그러나 힘의 논리가 결과적으로 진정한 '평화'와 '공생'을 가져오지 못한다는 사실은 역사가 증명하고 있습니다.

그런 의미에서도 제인 애덤스의 공헌과 북아일랜드의 평화는 확고한 희망의 본보기로 빛나고 있습니다.

그래서 저는 "대화할 용기를! 그것이 진정한 '인간 승리'"라고 소리 높이 외치고 싶습니다.

민중이 주역인
세기를 향하여

듀이의 교육사상과 중국 사회

　이케다　민주주의는 수많은 선각자의 용기 있는 행동으로
쟁취한 인류의 보물입니다. 그 속에서 듀이 박사는 실로 큰
공헌을 했습니다.

지금부터는 '듀이 박사와 민주주의 사상'을 둘러싸고 이야기
를 나누고자 합니다.

듀이 박사는 1919년에 일본과 중국을 방문했습니다. 박사의
이 여행은 민주주의에 대한 신념을 더욱 굳건히 만드는 계기
가 되기도 했습니다.

그때는 1000만 명이나 되는 전사자를 낸 제1차 세계대전에
대한 반성을 토대로 파리에서 강화회의(1~6월)를 개최하여 국
제사회가 평화질서의 구축을 모색하던 때입니다.

그러나 유감스럽게도 이러한 세계의 조류에 역행이라도 하듯 일본은 점점 군국주의로 치달았습니다. 듀이 박사가 일본을 방문했을 때 전체주의적인 사상교육의 실태에 놀라고, 강한 위구심을 품은 것은 앞서 이야기를 나눈 바와 같습니다.

한편 당시 일본이 이권을 확대하기 위해 착착 지반을 다진 중국에서 듀이 박사는 학생들을 중심으로 항일운동*이 고조되는 것을 눈앞에서 보았습니다. 그 뒤 1937년 7월 루거우차오사건*을 거쳐 중일 양국은 전쟁에 돌입했습니다.

일본과 중국 방문은 박사가 스스로 자청했다고 하는데, 이것은 동양사상에 대한 관심이 컸기 때문인지요?

개리슨 놀라실지도 모르지만, 실은 그렇지 않았습니다. 듀이와 앨리스 부인은 오늘날 유럽이나 미국의 관광객과 마찬가지로 아시아를 체험하고 싶었을 뿐입니다. 두 일본인 사업가*의 요청으로 도쿄제국대학교(지금의 도쿄대학교)에서 강연을 준비했는데 이를 계기로 부부의 휴가 예정은 바뀌었습니다.

당시 일본은 군국주의적인 경향이 매우 짙어 듀이의 민주주의에 관한 사상은 거의 아무런 영향도 주지 못했습니다.

그러나 중국에서는 상황이 크게 달랐습니다.

이케다 말씀하신 대로 완전히 대조적이었습니다. 박사 부부가 처음으로 중국을 방문하여 상하이에 도착한 때는

1919년 4월 30일, 일본의 식민지주의적인 강압에 맞서 중국 민중이 항의의 목소리를 높이며 일어선 5·4운동*이 일어나기 직전이었습니다.

상하이에는 컬럼비아대학교에서 박사의 가르침을 받은 제자인 후스*와 타오싱즈 등이 마중을 나왔습니다. 5월 3일과 4일에는 장쑤성교육회에서 '평민주의 교육'이라고 이름 붙인 강연을 했습니다.

듀이 박사는 당시 중국이 필요로 한 교육사상을 품고 민중 속으로 뛰어들었습니다.

개리슨 예. 듀이가 방문한 당시 중국은 한창 심각한 사회 불안을 겪던 때로, 듀이는 민주주의와 과학 그리고 근대화의 선각자로 환영받았습니다. 듀이 자신도 중국의 미래는 일본에 비하면 훨씬 밝다고 생각했습니다. 군국주의와 국가신도, 경직된 봉건적 계급제도로 뒤덮인 일본의 모습에 당황하고 불안을 품고 있었기 때문입니다. 처음에는 베이징대학교에 1년 예정으로 초빙되었지만, 결국에는 2년 동안 머물게 되었습니다.

듀이는 컬럼비아대학교 동료에게 보낸 편지에 '아시아의 관점에서 바라보는 서양은 모든 것이 달라 보이고, 그 체험이 자신을 회춘하게 만들었다'고 썼습니다. 아시아에서 지낸 경험은 듀이를 크게 바꾸었습니다.

이 방문을 통해 듀이는 자신의 서양적인 세계관에 대해 거리를 두고 비판적으로 바라보게 되고, 동양사상이 얼마나 뛰어난지를 인식하게 되었습니다.

제시카 왕은 반성적 사고의 인물인 듀이가 머지않아 중국에는 서양세계의 정치적·경제적 개념이 거의 적용되지 않을 것이라는 사실을 깨달았다고 말했습니다.[18]

개인의 권리와 마찬가지로 개인의 책임을 강조하는 민주적 공동체에 대해 듀이는 늘 그 정치적, 추상적, 형식적, 법률존중주의적, 행정적 구조보다 문화적, 사회적, 구체적, 도덕적, 미적 개념 쪽을 지향했습니다. 왕은 듀이가 동양을 어떻게 인식했는지에 대해 이렇게 말했습니다.

"동양에서는 내면화된 사회통제(유기적인 사회적 관계성에서 개인의 책임이라는 의미로)가 독립된 별개의 개인주의라는 픽션에 바탕을 둔 정형화된 법리학이 외재화한 메커니즘이 아닌, 사회적 상호작용을 통해 각자가 가진 고유한 가능성의 실현을 촉진했다."[18]

듀이는 인간이 초자연적인 신을 믿지 않아도 심원한 윤리성을 갖출 수 있다고 생각했습니다. 또 동양사상이 문화의 예술적, 미적 측면을 강조하는 점도 높이 평가하고, 그것은 창조적 민주주의에 공헌할 수 있을 것이라고 했습니다.[19]

최종적으로 동양에서 인간과 자연의 일체감이 얼마나 중요한지를 인식한 듀이는 그 속에서 도교의 '무위(無爲)*'라는 관념을 접하고, 이것을 도덕적 행위의 한 형태로 간주했습니다. 그것은 순응함으로써 정복하는 것이고, 자연이 행할 일을 기다리는 끈기입니다.

듀이는 '능동적 인내'란 바로 실용주의적 행위의 매우 사려 깊은 예 중 하나임을 깨달았습니다. 듀이는 '부귀하다고 교만하면'[20] 머지않아 '스스로 허물을 남긴다'[20]고 생각했습니다.

이케다 저는 중국교육학회 구밍위안(顧明遠)* 회장과도 거듭 대담을 나누었는데, 그때 듀이 박사의 중국 방문이 화제가 되었습니다.

구 회장은 이렇게 말씀하셨습니다.

"듀이 박사의 철학과 교육사상이 봉건주의와 제국주의의 압박을 받던 중국 사회에 전해짐으로써 평민교육이 촉진되었습니다. 특히 아이들의 자주적인 활동을 중시한 듀이 박사의 진보적인 교육사상은 많은 변천을 거치면서도 개혁개방 뒤 중국에서 다시 중시되었습니다."[21]

개리슨 듀이의 교육사상이 마오쩌둥* 시대의 억압을 거쳐 오늘날 중국에서 부흥한다니 참으로 기쁩니다.

유감스럽게도 당시 중국에서 듀이를 맞이한 사람들은 듀이에게 불교의 가르침을 욕망의 소멸과 초속적인 열반(니르바나)을 추구하는 소극적이고 숙명론적인 종교라고 알린 모양입니다. 그것은 능동적으로 세계의 변혁과 개선을 추구하는 듀이 자신의 비전과는 맞지 않았습니다.

만약 당시 SGI가 존재하여 듀이의 신념과 가치관에 합치한 불교사상과 창조적인 대화가 실현되었다면 어땠을까요. 그것을 상상하면, 얻는 바가 많지 않을까요. 어떤 의미에서는 몇십 년이나 지난 지금 우리 세 사람이 그러한 대화를 실천하고 있는지도 모릅니다. (웃음)

듀이의 동양 방문은 '가치를 창조하는' 대화의 시작이었다고 생각합니다. 이 대담도 그러한 가치창조의 일환이라고 할 수 있을 것입니다.

듀이의 철학과 니치렌(日蓮)이나 창가학회의 철학이 놀랄 만큼 유사한 것은 '지식'에는 문화에 따른 제한이 있어도 '지혜'에는 국경이 없다는 사실을 시사합니다.

결코 쉽지 않을지도 모르지만, 눈여겨 살펴보면 그러한 가치창조의 대화는 동양에서도, 서양과 중동에서도, 지구상 어느 곳에서나 탄생하지 않을까요.

이케다 저도 전적으로 동감합니다. 진리를 비추는 빛나는 영지(英智)에 국경은 없습니다. 그것은 인류가 이어받은 귀중한 정신유산에 널리 공통된 점입니다.

어느 시대, 어느 나라에서든 뛰어난 문화와 문명의 토대가 된 사상과 철학은 각각 만물의 실상에 눈을 떠 인간 생명의 무한한 가능성에 빛을 비추었습니다. 이 점에서도 깊고 널리 공명하는 것이 아닐까요.

이야기를 되돌리면, 히크먼 박사는 듀이 박사의 아시아 방문을 어떻게 생각하십니까?

히크먼 글쎄요. 듀이 박사 부부는 여행을 좋아하여 오래전부터 일본과 중국에 방문하기를 간절히 바랐습니다. 그래서 일을 겸한 짧은 휴가를 계획했습니다. 물론 그것은 듀이에게 완전한 '휴가'가 아니었기에 듀이는 자주 집필과 강연을 했습니다.

듀이 부부는 본디 일본을 방문한 뒤에 짧게 중국을 방문하기로 계획을 세웠지만, 듀이는 일본에 머물던 중 예전 중국인 제자들에게서 베이징대학교 등에서 1년간 강의를 하도록 초청받아 이를 받아들였습니다. 최종적으로는 중국에 1921년까지 2년간에 걸쳐 머물렀습니다.

이 방문 이전에 듀이가 아시아 철학에 대해 어느 정도 지식이 있었는지는 확실하지 않습니다. 다만 저는 듀이가 일할 때 쓰던 서고에서 1910년에 발간한 《논어》*(영문)를 발견했습니다. 그 책은 지금 우리 서던일리노이대학교 카본데일캠퍼스가 소장하고 있습니다.

전에도 이야기했지만, 거듭 말씀드리고 싶은 것은 듀이는 일본에서 목격한 군국주의에 깜짝 놀라서, 아마 욱일장 수상을 정중히 거절하지 않았을까 하는 점입니다.

듀이가 이상으로 삼은 '창조적 민주주의'

이케다 휴가로 방문한 아시아에서 듀이 박사가 본 것은 다음 전쟁의 '불씨'였을까요. 박사는 귀국한 1921년 말부터 본격적으로 '전쟁비합법화운동'에 몰두했습니다.

우리 창가학회는 1930년에 탄생했습니다. 세계사적으로 보면, 제1차 세계대전이 끝나고 제2차 세계대전이 시작될 때까지 '위기의 20년'의 한복판에서 '아이들의 행복'과 '민중의 행복'을 바라며 생명존엄의 불법사상을 기조로 한 대화운동을 개시했습니다.

일본의 군부정부와 맞서 싸우다 마키구치 초대 회장과 도다 제2대 회장이 체포된 때는 1943년입니다.

한편 독일에서도 1930년대에 나치스 독재정권이 탄생하여 듀이 박사는 깊이 우려했습니다. 게다가 나치스 정권은 당시 가장 선진적인 민주헌법으로 칭송된 바이마르헌법 아래서 선거를 통해 탄생했습니다.

박사는 자신이 이상으로 삼은 '창조적 민주주의'에 대해 논한 강연('창조적 민주주의 – 우리 눈앞에 있는 과제')에서 이렇게 말했습니다.

"민주주의를 위협하는 힘겨운 적과 맞서 싸워 이기려면, 우리는 한 사람 한사람이 확고한 인격의 자세를 창조해야 한다. 그것이 평화적이든 군사적이든 외적인 수단을 통해 민주주의를 지킬 수 있다는, 우리가 흔히 빠지기 쉬운 생각은 버려야 한다."[22] (취의)

박사가 중시한 것은 민주주의를 지탱하는 민중 한 사람 한 사람의 자질, 신념, 도덕이었습니다.

인간존엄을 최고의 가치로 놓고 한 사람 한 사람의 창조성을 꽃피우려면 끊임없는 정신투쟁이 필요하다, 민주주의의 타락을 막으려면 결국 그 방법밖에 없다는 것이 듀이 박사의 단호한 생각이었습니다.

박사는 이렇게도 말했습니다.

"민주주의가 해야 할 역할은 경험 자체가 끝나지 않는 한 끝없이 지속되므로 그 역할은 모든 사람이 함께 공유하고 함께 공헌하는 더욱 자유롭고 더욱 인간적인 경험을 영원히 만들어내는 데 있다."[22]

다시 말해 민주주의는 어딘가에서 '종말'이나 '완성'을 맞이하는 것이 아니라, 더 나은 사회를 창조하기 위해 영원히 전진해야 하는 과정입니다.

그렇기 때문에 듀이 박사는 민주주의의 가치를 옹호하고, 공산주의와 파시즘을 비판했습니다. 그러한 태도에 대해 무분

별한 비방을 퍼붓는 사람들도 있었지만, 박사는 조금도 개의
치 않았습니다.

히크먼　듀이의 가장 웅변적인 민주주의론 중 하나가 바
로 이케다 회장이 예로 든 1939년의 '창조적 민주주의 – 우리
눈앞에 있는 과제'라고 이름 붙인 강연입니다.

듀이가 이 강연을 한 것은 파시즘과 스탈린주의가 진행 중인
해로, 일반적으로 민주주의의 여러 제도에 호의적이지 않은
시대였습니다.

이 강연에서 듀이는 민주주의란 인간의 삶 그 자체라고 특징
짓고 "민주주의적인 삶은 인간성이 갖춰진 가능성을 믿느냐
마느냐로 결정된다"[22]고 말했습니다.

그리고 듀이는 민주주의적인 삶에는 "인간성에 갖춰진 잠재
능력을 믿는 것이 필요하다. 인간성은 인종, 피부색, 성별, 출
신, 성장과정, 빈부와 문화의 차이에 관계없이 모든 인간이
가진 특질이기 때문"[22]이라고 말했습니다.

민주주의는 단순한 선거투표나 법률제정 등을 훨씬 뛰어넘
는 것입니다. 민주주의는 우리가 인류 동포를 접하는 방식
그 자체이고, 우리의 경험 밖에 존재하는 권위 등에 간섭받
으면 안 됩니다.

같은 강연에서 듀이는 민주주의의 특징을 '계속 진화하려는
시도'라고 말하고, 특정 국가나 문화의 인간생활을 기준으로

민주주의를 정의할 수 없다고 말했습니다.[22] 그리고 민주주의를 믿는 것은 교육을 믿는 것이라고 말했습니다.

휘트먼의 사상에 공명한 듀이

이케다 듀이 박사의 신조를 적확하게 말씀해주셨습니다. 듀이 박사의 이러한 민주주의 철학에 영향을 준 인물들 중에 월트 휘트먼이 있습니다.

듀이 박사는 "민주주의란 자유롭고 풍요롭게 교제하는 생활에 붙여진 이름"이라고 말하고 "월트 휘트먼은 이를 깨달은 선각자였다"고 말했습니다.[23] 인간의 '자유'와 '자주'를 드높이 노래한 민중시인 휘트먼의 숨결은 듀이 박사에게도 생생히 흐르고 있었습니다.

휘트먼은 저도 청년 시절부터 참 좋아한 시인입니다. 제2차 세계대전 뒤 시집《풀잎》을 사서 암송할 정도로 되풀이해서 읽은 기억이 있습니다. 또 청년과 학생들에게 때때로 휘트먼의 시와 삶을 소개하며 스피치하기도 했습니다.

소카대학교 강당 앞에는 미국의 저명한 사업가가 기증한 휘트먼 동상이 세워져 있습니다.

개리슨 사람들에게 용기와 힘을 주는 휘트먼의 시집을 이케다 회장은 숙독하셨군요. 저도 같은 경험을 했습니다. 소

카대학교를 방문했을 때는 휘트먼 동상 앞에서 사진을 찍었습니다. (웃음)

이케다 휘트먼을 좋아하는 동지를 찾은 듯한 기분입니다. (웃음) 개리슨 박사는 이전에도 듀이 박사가 휘트먼에게 공감했다는 사실을 지적하셨지요.

《풀잎》의 서문에는 이렇게 씌어 있습니다.

"합중국의 진가를 빠짐없이 명확히 나타내는 것은 행정부도 입법부도 아니다. 그렇다고 대사, 작가, 대학, 교회, 사교계도 아니고, 신문이나 발명가도 아니다. 동서남북 모든 주에, 그 우람하고 풍요로운 국토 곳곳에 살고 있는 민중이야말로 늘 최대의 대표자다."[24]

민중이야말로 주역이고 주인이라는 시인의 이 외침은 민주주의의 새로운 시대를 여는 찬가가 되었습니다.

듀이 박사와 휘트먼의 사상에는 공통점이 많습니다. 두 사람은 서로 만난 적이 있는지요?

개리슨 듀이와 휘트먼이 만났다는 증거는 없습니다. 그러나 휘트먼은 듀이의 절친한 벗 윌리엄 토리 해리스와 해후한 것을 《자선일기(自選日記)》에 썼습니다. 듀이는 이 휘트먼의 일기를 《풀잎》과 함께 서재에 두었습니다.

듀이는 자신의 저작에서 휘트먼을 그다지 언급하지 않았습니다. 그러나 지적하신 대로 듀이는 휘트먼을 '민주주의의 선각자'라고 불렀습니다. 이것은 듀이가 휘트먼을 얼마나 높이 평가했는지를 말해줍니다.

듀이에 따르면 휘트먼은 '민주주의는 단순한 통치형태나 사회적 수단이 아닌, 인간과 인간의 경험이 자연과 어떻게 관계하는지에 대한 기본원리'라는 사실을 깨달은 보기 드문 인물 중 한 사람이었습니다.[25]

듀이는 우리가 다양하고 다원적인 대우주에 살고 있고, 그 속에 제각기 존재하는 모든 개체가 벌이는 상호작용에서 하나하나 새로운 행동방식이 생겨난다고 생각했습니다. 이처럼 듀이가 품은 민주주의의 비전은 실존의 본질을 둘러싼 듀이의 견해 중 일부를 이루는 것이었습니다. 개인이나 문화 전체가 상호작용할 때 새로운 의의와 가치가 생겨난다고 생각하고, 개인이나 국가 간의 양호한 커뮤니케이션에 입각한 교류가 인간의 행복을 지속하고 살아가는 기쁨을 늘리는 데 공헌하는 새로운 의의와 가치를 창출할 수 있다고 했습니다.

히크먼　휘트먼이 품은 민주주의의 광대한 비전에는 늘 감탄할 따름입니다. 그 광대함은 우리의 일반적인 사고의 틀을 훨씬 뛰어넘습니다.

휘트먼은 모든 면에 걸쳐 폭넓은 관점에서 골똘히 사색했습니다. 그 시야는 다종다양한 국민, 다종다양한 유형을 가진 사람들의 관점을 포함하고 있었습니다.

언제 읽어도 큰 감동을 줍니다.

이케다 민주주의는 '가장 엄밀하고 가장 마음을 풍요롭게 하는 법칙'이고 '영원히 지속되는 우주의 확고한 질서'[26]다, 이것이 휘트먼의 확신이었습니다.

벌써 30년 정도 지난 일(1981년 6월)이지만, 뉴욕 롱아일랜드에 있는 휘트먼의 생가를 방문할 기회가 있었습니다.

19세기 미국 르네상스의 지난날을 떠올리게 하는 소박한 건물에는 남북전쟁 시대의 친필 일기 외에 친필 원고 사본과 초상화를 비롯해 귀중한 유품이 많이 진열되어 있었습니다.

"이 생가는 맨해튼의 거대한 빌딩들보다 얼마나 많고 깊은 가치를 사람들에게 전해주었을까요." 저는 안내해준 보존협회 분에게 이렇게 말씀드렸습니다.

이러한 건설기의 뛰어난 정신성은 미국 문화와 사회의 저류에 도도히 흘러 전 세계 사람들을 일깨웠습니다.

지난 10월(2010년)에는 미국SGI의 벗들도 휘트먼생가협회 분들과 깊이 교류하면서 의미 있는 시간을 보냈습니다.

개리슨 그러고 보니 듀이는 아내 앨리스에게 보낸 편지에 이렇게 썼습니다.

"나는 휘트먼의 책을 깊이 읽으면서 휘트먼이 참으로 확고한 철학을 가진 사람임을 깨달았소. 휘트먼의 민주주의 및 민주주의와 종교의 관계에 대한 사고방식에는 실로 그렇게 느끼게 하는 부분이 있다오. 휘트먼은 그저 별난 천재가 아니라, 상상한 것보다 훨씬 깊이 있는 사상가라오."[12] (1887년 4월 16일자)

휘트먼의 작품을 읽으면, 가장 깊은 의미에서 시(詩)가 종교와 민주주의에 융합합니다. 그 점을 듀이는 알았습니다. 듀이는 자신의 저서 《공통의 신앙》에서 "시는 갖가지 현상에 관계될 때 종교가 된다"[27]고 말했습니다. 여기서 말하는 '시'는 실존을 만들고 창조하며 불러냅니다.

듀이는 지금의 '자유시'를 고안한 휘트먼의 재능에 틀림없이 경탄했을 것입니다. '자유시'는 무운(無韻)의 시구(詩句)로, 정형화된 운율이 없습니다.

뛰어난 시인으로서 휘트먼은 은유와 환유, 제유, 비유 등을 구사했지만, 다른 시인과는 달리 그것은 휘트먼에게 둘째 문제였습니다. 휘트먼 자신이 "모든 진리는 모든 사물 속에서 대기하고 있다"[24]고 말했습니다. 휘트먼이 비유를 사용한 이유는 우리에게 무언가를 나타내기 위해서입니다('나와 내 동료는 토론이나 비유나 압운(押韻)으로 설득하지 않고, 우리 자신의 존재로 설득한다').[24] 비유는 무언가를 대변하고 중개하고 결합하는 것인데, 휘트먼은 "내가 제시하는 것은 가치 그 자체이지, 대리인이나 중개인을 파견하거나 가치를 가르치는 표본을 제시하는 것은 아니다"[28]라고도 말했습니다.

휘트먼은 일상생활이 그대로 위대한 시라는 점을 사람들이

321

깨닫기를 바랐습니다. 휘트먼은 민중 한 사람 한 사람이 그 점을 자각하고 저마다 독자적인 방식으로 표현하기를 바랐습니다.

이케다 전면적으로 찬동합니다.

"치열한 고투를 벌일 때도 늘 내 마음은 민중과 함께 있다."[29] 이것도 휘트먼의 거짓 없는 심정이고 신념이었겠지요.

휘트먼이 노래한 위대한 민중찬가에는 인간에 대한 한없는 애정과 '진정으로 위대한 인간은 무엇인가', '의미 있는 인생은 무엇인가'를 탐구한 시인의 정신이 깊이 빛납니다.

개리슨 듀이는 이케다 회장과 히크먼 박사가 소개하신 강연에서 지표가 되는 이념 중 하나로 민주주의에 대한 자신의 '신앙'을 여러 번 말했습니다. 듀이는 이러한 형이상적·정신적인 의미에서 민주주의에 대한 '신앙'을 휘트먼과 공유했습니다.

민주주의가 실현될 가능성의 조건이 갖추어졌다고 해서 민주주의 그 자체를 '손에 넣었다'고 생각하는 것은 큰 착각입니다. 휘트먼에게도 듀이에게도 민주주의는 우리가 끊임없이 성의를 다해 끝까지 추구해야 할 이상이었습니다.

그리고 그 성의는 우리의 행복을 지탱하는 여러 관계성을 총명하게 활용하는 것이어야 합니다. 휘트먼과 듀이는 우리가 창조성 넘치는 다원적인 세계에 살고 있다고 생각했습니다.

휘트먼의 생가를 방문한 이케다 SGI 회장(1981년 6월, 뉴욕)

휘트먼은 《민주주의의 전망》에서 민주주의에 필요한 것은 첫째가 참된 입헌정치이고, 둘째가 물질적인 번영이라고 인정했습니다.

휘트먼은 미국에는 이 두 가지 요소가 처음부터 갖춰져 있었다고 생각했습니다. 그러나 민주주의의 진정한 정수는 실은 '종교적 민주주의'라고 하면서 그것은 우주(특히 다른 사람들)와 친밀하고 배려심 있게(애정 깊이) 관계하는 것을 의미하고, 이를 위해서는 우주의 삼라만상 속에서 인간의 창조적(시적, 詩的) 행동이야말로 가장 중요하다고 생각했습니다.

듀이는 휘트먼의 민주주의 철학, 그리고 민주주의와 종교의 관계성에 대한 철학을 상찬했는데 듀이가 지지한 이유는 바로 이런 점 때문이었습니다.

'진정한 민주주의'를 실현하는 요체

이케다 "민주주의의 진수에는 결국 종교적 요소가 있기 때문이다."[26] 휘트먼이 이렇게 말했듯이 민주주의라고 해도 그 근저에는 생명의 존엄성에 대한 겸허한 마음, 타인의 아픔에 동고하는 마음, 그리고 끊임없는 성장과 향상을 지향하는 자기혁신의 마음이 있어야 합니다.

듀이 박사가 내건 민주주의의 이상도 그러한 깊은 인간정신의 비약을 지향한 것이 아닐까요?

　　개리슨　동감합니다. 저도 듀이의 '창조적 민주주의'는 휘
트먼의 사상에서 착상을 얻었다고 생각합니다.
휘트먼은 민주주의와 종교의 적정한 관계를 명확히 그려냈
습니다. 그 속에서는 시가 가진 창조적인 힘이 인간의 고뇌
와 불화를 개선하고자 이 세계에 창조적으로 개입할 때 시가
종교로 변합니다. 이러한 시는 우리의 윤리적 이상을 실현시
키기 위해 인간이 경험하는 다양한 상황의 가능성을 밝히고
이를 창조적으로 변혁함으로써 갖가지 장해를 극복합니다.
이것을 듀이는 "이리하여 예술은 생활 그 자체 속에 그 형태
가 미리 나타난다"[30]고 단정했습니다. 이런 점에서 민주주의
와 종교는 '인간과 인간의 경험이 자연과 어떻게 관계하는지
에 대한 기본원리'[25]가 됩니다.
그리고 앞서 소개하신 듀이의 강연 '창조적 민주주의 - 우리
눈앞에 있는 과제'에 나오듯이 민주주의의 기반은 인간의 가
능성을 계속 믿는 데 있습니다.
듀이는 이 신념을 휘트먼과 공유했습니다. 민주주의는 인간
의 고뇌를 해결하는 것과 마찬가지로 결코 고정적인 최종지
점이 아니라, 우리가 끝없이 추구해야 할 이상입니다.

　　이케다　그야말로 민주주의의 본질을 생각할 때 매우 중
요한 포인트입니다.

내적인 변혁과 더 나은 사회 건설의 추구, 끊임없는 그 도전 속에서만 진정한 민주주의를 실현할 수 있습니다.

우리 마키구치 초대 회장은 민주주의의 대국인 미국의 가능성에 일찍이 주목한 분입니다.

개인이나 국제관계에서 남이 이익을 보도록 하면서 자신도 이익을 얻는 방법을 제창하고 새로운 공생의 문명을 구축하는 역할을 미국에 기대했습니다.

마키구치 회장은 "장래의 문명 결합점은 미국일 것"[31]이라고 말하며 미국이 크게 발전하는 미래를 미리 예견했습니다.

저도 휘트먼이 드높이 노래하고, 듀이 박사가 이상으로 삼은 쾌활하고, 자유롭고, 친절하고, 활동적이고, 유머 있는 '참된 미국인의 모습'은 곧 이상적인 '세계시민'의 모습 중 하나로 우리가 지향하는 인간주의의 모습과도 깊이 통한다고 생각합니다.

개리슨 앞서 세계시민교육을 논할 때도 언급했지만, 이케다 회장은 1993년에 하버드대학교에서 강연하면서 '종교를 갖는 것이 인간을 강하게 하는지 약하게 하는지'라는 매우 중요한 물음을 던지셨습니다. 또 이때 '제3의 길'에 대해 정밀하고 묘하게 해설하셨습니다.

그것은 니치렌(日蓮)이 대승불교의 전통을 바탕으로 가르치고 제시한 길로, 이성이나 이기적인 자기신뢰와 같은 '자력(自

力'에만 전면적으로 의지하는 것도 아니고, 전제적인 지도자나 '신'과 같은 '타력(他力)'에 의존하는 것도 아닌 '제3의 길'이었습니다.

이케다 회장은 또 이 강연에서 인간주의적인 '중도'를 걸은 대표적인 인물 중 한 사람으로 듀이를 꼽으셨습니다.

그렇습니다. 듀이는 우리 생명에 내재하는 가능성을 자각하고 발휘해야 한다고 생각했습니다. 완전히 똑같지는 않더라도 이러한 사고방식은 모든 사람에게 불성(佛性)이 갖춰져 있고, 그 아름다움과 힘이 개개인의 특질로 발휘된다는 니치렌의 가르침에도 통하는 것이 아닐까요.

우리는 자연이나 가족, 민주적인 공동체 그리고 인류 전체 등 자신을 지탱하는 수많은 관계에 대해 마땅히 '경건함'을 유지해야 합니다.

우리는 꾸준히 각자 '인간혁명'을 추구하면서 동시에 다른 사람들과 힘을 합쳐 이상(理想)을 창조적으로 실현해야 합니다. 그 이상은 가능한 한 인간의 고뇌를 극복하고, 평화를 확고히 구축하는 것입니다. 저는 이케다 회장 자신이 예술의 중요성에 관해 자주 강조하신 점 그리고 회장 자신이 시인이자 사진가라는 점에 주목하고 있습니다.

듀이가 '창조적 민주주의'라고 부른 것은 이케다 회장이 '제3의 길'이라 부르는 창조적인 사회개선의 길과 매우 닮았습니다.

물론 그 길을 걸을 때는 여러 가지 다른 방식으로 걸을 수 있겠지요. 때로는 그 길을 스스로 개척해야 하는 경우도 있을 것입니다. 또는 도중에 자신들과는 다른 사람들의 도움이 필요한 경우도 있을지 모릅니다. 게다가 그들이 오히려 피하고 싶은 사람들일지도 모릅니다.

그러나 다양한 사람들의 도움을 받아들이는 것이 창조적이고 다원적인 민주주의의 지혜이고, 우리 '눈앞에 있는 과제'이기도 하다고 생각합니다. 그렇기 때문에 '창조적인 대화'가 헤아릴 수 없을 만큼 중요한 것입니다.

지금 다시 이케다 회장이 하버드대학교에서 한 강연을 돌이켜보면서 현대의 민주적인 인간주의에 대한 이해가 더욱 깊어졌습니다. 이 점에 진심으로 감사의 말씀을 드립니다.

'민중의 연대'와
민주주의 사회

미국 민주주의를 지탱하는 다이너미즘

    이케다   교육의 교류는 국경을 뛰어넘고 시대를 초월해
인간의 마음과 마음의 결합을 넓힙니다.

2010년 11월, 저는 매사추세츠대학교 보스턴캠퍼스 모틀리
총장 일행을 도쿄에 맞이하여 잊을 수 없는 만남을 새겼습
니다.

이 대학의 연원 중 하나인 매사추세츠농과대학교의 총장을
지낸 클라크* 박사는 근대 일본의 여명기에 일본을 방문하여
일본의 교육이 발전하는 데 크게 공헌한 은인입니다.

클라크 박사는 삿포로농학교 초대 교장으로서 우수한 교육
의 초석을 쌓았습니다. 이 학부에서 배운 청년들 중에서 니
토베 이나조 박사를 비롯해 세계에서 활약하는 많은 인재가

배출된 사실은 잘 알려져 있습니다. 니토베 박사는 마키구치 초대 회장과도 깊이 교류했습니다.

이처럼 귀 미국의 교육자들은 민주주의의 자유로운 기풍과 지성을 일본 사회에 불어넣으며 큰 깨우침을 주었습니다. 미국의 선각자들이 세계의 다양한 사람들을 일깨운 역사는 불멸합니다.

듀이 박사는 미국의 민주주의에 어떤 이상을 품고 있었습니까? 또 두 박사는 이러한 민주주의를 지탱하는 '근본의 힘'과 '매력'은 무엇이라고 생각하십니까?

히크먼　미국의 민주주의를 형성하는 가장 중요한 요소 중 하나는 '세컨드 찬스', 다시 말해 '기회는 한 번 더 있다'는 삶에 있습니다.

자주 드는 예이지만, 예를 들어 옛날 미국 서부 개척시대의 프런티어*에 위치하는 작은 도시에 여행객 한 사람이 도착했다고 가정하겠습니다.

그러면 그 여행객이 가장 먼저 듣게 되는 질문은 '어디에서 왔느냐'가 아닙니다. 반드시라고 해도 좋을 만큼 '이제 어디로 가느냐, 무엇을 할 생각이냐'는 질문입니다.

프런티어라는 개념 자체에 바로 '다시 한 번 시작할 기회', '과거의 잘못을 만회할 기회'라는 의미가 포함되어 있습니다.

이처럼 미국인은 새로운 기회를 추구하며 미래를 응시하는 강한 지향성을 갖고 있다고 생각합니다.

이러한 프런티어 정신이 미국의 사회생활과 정치생활에 어느 정도 유연성을 가져다주었습니다.

이케다 그것이 미국의 큰 '매력' 중 하나이고, 오늘날의 사회에도 생생히 맥동하는 정신이라고 할 수 있습니다.

미국은 '**合州國**(합州國)' 이상으로 다양한 민족과 언어와 문화, 종교를 가진 사람들이 공생하는 '**合衆國**(합衆國)'입니다. 이른바 민주주의 사회의 자유로운 정신과 다양성이 만들어내는 다이너미즘과 혁신성이 커다란 발전의 힘이 되고 활력이 되는 것이 아닐까요.

히크먼 미국의 민주주의를 지탱하는 또 하나의 요소는 많은 미국인이 가진 능력, 다시 말해 민주주의를 찾아 이 나라에 오는 다민족·다문화 사람들을 흔쾌히 받아들이는 능력입니다.

물론 새로운 이주민이 유입될 때는 문화적인 마찰을 피할 수 없는 경우도 있습니다. 그러나 저는 그러한 이주민들의 새로운 사상과 습관 덕분에 미국의 민주주의는 새로운 양분과 활력을 얻는다는 인식이 국민들의 근저에 있다고 생각합니다.

전에도 언급했지만, 듀이는 미국을 인종의 '도가니'로 표현하기를 꺼리고, 오히려 이 나라를 '오케스트라'에 비유하기를 좋아했습니다. 그것은 한 사람 한 사람이 나라 전체의 활동에 무언가 가치 있는 공헌을 할 수 있다는 사고방식이었습니다.

미국의 민주주의에 얽힌 이 두 가지 요소는 모두 듀이의 사상에 부합한다고 할 수 있습니다. 또 그러한 요소는 앞서 이야기를 나눈 휘트먼의 작품 속에서도 발견할 수 있습니다.

이케다 깊이 이해했습니다.

저와 대담을 나눈 세계적인 바이올린 연주자 메뉴인* 씨도 음악으로 본 미국의 다이너미즘을 이렇게 평가했습니다.

"일찍이 미국에 이주한 많은 사람은 옷차림은 검소했지만, 모두 자신의 음악을 마음과 머릿속에 간직하여 전했습니다. 그것은 이윽고 엄청난 다양성과 색채를 띤 음악이 되어 꽃을 피우고, 여기에서 재즈 등이 탄생했습니다."[32]

듀이 박사가 지적했듯이 민중이 가진 다양성이 새로운 음악과 예술을 창조하는 데 기여하고, 미국문화의 다이너미즘을 낳는 원천이 되었습니다.

이것은 미국의 민주주의 그 자체에 대해서도 똑같이 말할 수 있습니다.

개리슨 예. 민주주의는 유기적이고 생명력 있는, 계속 진화하는 실체입니다. 이것은 생명이 있는 모든 유기체에 해당되는데, 일반적으로 생명을 지탱하기 위한 여러 기능은 모든 개인이 그렇듯이 아무리 사소한 것이라도 그 하나하나가 필요하고 똑같이 중요합니다.

그중에서도 '대화'는 미국 민주주의의 '생명선'이라고도 할 수 있습니다. 물론 이것은 어느 나라의 민주주의에도 공통된다고 할 수 있겠지요.

이와 동시에 교육과 민주주의는 떼려야 뗄 수 없는 깊은 관계에 있습니다. 또 민주주의에서 예술과 문학은 결코 '사치품'이 아닙니다.

듀이는 예술인 '시'는 가장 강력한 비판력을 가진 표현이라고 하면서 그 이유를 이렇게 말했습니다.

"왜냐하면 예술은 그 외의 사물을 비교하고 가늠하는 척도가 되는 인간의 기쁨과 평가의 기준을 확고하게 만들기 때문이다. 예술은 미래에 바라는 대상을 선택하게 하며 그것을 얻으려는 노력을 유발한다."[7]

예술은 현실생활에서 가려지기 쉬운 인간의 가능성을 해방하여 완전히 새로운 이상적·도덕적 가치관을 전망하게 해줍니다. 그러한 이상을 통해 인간은 자신이 가진 여러 욕망을 제어할 수 있습니다.

오늘날 수많은 사람이 정치적·군사적·경제적 경쟁을 둘러싼 이념에 사로잡혀 그 상상력을 충분히 발휘할 수 없는 상태가 되었습니다. 이러한 상황에서 예술은 사회를 비판하는 가장 좋은 수단을 제공할 뿐 아니라, 인도적 경쟁을 통해 추구해야 할 이상을 만들어낼 수 있습니다.

이케다   참으로 중요한 지적입니다.

명저《고독한 군중》으로 유명한 미국의 사회학자 데이비드 리스먼* 박사는 "진정한 교육은 '과학 속에서 시'를, '수학 속에서 아름다움과 우아함'을 느끼는 사람들을 길러낸다"[33]고 말했습니다.

시와 예술을 소중히 여기지 않는 사회는 살벌하고 메마른 세계가 되고 맙니다. 생명과 자연을 경시하고 이기주의가 만연하는 사회, 또 악에 저항하지 못하는 약한 사회를 탄생시킬지도 모릅니다.

그런 의미에서도 인간생명을 고양하는 예술의 가치와 의의를 교육에서도 재검토하고 재발견해야 합니다.

그러한 가치창조의 교육이야말로 민주주의를 지탱하고, 그 토대를 더욱 굳건하게 만듭니다. 동시에 열린 대화와 자유로운 커뮤니케이션을 기반으로 한 건전한 민주주의의 발전이 진정한 교육을 가능하게 하는 사회환경을 착실히 만들어내지 않을까요.

듀이가 기대한 새로운 민주주의 형태

개리슨   그렇습니다. 저는 대중매체가 현대의 '대화'를 혼란스럽게 만드는 점을 우려하고 있습니다. 많은 대중매체는 부와 권력을 가진 사람들이 소유하고 조작하고 있습니다.

게다가 이러한 특권적 부유층은 대중매체를 통해 공공의 논의를 널리 알리기보다는 '물건'을 팔거나 자신들이 점유한 엘리트계급의 지위를 지키는 데 열심입니다.

오늘날 영리를 목적으로 하는 광고나 대중매체는 사람들의 욕망을 마음대로 조종하고 사람들에게 선택을 강요하는 수단이 되고 있습니다. 그것들은 우리에게 이 비누를 사라, 저 자동차를 사라고 상품을 강매하는 한편, 이 정치가에게 투표하라, 이 전쟁에 찬성하라고 선전합니다.

따라서 우리가 통찰력과 비판력 있는 창조적인 교육을 위해 힘을 쏟아야 할 가장 중요한 분야는 미디어 리터러시(Media Literacy, 정보를 평가하고 식별하는 능력) 교육이지 않을까요.

지금 필요한 교육은 우리가 충동적으로 내리는 가치판단과 진정으로 가치 있는 것의 차이, 그리고 눈앞에 있는 욕망의 대상과 진정으로 바람직한 것의 차이를 정확히 분별하기 위한 교육입니다.

이케다 일본 사회에서도 다양한 정보가 흘러넘치는 시대를 맞아 정보의 진위나 정보 속에 들어 있는 진실을 꿰뚫어보는 통찰력을 가지는 것의 중요성이 지적되고 있습니다. 민중한 사람 한 사람이 더욱 현명해지고 힘을 길러야 합니다.

약 20년 전(1989년), 동서냉전의 종언과 함께 공산주의 국가가 잇따라 민주화될 때 자유주의적인 민주주의야말로 승리자이며 역사의 도달점이다, 이런 식으로 말하는 사람도 많았습니다.

미국과 유럽에서 실현한 민주주의야말로 인류가 경험한 정치제도 가운데 최종 이상형이다, 또는 그러한 이상에 가장 가깝다고 주장하는 사람도 많았습니다.

그러나 그러한 민주주의라고 해도 결코 완전하지 않고 유일한 이상형이라고 단정할 수도 없을 것입니다. 저는 어디까지나 제도의 진가를 결정하는 것은 인간 자신이라고 생각합니다.

개리슨　듀이는 '절대주의에서 실험주의로'라는 논문의 마지막 단락을 다음과 같은 문장으로 시작했습니다.

"내가 생각할 때 언제까지나 철학이 유럽 2,000년의 역사가 남긴 여러 문제와 여러 체제의 범위 내에서만 전개된다고 상정하는 것은 한탄스러울 정도로 상상력이 결여되어 있음을 보여준다. 긴 미래를 내다보면, 서유럽 전체의 역사는 한 지방의 일화에 지나지 않는다."[4]

듀이의 교육 목적이 '성장'에 있었다고 한다면, 듀이에게 인생의 의미는 더 큰 의미를 계속 창조하는 데 있었습니다. 세계에는 다양한 문화가 있고, 문화가 다르면 자연히 민주주의가 의미하는 이상도 달라집니다. 우리에게는 그러한 모든 것이 필요합니다.

듀이의 사상에 따르면, 개인이든 문화든 서로 영향을 주고받는 상대가 존재하기에 비로소 잠재력이 발휘됩니다. 듀이는 "우리는 그저 다른 사람들의 권리로서만이 아니라, 민주주의의 경험을 풍요롭게 하는 한 가지 방법으로서 다양한 차이를 표현하는 것을 장려해야 한다"고 지적했습니다.

문화는 서로 영향을 주고받음으로써 잠재적인 가능성이 독자적인 형태로 실현되기 때문에 민주주의의 의미도 저마다 자연히 달라집니다.

그러나 민주주의가 성장하고 발전하려면, 더욱 큰 관용과 함께 인권의 확대가 요구됩니다.

이케다 토인비 박사는 저와 대담을 나눌 때 민주주의를 이렇게 평가했습니다.

"민주주의는 인간이 지금까지 생각해낸 정치체제 중에서 최악을 피한 차선책이다, 이러한 조심스러운 표현이 타당하지 않겠습니까."[34]

우리가 민주주의를 성장시키려면, 그 특질을 잘 이해한 뒤에 장점을 살리고 단점을 보완하는 인내심 강한 노력이 필요하다고 생각합니다.

개리슨 사실 우리는 민주주의를 성립시키는 여러 조건을 겨우 손에 넣었을 뿐이고, 앞으로 민주주의를 달성하려는 단계에 있습니다.

진정한 민주주의는 어디까지나 계속 진화하는 이상이며 그것은 우리의 사회적·정치적인 행동을 이끌어야 합니다.

민주주의는 다른 문화적 전통과 관습을 가진 사람들에게 결코 동일한 것이 아닙니다. 일찍이 듀이는 '철학과 민주주의'라고 이름 붙인 논문에서 이렇게 말했습니다.

"이미 남의 생각을 따라가는 모방자에서 벗어난 여성들이 무언가를 쓰기 시작할 때 그 관점이나 취지가 경험이 다른 남성들과 같을 것이라고는 도저히 생각할 수 없다. 관행과 생활습관은 일정한 계통의 '호불호의 감정'을 기르기 때문이다."[35]

듀이가 여성에 대해 말한 이 내용은 다른 문화와 민주주의에도 그대로 적용할 수 있습니다. 다시 말해 다른 여러 문화가 더 이상 서양적 민주주의를 배우는 학생이 아니라 독자적인 헌법을 쓰는 단계가 되었을 때 그것이 서양의 경험에 입각한 것과 같은 관점이나 취지를 갖게 된다고는 도저히 생각할 수 없는 것입니다.

이러한 문화는 각기 다른 관례나 사회습관을 갖고 있기 때문에 결과적으로 다른 '호불호의 감정'을 만들어냅니다.

아마 서양인은 새로운 민주주의를 상상할 수 없을 것입니다.

그러나 이케다 회장과 같은 분은 분명 상상할 수 있을 것입니다.

지금까지 이케다 회장은 실로 다양한 차이를 뛰어넘는 대화를 전 세계 어느 누구보다도 널리 실천하셨습니다. 그렇기 때문에 회장이라면 여러 가지 다른 민주주의(인도의 민주주의, 중동의 민주주의, 남미의 민주주의, 아프리카의 민주주의, 그 외 나라들의 민주주의)를 상상할 수 있을 것입니다.

지금까지 창가학회는 불법의 가르침을 다른 문화에 순응시키는 '수방비니(隨方毘尼)*'의 원리에 따라 그 이념을 세계 각지에 넓혔습니다. 저는 이와 같은 원리에 따라 미합중국에 민주주의가 넓혀지기를 바라고 있습니다.

이케다 저에 대한 말씀이야 어쨌든, 문화의 수만큼 민주주의가 있다는 의견에 찬동합니다.

또 그러한 다양성이야말로 민주주의 정신의 기둥이고 초석이 됩니다. 서로 좋은 점을 배우고 받아들이면서 더욱 발전한다, 이것이 민주주의의 다이너미즘 중 하나이지 않을까요.

노벨경제학상을 받은 아마르티아 센* 박사는 보스턴 근교에 있는 우리 국제대화센터에서 강연하는 등 SGI(국제창가학회)와도 교류를 나누었습니다.

그 박사가 자신의 저서에서 지금 민주주의 국가로서 인도는 식민지 시대에 영국의 영향을 받은 것이 아니라 "조국에 살아 숨쉬는 오랜 민주주의의 전통 속에 그 기원이 있다"[36]고 말한 것이 인상적이었습니다.

인도뿐 아니라 아시아 각국에도 저마다 풍요로운 정신문화의 전통이 있고, 전통에 따른 민주주의를 발전시키고 있습니다.

히크먼 매우 흥미롭고 중요한 화제입니다. 특히 과거 10년 정도 사이에 부시 정권(2001~2009년)이 미국식 민주주의를 '수출'하려고 시도한 경위를 생각하면 감회가 깊습니다.

듀이는 미국의 민주주의를 그대로 다른 나라에 이식할 수 있다고는 생각하지 않았습니다. 또 인류 역사상 모든 정치체제 가운데 미국의 민주주의가 '궁극의 이상'이라고도 생각하지 않았습니다.

제시카 왕은 자신의 저서 《중국에 머문 듀이》에서 이 점을 부각시켰습니다. 왕은 이렇게 주장했습니다.

"듀이는 중국이 서양을 맹목적으로 모방하지 않기를 바랐다. 오히려 듀이는 중국이 자국이 갖춘 문화의 힘을 기반으로 자국 내에서 변혁을 이루기를 바랐다."[18]

사회학자 대니얼 벨*은 2006년에 발간한 자신의 저서 《자유민주주의를 넘어서 – 동아시아적 배경에 대한 정치사고》에서 이렇게 논했습니다.

"중국 유교의 가르침은 서양식 자유민주주의와는 크게 다른 새로운 민주주의 형태를 만들어낼 것이다. 그러나 나는 서양식 민주주의도 중국에서 탄생하는 민주주의도 각각의 맥락에서 둘 다 정통적이고 적절한 민주주의라고 간주하고 싶다."[37]

대니얼 벨은 현 시점의 중국을 하나의 실험실로 보고, 그 속에서는 세계에서 가장 흥미로운 민주주의의 몇 가지 실험이 이루어지고 있다고 말했습니다. 중국의 현 상황에 대한 벨의 이러한 평가가 적중할지 적중하지 않을지 그것을 지켜보는 것도 흥미롭겠지요.

'민주주의는 사회의 저변에서 성장하고 발전하는 과정이지, 위에서 강요하는 것이 아니다', 이것이 듀이의 사고방식이었습니다.

또 듀이는 이 세계에 변화와 혁신이 일어나는 한 민주주의 또한 결코 고정적이거나 완성된 형태가 없다고 생각했습니다.

민중의 힘으로 '선의 연대' 창출을

이케다 참으로 중요한 관점을 말씀해주셨습니다.

특히 '민주주의는 사회의 저변에서 성장하고 발전하는 과정'이라는 사상은 민주주의의 근간을 생각할 때 대단히 시사적입니다.

이제껏 두 박사가 지적하신 것처럼 듀이 박사는 1919년에 일본을 방문했을 때 군국주의하의 일본에는 개개의 가정과 국가권력 사이에 완충성을 가진 제도나 조직이 없다는 점에서 사회의 취약함을 느끼고 위구심을 품었습니다.

지금의 비영리단체(NPO)나 사상적으로 자유롭고 개방적인 다양한 지역커뮤니티 등이 없고, 있다고 해도 모든 제도나 조직이 '나라를 위해', 전체주의 사회를 위해 있다는 사실을 꿰뚫어보았습니다.

그 뒤의 역사는 박사가 우려한 대로 군국주의 국가로서 폭주하여 파멸의 길을 걷고 말았습니다.

이 점에 대해서는 저도 예전에 마카오동아대학교(지금의 마카오 대학교)에서 강연하면서 논한 적이 있습니다. 사람들이 국가주의에 물들고 전체주의에 휩쓸린 20세기의 교훈을 지적한 뒤에 새로운 인류의식으로 맺어진 인간 연대의 필요성을 제시했습니다.

마키구치 회장은《창가교육학체계》에서 이렇게 말했습니다. "강해져서 점점 선량한 사람을 박해하는 악인(惡人)에 비해 선인(善人)은 언제까지나 고립된 채로 약해지고 있다. 한쪽이 방대해지면 다른 한쪽은 점점 위축된다. 사회는 험악해질 수밖에 없지 않은가."[38]

권력의 폭주를 막고 민주주의를 생생히 사회에 맥동시키려면, 사람들이 현명해지고 강해지기 위한 '민중의 연대'를 구축해야 합니다. 두 박사는 이러한 민중의 연대를 구축하기 위해 무엇이 필요하다고 생각하십니까?

히크먼　또다시 이케다 회장은 어려운 질문을 하시는군요. (웃음)

미국의 오바마 정권이 의료보험 개혁을 위해 노력한 데서 배워야 할 중요한 교훈 중 하나는 '연대'에도 여러 종류가 있다는 사실입니다.

요컨대 세계에는 남을 배려하는 견식 있는 사람들의 '연대'도 있지만, 이와는 반대로 자기밖에 모르고 무지하면서도 큰 소리로 주장하는 사람들의 '연대', 또는 권위주의적인 관념이나 운동을 고집한 나머지 자신들과 이웃들의 이익에 반하면서까지 행동하거나 투표하고 때로는 폭력을 쓰는 사람들의 '연대'도 있습니다.

교육자인 제가 판단하기에는 이 문제를 해결하려면 유치원에 다닐 때부터, 또는 그보다 더 이른 시기부터 대화와 예의의 기본을 가르치는 교육을 해야 한다고 생각합니다.

이 경우에는 '선(善)을 안다는 것은 선을 행하는 것'이라는 소크라테스의 말이 꼭 들어맞지는 않지만, 무엇이 '선'인지를 모르면 그 어떤 '선'도 행하기 어렵다는 것은 명백합니다.

그리고 무엇이 '선'인지를 아는 방법 중 하나는 남의 생각 듣기를 배우고, 공공의 이익이 무엇인지를 알기 위해 자기교육을 하는 것이라고 생각합니다.

이케다 중요한 지적입니다.

확실히 개인주의의 부정적인 측면을 들면 개인의 권리를 주장하는 나머지, 사람들이 서로 협조하고 협력하는 공동체와 같은 '장(場)'이 취약해진다는 점이 있습니다.

현대사회는 점점 그러한 경향이 강해지고 있습니다.

그렇기 때문에 서로의 차이에서 겸허히 배우고 가치를 창조하는 '열린 마음'을 기르는 교육이 필요합니다.

히크먼 예. 저는 2008년 교토에서 개최한 국제교육철학회 기조강연에서 "정치단체·종교단체·영리단체를 불문하고 그 어떤 단체의 주장도 인류 진화의 관점에서 보면 모두 바르게 평가할 수 있을 것"이라고 지적했습니다.

인류가 존속하려면 폭력과 불신이 점점 협조와 이해로 대체되는 세계를 향해, 우리가 그러한 세계에 아직 다다르지 못했다는 가정하에 진화해야 합니다.

이 회의에서 저는 종교단체를 가늠하는 시금석은 '그 종교가 만인공통의 신앙(공통신앙)에 기여할 수 있느냐' 없느냐라고 주장했습니다.

이것은 사람들을 분단시키는 것이 아니라 융합시키는 신앙,

끝없이 변화하는 여러 상황에 유연하게 대응할 수 있는 신앙을 말합니다.

저는 10년 넘게 창가학회의 이념과 활동을 연구했는데, 창가학회에는 지금 말한 신앙이 틀림없이 살아 숨쉬고 있었습니다. 이케다 회장, 그리고 마키구치와 도다 두 회장의 인생과 활동에 훌륭히 살아 숨쉬고 있었습니다.

그리고 앞서 언급한 '진화'의 의의에 입각해 말씀드리면, 창가학회의 전망과 제창, 그리고 운동은 다른 많은 종교단체에 비해 훨씬 진화했다고 생각합니다.

개리슨 그렇습니다! 우리는 사회개혁을 위해 민중의 힘으로 '선의 연대'를 반드시 '창출'해야 합니다.

우리가 생각하는 '선의 연대'는 정치나 사회의 편의를 위한 것이 아니라, 인간의 경험과 자연의 관계에 관련된 기본원리입니다. 그것은 바로 '종교적 휴머니즘'의 강력한 표현이라고 할 수 있습니다.

대중매체(듀이의 시대로 말하면 라디오나 신문, 지금으로 말하면 인터넷이나 휴대전화 등도 포함)가 긴급히 해야 할 일은 민중에게 잘못된 교육을 하는 것이 아니라, 민중이 스스로를 교육할 수 있도록 돕는 것입니다.

그리고 민중이 자신의 진정한 이익을 인식하여 공통의 관심사나 이익에 따라 효과적으로 정부에 이의를 제기하고 정치

변혁을 할 수 있는 사회를 형성해야 합니다.

그런 의미에서 이전에도 말씀드렸듯이 창가학회의 '좌담회' 형식은 풀뿌리 민주주의의 훌륭한 본보기입니다.

그것은 자신들이 원하는 일을 수행하기 위해 대중매체를 조종하는 자본가나 정치가들의 조작을 회피하는 수단입니다.

창가학회의 '좌담회'는 그야말로 듀이의 신조가 올바르다는 사실을 입증하는 것이라고 할 수 있습니다.

이케다　깊이 이해해주셔서 감사합니다.

말씀하신 대로 다른 사람의 얼굴을 보고 진실을 말하는 진정한 교제가 성립하려면 대등한 '대화'의 장이 있어야 가능합니다.

세계 192개국·지역으로 넓혀진 SGI의 멤버들은 각 지역에서 '좋은 시민'으로서 사회에 공헌하는 인생을 걸고 있습니다.

그 멤버들이 서로 격려하고 신앙의 기쁨을 나누면서 함께 배우고 성장하는 자리가 바로 '좌담회'입니다. 물론 지역의 우인 등도 참석합니다.

좌담회는 세계 어느 곳에서나 달마다 개최하여 환희에 찬 대화의 꽃을 피우고 있습니다. 북으로는 북극권의 아이슬란드부터 남으로는 아르헨티나 최남단의 마을에 이르기까지, 또 태평양과 대서양에 있는 섬들에서도 사람들이 활기차게 대화를 나누며 '민중의 마음에 샘솟는 오아시스'를 넓히고 있습니다.

앞서도 말씀드렸듯이 좌담회는 마키구치 초대 회장, 도다 제2대 회장이 초창기부터 가장 힘을 쏟고 소중히 여기신 창가학회 민중운동의 원점입니다. 그것은 오늘날에도 조금도 변함이 없습니다.

개리슨 마키구치와 도다 두 회장의 인생은 휘트먼의 시처럼 '시'가 현실세계에 용감하게 뛰어들어 불공정함을 이겨냄으로써 '종교'가 된다는 것을 증명한 위대한 모범 그 자체입니다.

고대 그리스인이 포이에시스(poiesis)라고 부른 시(포엠, poem)는 '창조하다', '창작하다', '만들어내다'라는 뜻입니다. 우리가 현실세계에 관여할 경우 당연히 일상적인 권력과 정치의 혼란에 휩쓸려 불성실함으로 인한 실수든 악의 없는 실수든 잘못을 저지르는 경우도 있을 것입니다.

저는 제도적 차원에서 정치와 종교의 분리를 단호히 옹호합니다. 요컨대 특정한 종교적 도그마가 정치를 조종하는 일이 있으면 안 됩니다.

그러나 약자를 지키고 평화와 자유, 평등을 추구하기 위해 종교가 정치에 관여하는 것은 듀이가 말하는 '자연스러운 경건한 행위'와 '이상을 향한 신앙'이라는 의미에서 '종교성'의

적절한 표현이 될 것입니다.

인간의 고뇌와 분쟁을 극복하려는 것은 정치적인 행위 중 하나이며 창가학회는 창립 이후 한결같이 이를 실천했습니다. 마키구치 회장과 도다 회장, 그리고 이케다 회장 자신의 이념과 행동은 니치렌의 이념이나 행동과 마찬가지로 필연적으로, 또 적정한 의미에서 정치적인 것이라고 생각합니다. 다만 그것이, 실수가 없을 것이라고 말하는 것은 아닙니다.

이와는 반대로 물질세계의 속세에 물들지 않기 위해 적극적으로 평화를 추구하지 않고 초연히 물러나 고고함을 지키려는 사람들이 있다면, 그것은 인간의 고뇌를 구제하는 것보다 자기자신을 구제하는 것에만 관심이 있는 매우 독선적인 자세를 가진 사람들입니다. 니치렌불법도 창가학회도 제 눈에는 결코 그렇게 보이지 않습니다.

듀이에 따르면 '도덕적 신념'은 인간의 지고한 이상을 따르는 것이고, 그 지고한 이상이야말로 우리의 욕망과 목적에 우선하는 올바른 요구라는 점을 인식하는 것이었습니다.

듀이는《공통의 신앙》에서 이렇게 단언했습니다. "이상을 향해, 그 달성을 위해 장해와 맞서 싸우는 행위, 개인의 생명이 위험하더라도 보편적인 영원한 가치에 대한 확신으로 행하는 행위, 그러한 행위는 이미 종교적인 특성을 갖춘 행위다."[27]

마키구치 쓰네사부로 회장과 도다 조세이 회장은 개인으로

미국SGI의 좌담회 풍경. 다양한 사람들이 모여 밝게 웃으며 대화를 넓힌다.

서 가장 큰 생명의 위기를 앞두고도(마키구치 회장의 경우에는 죽음

을 맞이하면서도) 평화를 열망하고 최고의 용기와 확신을 제시해

군국주의라는 장벽을 이겨냈습니다.

두 사람은 마하트마 간디와 마틴 루서 킹*과 마찬가지로 20세기 역사에 평화·자유·사회정의를 위해 싸운 가장 위대한 영웅으로 기록되기에 적합한 인물입니다.

4장

과학·철학·종교

인간의 행복을 위한
과학기술

과학기술의 발달과 윤리적, 교육적 과제

이케다 이제부터는 과학기술의 진보와 교육을 주제로 이야기를 나눴으면 합니다.

휘트먼은 1855년 시집《풀잎》서문에 이렇게 썼습니다.

"실증과학과 그 실용적인 동향은 위대한 시인에게는 아무런 제약도 되지 않을뿐더러 늘 용기를 북돋고 뒷받침이 되어준다."[1]

그리고 시인도 또 과학과 기술의 힘에 의해 만들어진 사회 속에서 큰 은혜를 입었고, "아름다운 시 속에는 과학의 성과와 과학에 보내는 만강의 박수갈채가 담겨 있다"[1]고 말했습니다.

그 뒤 20세기 초반 신문의 미래 예측 등을 봐도 많은 사람이

'과학기술의 발달은 장밋빛 미래를 약속한다'는 기대를 품고 있었음이 엿보입니다.

그런데 휘트먼이 서문을 쓴 해로부터 75년 뒤, 듀이 박사는 저작 《낡은 개인주의와 새로운 개인주의》 속에서 이렇게 말하지 않을 수 없었습니다.

"과학과 기술은 현재 기본적인 의미에서는 결코 컨트롤되지 않는다. 오히려 그것들이 우리를 컨트롤한다."[2]

"우리는 컨트롤의 정점에 다가서지도 못한다. (중략) 가까스로 그런 관리를 꿈꾸기 시작한 데 지나지 않는다."[2]

개리슨 듀이는 이케다 회장이 말씀하신 저서에서 "수량화, 기계화, 표준화 바로 이런 것들이 미국화(化)가 세계를 제패하고 있다는 지표다"[3]라고 단언했습니다.

듀이는 이 문장을 1929년에 썼는데 그의 말은 '미국화'라는 이념이 세계경제를 움직이는 오늘날 더한층 진실성 있게 다가옵니다. 다만 이런 미국화는 각각의 국민성과는 아무런 상관없이 진행됩니다. 다시 말해 미국이 숭배하는 수량화, 기계화, 표준화는 이미 세계경제에 편입되어 있습니다.

다른 저서에서 듀이는 이렇게 주장했습니다.

"표준화는 봉건적인 틀이 여전히 우리에게 압력을 가한다는 증거다. 현대의 공업화된 생활이라는 새로운 봉건주의는 대자본가나 대기업가부터 단순 노동자까지 순위를 매기고 이것이 봉건적인 기질을 부활시키고 강화해, 자유롭고 개성적인 추구 속에서 발휘되어야 할 개인의 능력을 무시하고 있다."[4]

이케다 그야말로 그 후 사회의 막다른 길목을 꿰뚫어 본 듯한 말인데, 듀이 박사는 통제해야 할 과학기술에 인간이 휘둘리고 수단화되는 것에 경종을 계속 울렸습니다.

박사가 지적한 '수량화', '기계화' 등으로 치우치는 현상은 인간을 문자 그대로 '틀'에 박아 획일적으로 다루는 사회로 인도할지 모릅니다. 이는 현대에도 커다란 과제라고도 할 수 있습니다.

과학기술 사회의 윤리관 확립도 급선무입니다.

토인비 박사는 저와 나눈 대담에서 과학기술이 인간에게 준 힘과 우리 자신의 윤리적 행동 수준의 격차가 점점 벌어지는 것을 예리하게 지적하셨습니다.

그리고 "인간이 가진 기술이 인간의 이기주의나 사악함 등 악마적인 목적을 기반으로 남용될 경우, 그것은 치명적인 위험이 된다"[5]고 깊이 우려하셨습니다.

이 점도 오늘날 대학교육에서 중요한 주제가 되었습니다.

개리슨 예. 저는 버지니아공과대학교에서 교육대학원 철학과 과학기술연구과정이라는 코스의 수업을 담당하고 있습니다. 주로 교원 양성 과정을 가르치는데, 대상은 모든 학문

분야의 교사입니다.

실은 그래서 매우 걱정스러운 경향이 있습니다. 일반적으로 과학과 공학분야 학위를 가진 학생들은 자기 전공분야의 학문의 힘을 강하게 믿는데, 철학과 과학윤리에 관해서는 거의 아무것도 배우지 않습니다.

한편 이공계가 아닌 학생들은 과학과 기술에 불신감을 갖거나 혹은 명백한 '악(惡)'으로 간주하는 경향이 있습니다. 그들은 대부분 대체로 현대인이 이성(理性)에 대해 품는 분노의 감정에 느긋합니다. 그러나 그들이 반발하는 대상이 되는 것은 과학적 성과를 좁게 독단적으로 이용하는 '과학주의(科學主義)'이지, 절대적인 확실성을 담보하지 않는다는 전제에 서서 가설과 시험, 수정을 반복하는 잠정적인 수법 그 자체가 아닙니다.

듀이도 또 자신의 인식론을 집대성하고 저서 이름으로도 붙인 '확실성의 탐구'를 부정했습니다. 전체적으로 보면 이공계냐 아니냐에 상관없이 학생들이 대부분 윤리학과 철학을 배우지 않는 실정입니다.

현재 우리 버지니아공과대학교에서는 이런 과목이 교과과정에도 들어 있고 그 좋은 영향이 제가 가르치는 학생들에게도 나타나게 되었습니다.

이케다　히크먼 박사가 계시는 서던일리노이대학교 카본데일캠퍼스는 어떻습니까?

소카대학교 공학부 학생들도 과학윤리와 철학에 대한 문제의식은 높습니다. 인간주의 과학자 육성을 지향하는 관점에서 조언을 부탁드립니다.

히크먼　1959년 영국의 물리학자이자 소설가이기도 한 C. P. 스노*는《두 문화와 과학혁명》이라는 중요한 저서를 출판했습니다. 이 책에서 스노는 이공계 문화와 문과계 문화의 '균열'이라기보다 오히려 그 '커다란 격차'를 개탄했는데 오늘날 우리가 처한 상황은 당시와 비교해도 그다지 개선되지 않았습니다.

제가 어느 큰 공과대학 강단에 선 경험이 있는데 당시 공학부 학생들이 수강할 수 있는 자유 선택 과목은 4년간의 이수 과정 중 딱 한 과목이었습니다.

한편 리버럴 아트 칼리지(일반교양과정)의 학생들은 지금까지 자연과학이 어떻게 걸어왔는지, 지금 이 분야에서 무슨 일이 일어나는지에 관해 대다수가 전혀 알지 못하는 게 현실입니다.

이케다　히크먼 박사는 그런 상황을 개선하고자 끈질기게 노력하셨지요.

히크먼　예. 이 두 문화의 격차를 좁히는 노력의 일환으로 저는 최근 몇 년 동안 '과학기술과 인간적 가치'와 '서구사회의 과학기술'이라는 주제로 수업을 진행했습니다. 제 수업은 인문과학계, 교육학계, 자연과학계, 공학계 학생들이 폭넓게 수강하고 있습니다.

서던일리노이대학교 카본데일캠퍼스에는 '코어(Core) 코스'라는 커리큘럼이 있습니다.

이 코스는 굉장히 잘 설계되어 늘 최신 내용이 포함되어 있습니다. 그 목적은 이공계 학생들에게 인문과학 교육을 실시하고, 문과계 학생들에게는 자연과학과 공학지식을 제공하는 데 있습니다. 이공계 학생에게 저는 이런 조언을 합니다.

"자신이 전공하는 분야의 학문에 관해서는 그 역사를 제대로 배울 것, 그리고 그 과학적이고 기술적 변화에 대해 윤리적 측면에서 검증하는 철학자들의 노력과 업적을 잘 헤아리는 자세가 중요하다. 지금 철학을 배워두면 머지않아 여러분이 연구가로서 살아가는 인생이 상당히 풍부해질 것이다. 지금 인문과학 공부를 해두면 장래 자신의 전공분야에서 무언가 중대한 윤리상 결단을 내려야 할 때 도움이 될 것이다"라고 말입니다.

물론 자연과학과 예술의 관계, 예술과 인문과학의 관계에 대해서도 논해야 할 사항이 많습니다. 듀이의 고찰에 따르면 철학의 이상은 다종다양한 학문의 각 분야를 연결하는 일종의 '연계 역할'이 되는 것이었습니다.

'낡은 개인주의'에서 '새로운 개인주의'로

이케다   훌륭한 조언입니다. 듀이 박사는 건전한 사회발
전을 위해 '새로운 인간주의 형성'을 근저에 두어야 한다고
주장했습니다.

'과학과 기술이 내포한 의미를 이해하면서 그것들을 이용함
으로써 현대의 현실에 즉응한 새로운 인간주의를 형성해 움
직이는'[2] 것이 중요하다. 이것이 듀이 박사의 관점이었습니
다.

더욱이 박사는 "이런 전망에 대한 가장 큰 장애는 되풀이해
서 말하지만 낡은 개인주의가 살아 남아서 바야흐로 사적이
고 금전적인 이익이라는 목적을 위해서 과학과 기술을 이용
하는 데까지 몰락한다는 사실이다"[2]라고도 지적했습니다.

여기에서 경계하는 '낡은 개인주의'란 '자신들의 목적에 도움
이 되기 위해 개인주의를 살려두려는'[2] 사고방식입니다.

이에 반해 듀이 박사가 지향한 '새로운 개인주의'란 늘 타인
의 존재를 의식하며 현실사회의 변혁에 도전하고 자기를 새
롭게 창조하고자 하는 사고방식이었습니다.

개리슨   그렇습니다.

지혜는 우리에게 끊임없이 타인을 돕고 타인을 배려하는 인
간이 되라고 요구합니다. 사람들이 지금 이때에 보여주는 그

사람만이 가진 인격의 특성을 도덕적인 인식력(認識力)으로 통찰함으로써 우리는 사람들 개개인의 필요와 소원이나 능력에 적절히 대응할 수 있습니다.

지혜는 또 도덕적인 상상력도 내 것으로 해줍니다. 이 힘으로 우리는 어떤 상황에서도 현실의 현상을 초월해 모든 개인의 최대 가능성을 파악할 수 있습니다.

또한 듀이는 개인의 자아와 그 행동은 본질적으로 일체불이(一體不二)라고 주장했습니다.

우리는 현재의 자기를 표현하는 속에서 이미 미래의 자기를 형성하고 있습니다.

다만 우리가 배려 깊고, 주의 깊게 그리고 자기성찰을 충분히 할 수 있다면 인류는 모든 과학 지식을 사용해 좀 더 나은 미래를 설계하고 자기 운명을 지적으로 컨트롤할 수 있습니다. 듀이는 이 사고방식을 프랜시스 베이컨*, 오귀스트 콩트*와 그 밖의 사상가들에게서 이어받았습니다.

듀이는 이렇게 말했습니다.

"휴머니즘은 인간의 생활이 그것에 의해 축소되지 않고 확대되는 것을 의미한다. 다시 말해 그것은 자연 그 자체나 자연에 관한 모든 과학도 인간을 위해서 '자진해서 일하는 봉사자'가 되는 듯한 확대가 이루어진다는 것이다."[6]

문제는(이는 안타깝게도 베이컨의 시대까지 거슬러 올라가지만) 세계 자본의 수중에 들어간 자연과학이 오늘날에 이르기까지 자연을 '본의 아닌 봉사자'로 만든 점입니다. 설상가상으로 그것은 과학으로 하여금 인간성에 맞서게 하고, 인간 자신을 과학기술을 위한 '본의 아닌 봉사자'로 만들었습니다.

듀이는 종종 그리스 고전의 말을 인용하여 "누구든 자기 행위의 목적을 타인에게 찾는 자는 노예와 다름없다"고 말했습니다. 지금까지 과학의 힘은 부유한 권력자들이 일반대중의 마음을 예속시키는 데 이용되었습니다.

이케다　그와 같은 폐색된 사람들의 마음을 자유로, 자립으로, 인간성의 개화로 어떻게 해방시키느냐. 거기에 인간교육의 도전이 있습니다.

개리슨 박사는 듀이 박사의 주장에서 볼 때 현재의 교육을 어떻게 전환해야 한다고 보십니까?

개리슨　미국 르네상스의 사상가 에머슨과 마찬가지로 듀이는 우리가 인류의 역사에서 지금 이 장소에 태어난 것을 받아들이고, 현실의 진흙탕 속에서 아름다운 꽃을 피워야 한다고 생각했습니다.

그래서 우리는 자기가 계승한 과학기술과 함께 이 자본주의 경제도 받아들일 필요가 있습니다. 그래도 우리에게 '다원적인 민주주의 실현'이라는 전망이 있는 한, 과학도 자본주의도 민중의 이익에 걸맞은 새로운 목적으로 향하게 할 수 있을 것입니다.

지금이야말로 우리는 인간을 '글로벌한 생산기능을 위해 교환가능한 부품'으로 양성하는 현재의 교육을 크게 전환할 필요가 있습니다. 그리고 도덕적 평등을 재확인함과 동시에 누구나가 '그 사람만의' 능력을 발휘하고 민주적인 사회에 독자적으로 공헌할 수 있는 새로운 교육을 실현해야 합니다.

이와 같은 교육을 이룰 수 있느냐 없느냐가 창가교육(創價教育)의 여러 기관과 많은 공립교육(公立教育) 기관의 커다란 차이입니다.

이케다 따뜻한 말씀 감사합니다. 큰 기대에 부응할 수 있도록 교직원 그리고 학생들과 함께 더욱 노력하겠습니다.

방금 개리슨 박사는 듀이 박사의 교육관을 멋진 비유로 말씀해주셨습니다. 아시다시피 대승불교의 정수인 '법화경'에는 '여연화재수(如蓮華在水)'라는 법리(法理)가 설해져 있습니다.

다시 말해 연꽃은 진흙탕 속에서, 게다가 흙탕물에 결코 물들지 않고 청정한 꽃을 피웁니다. 이 연꽃처럼 욕망과 증오가 소용돌이치는 혹독한 현실사회 한복판에서도 그 오탁(汚濁)에 물들지 않는 존엄한 인간성을 빛내며 사회를 위해 공헌하는 삶을 법화경은 제시하고 있습니다.

그것은 과학기술 발달로 물질적으로 풍요롭고 '물자'가 넘쳐나게 된 사회에서도 확고한 윤리관이나 도덕관으로 무장해 강인하게 가치 창조하는 의의에도 통한다고 생각합니다.

히크먼   중요한 점이군요. 듀이가 태어난 해(1859년)는 미국 본토에서 처음으로 석유가 시굴된 해였습니다. 또 듀이가 서거한 해(1952년)는 인류 최초의 수폭실험(水爆實驗)이 이뤄지고 경구피임약 치료 효과가 처음으로 성공한 해에 해당합니다. 듀이는 그의 생애에 일어난 많은 과학기술의 변화가 인류에게 가져온 영향을 이해하는 일이 철학자의 한 사람으로서 자신의 과제라고 정했습니다. 여기에서 기억해야 할 것은 듀이가 각종 과학을 이른바 그 내면에서 착오 없이 이해하고 있었다는 사실입니다.

예를 들면 시카고대학교 시절에는 듀이가 동료들과 함께 지각심리학(知覺心理學) 실험을 했습니다. 훗날 듀이는 쌍둥이의 생리적 발달을 연구한 의료연구자 머틀 맥그로와 공동연구를 했습니다.

또 듀이의 딸 제인은 물리학의 선구자로서 닐스보어연구소에서 연구를 한 뒤 대학과 합중국 정부기관에서 근무했습니다.

이케다 회장이 《낡은 개인주의와 새로운 개인주의》에서 발췌하신 인용문에는 듀이의 사상이 잘 부각되어 있습니다.

그 사상이란 우리가 자신들이 지금 있는 장소, 다시 말해 불확실하고 혼란스러운 이 세계에서 출발하여 늘 최선의 행동

과 최선의 존재를 지향하고 노력하면서 조금씩 가치를 구축
해야 한다는 것이었습니다.

만약 듀이가 흙탕물 속에서 생겨나 순수무구한 꽃을 피운다
는 연꽃의 비유를 들었다면 몹시 마음에 들었을 것입니다.
왜냐하면 이 비유가 다양한 사물을 있는 그대로 포착하고 재
구축하여 가치를 낳는다는 자신의 사상과 매우 근접하기 때
문입니다.

이케다   결국 중요한 점은 인간 자신이 강하고 현명하게
좋아져서 다양한 현상에서 가치를 창조하는 것입니다.
'과학기술'과 '기술'을 의미하는 '테크놀로지'의 어원을 거슬
러 올라가면 고대 그리스어의 '테크네'에 도달합니다.
이 '테크네'는 인간이 무언가를 만드는 장면에 관련해서 사
용된 말이라고 하는데 단순히 도구나 기계 등 '물건의 사용'
을 의미한 것은 아니었다고 합니다.

예를 들면 가구 장인이 나무로 책상이나 의자를 만들어내듯
이 '숨어 있는 것을 나타낸다', 다시 말해 인간의 지(知)를 통
해서 새로운 것을 창조하는 뜻이 담겨 있었습니다.
이전에 이 '테크네' 용어를 둘러싸고 개리슨 박사는 이렇게
말씀하셨습니다.

"테크네에는 본디 사물을 창조한다, 의미를 창조한다는 뜻이
있습니다. 그것은 그리스어 '포이에시스(영어의 '시, poem'의 어원)'

의 동의어이기도 합니다. 포이에시스의 뜻은 사물을 현실에 내놓다, 다시 말해 가치를 창조하는 데 있었습니다. 듀이는 이것을 프래그머티즘이라고 불렀습니다. 다시 말해 세계를 바꾸기 위한 현실의 행동이라는 의미입니다"라고 말입니다.

현대의 '테크놀로지'의 실정을 돌아보면 눈앞의 이익이 우선시되고 인간과 자연에 어떠한 영향이 있는지 등을 충분히 검증하지 않은 채, 새로운 발견과 연구개발에 서로 경쟁한 측면이 있습니다.

그 결과 과학기술의 진보가 인간의 생존기반인 자연환경을 파괴하고, 생태계까지 위협합니다.

이 위기의 벽에 도전해 이겨내기 위해 우리는 다시금 "과학의 한계를 없애려면 과학의 이용방법을 바로잡아야 하며 과학을 남용하면 안 된다"[2]는 듀이 박사의 말에 귀를 기울일 필요가 있지 않을까요.

도다 제2대 회장이 "현대인의 불행 중 하나는 지식과 지혜를 혼동하는 점이다", "지식은 지혜를 유도하고 지혜를 여는 문은 되지만, 결코 지식 자체가 지혜는 아니다"라고 강조하신 말씀이 떠오릅니다.

과학적 지식이 선으로도 악으로도 이용될 수 있는 '양날의 검'이 된다고 현대인은 깨달았습니다. 지식을 진정한 진보와 행복을 위해 총명하게 활용하는 것은 인간의 지혜입니다.

개리슨　글로벌 자본주의의 현대사회에서 근대적 과학기술이 초래하는 재앙은 전적으로 우리가 지혜를 활용하지 않고 지식만 이용하는 데 있습니다.

'낡은 개인주의'는 지혜보다도 지식을 중요시합니다. 자연을 이용물로 하고, 타인을 이용하기 위해 지식을 사용하려 하기 때문입니다.

그에 반해 '새로운 개인주의'는 인간의 고뇌를 경감하고, 인간의 창조력과 자기표현력을 해방하기 위해 지식을 현명하게 사용하자는 자세입니다. 문제는 과학기술 그 자체에 있는 것이 아니라 오히려 과학기술을 사용하는 그 목적에 있습니다.

우선은 정도를 넘은 과학만능주의를 물리치고, 과학의 힘을 하나의 '문화적 현상'으로 적정하게 이해해야 합니다. 그리고 우리는 이따금 개인이나 집단을 억압하는 경향을 가진 종래의 목적을 위해서 과학의 힘이 사용되는 것을 피해야 합니다.

근대화로 연마된 비판력을 갖춘 창조적인 지성을 종교, 경제, 철학, 가족, 개인의 인생 등 모든 문화적 영역으로 해방할 필요가 있습니다.

그러한 문화적인 비판력과 창조적인 상상력, 사회적인 책임을 중시하는 인간적 교육이야말로 '새로운 개인주의'를 함양하는 것이고 이는 이케다 회장이 말씀하시는 한 인간의 '인간혁명(人間革命)'과도 매우 흡사한 개념이라고 생각합니다.

테크놀로지의 가능성과 과학자의 도덕적 규범

히크먼 '테크네'와 '포이에시스'의 분열은 이미 플라톤이나 아리스토텔레스 시대부터 시작되었습니다. 그 분열이 더욱 확대된 때는 산업혁명(産業革命)* 시대였습니다.

듀이는 이 상황을 회복하고자 테크놀로지의 개념에 도덕적, 인간적인 척추(backbone)를 통과시키려 했습니다. 듀이는 테크놀로지에는 '인간적인 얼굴'을 한 지성이 갖추어져 있음을 나타내려고 했습니다.

'만약 이와 같은 지성에 인간성을 일탈하는 요소가 있다면 그것은 테크놀로지의 책임이 아니라 인간의 자기중심성과 탐욕, 게으름, 배타성 및 기타 요소에 기인한다. 절대 테크놀로지 그 자체의 책임이 아니다. 테크놀로지는 기본적으로 인간적인 기획이다.'

이케다 잘 알았습니다. 이전에도 화제가 된 퍼그워시회의 로트블랫 박사는 인간다운 양심에 끝까지 살고, 과학에 인간주의를 도입하려고 노력하신 분입니다. 제2차 세계대전 중 '맨해튼계획*'의 일원으로 핵무기 개발에 종사했지만 이윽고 당시의 나치스 독일에는 원폭을 개발할 능력이 없음을 알고 혼자서 계획에서 빠져나왔습니다. 그러나 귀국한 영국에서 히로시마와 나가사키에 원폭을 투하한 사실을 알고 큰 충격을 받았다고 합니다.

그때 박사는 핵무기 폐기를 위해 일어서겠다고 결심하고 그것이 '퍼그워시회의'에서 오랜 세월 몸담은 평화운동으로 이어졌습니다.

동시에 박사는 방사능의료의 길을 나아가 자신의 연구를 의학에 활용하려고 노력하셨습니다. 박사가 발견한 방사성 원소(코발트-60)는 악성종양 치료에도 사용되는 등 큰 공헌을 했습니다.

당시의 심경을 박사는 이렇게 술회하셨습니다.

"저는 인류를 파괴하는 것이 아니라 인류를 위해 공헌하고자 움직이는 과학자입니다."

"만약 제 과학적 연구가 사용된다면 다음에는 그것이 어떻게 사용되는지 제 손으로 결정하고 싶습니다. 연구가 사람들에게 어떻게 도움이 되는지 직접 볼 수 있는 곳에서 사용되기를 바랐습니다. 그중 하나가 의학 분야였습니다."

"그래서 핵물리학을 버리고 의학 분야에서 사용하는 물리학 응용으로 전공을 바꿨습니다."[7]

과학기술의 성과에 정신이 팔린 나머지 개발된 새로운 기술이 어떻게 사용되는지에 관해서 그다지 관심을 기울이려 하지 않는 과학자도 있습니다.

그런 의미에서도 로트블랫 박사가 관철하신 신념의 행동에는 과학자다운 모범적인 모습이 있다고 여겨집니다.

현대 화학의 아버지 폴링 박사도 과학이 나아가야 할 길을 진지하게 계속 탐문한 분이었습니다. 박사가 1947년 대학교재로 집필한 《일반화학》 첫머리에 강조한 점도 도덕과학의 중요성이었습니다.

박사는 "화학 전문서 속에서 과학자가 어떻게 행동하고 처신해야 하느냐는 도덕규범 문제를 언급한 것은 이례적이지만 의미 있는 일이었다"고 회상하셨습니다.

우리 SGI의 평화운동에 대해서도 "가능한 것은 무엇이든 협력하고 싶다"고까지 말씀해주셨습니다. 마지막에 만났을 때도 92세의 박사가 "오늘도 환자 세 명을 격려하고 왔다"고 말씀하신 일을 잊을 수 없습니다.

정말 위대한 인격자셨습니다.

저는 과학기술의 바람직한 모습을 말하는 데 탁상공론에 빠지지 않기 위해서도 로트블랫 박사와 폴링 박사 같은 확고한 인격이 뒷받침된 과학자의 신념과 인생을 논의의 토대로 삼는 자세가 불가결하다고 생각합니다.

제가 두 분과 거듭 대담을 나눈 까닭도 그 인생의 지혜와 교

라이너스 폴링 박사와 환담하는 이케다 SGI 회장(1990년 2월, 로스앤젤레스)

훈을 미래를 짊어질 청년들에게 전하고 싶었기 때문입니다.

　　히크먼　두 분의 모범적인 모습은 실로 찰스 퍼시 스노가 개탄한 '두 문화'의 균열을 치유하고자 무엇부터 착수해야 하는지를 저희에게 보여줍니다.

로트블랫 박사나 폴링 박사와 마찬가지로 듀이도 또한 과학기술분야에서 각종 결정이 가져오는 도덕적 문제를 크게 우려했습니다. 그러나 하이데거*와 호르크하이머*, 야스퍼스* 등 많은 동시대 유럽인 철학자와 달리 과학기술 그 자체를 '문제시'하는 것은 아니었습니다.

1929년 듀이는 괄목할 만한 논문 속에서 이렇게 말했습니다. "테크놀로지는 모든 지적 기법을 의미하고 그 기법에 의해 자연과 인간이 가진 모든 힘이 인간이 필요로 하는 것을 충족시키기 위해 전용되어 이용되는, 모든 지적인 기법이다. 테크놀로지는 몇 가지 외적인 형태, 굳이 말하자면 기계적인 형태에 한정되지 않는다. 그 커다란 가능성을 발견하면 전통적인 경험의 관념 따위는 진부한 것이 된다."[8]

우리는 인도주의상 대참사라고도 할 두 차례의 세계대전과 히로시마와 나가사키의 원폭 투하, 인도 보팔 화학공장사고, 체르노빌 원자력발전소 사고 등을 경험한 뒤에도 여전히 이 듀이의 사고(思考), 다시 말해 '테크놀로지는 인간을 위한 지적인 기법'이라고 하는 사고방식을 받아들일 수 있을까요.

저는 받아들일 수 있다고 봅니다.

인류의 도구나 기술의 이용은 때로 재앙을 초래하는 일이 있어도 대다수 극히 유익한 결과로 결부된다는 사실을 덧붙이고 싶습니다.

예를 들면 제2차 세계대전이 일어난 1939년 당시에 여러 해 동안 숙적인 독일과 프랑스가 오늘날처럼 손을 맞잡고 유럽연합(EU)을 형성하는 일 등을 어느 누가 예상할 수 있었을까요. 또 일찍이 냉전시대에 중국과 미국이 현재와 같은 협력 관계를 구축하리라고 그 누가 상상이나 할 수 있었겠습니까. 저는 이런 성공사례의 기초에는 테크놀로지에 힘입은 점이 많으며, 요컨대 도구와 기술이 지적으로 활용된 덕분에 실현되었다고 생각합니다.

인류가 맞닥뜨린 여러 문제는 테크놀로지에 기인하는 것이 아니라, 사리사욕(私利私慾)의 비대화와 무지몽매, 혹은 제인 애덤스가 일찍이 '공감적 지식'이라 명명한 것의 '결여' 때문이라고 듀이는 인식하고 있었습니다.

개리슨 제1차 세계대전의 참극을 목격한 듀이는 마침내 평화운동에 깊이 헌신하게 되고, 세계적으로 유명한 철학자로서의 지위를 이용하여 미국 국내에서나 국제적으로도 평화를 강하게 제창했습니다.

그러나 유명, 무명에 관계없이 우리는 똑같이 이와 같은 평화를 지향하는 인생에 힘을 쏟아야 합니다. 긴 안목에서 보면 누군가의 행동이 세대를 초월해 가장 중요한 역할을 완수하게 되느냐 등은 아무도 알 수 없습니다. 가장 유익하고 가장 사회적으로 의미 있는 인생은 대부분 세간의 평가와 무관합니다.

박물관이나 각종 전시회는 과학의 진정한 가치나 사회에서 책임 있는 활용을 일반 사람들에게 교육하는 데 상당히 유력한 수단이라 할 수 있겠지요.

그런 방법에 의한 교육은 종종 같은 테크놀로지를 이용하면서도 국가와 기업에 지배당한 매스미디어가 무심코 흘려버린 잘못된 교육에 대항할 수 있습니다.

창가학회가 그와 같은 많은 활동을 전개하는 사실을 저는 잘 알고 있습니다. 거기에는 미술과 예술 교류나 학술 교류도 포함됩니다. 그런 노력이 일반 사람들에게 국제 간 평화와 협력의 내용을 널리 전한다는 점에서 매우 유효하다고 생각합니다.

창조적 생명을
개화시키는 철학

듀이가 시도한 '철학혁명'

이케다　듀이 박사는 1919년 3월, 당시 머무르던 일본에서 미국에 있는 자식들에게 보낸 편지에서 도쿄제국대학(지금의 도쿄대학교)에서 강의한 모습을 썼습니다.

자신의 강의를 열심히 듣는 일본의 많은 학생과 시민의 모습에 박사는 놀라서 기뻐한 듯합니다. 편지에는 유머가 가득 담겨 이렇게 씌어 있습니다.

"나는 이것으로 세 번 강연을 했는데, 그들은 인내심이 강한 인종이더군. 아직 청중도 꽤 있는데 아마 500명쯤 되려나. 우리는 꽤 많은 사람과 조금씩 친분을 쌓고 있단다."[9]

이 연속 강의는 8회에 걸쳐 실시되어 이듬해(1920년)에는《철학의 개조》로 출판되었습니다.

그 책의 '서론'에서도 언급했듯이 듀이 박사는 이 강의에서 '철학상 여러 문제에서 낡은 유형과 새로운 유형'[(10)]을 대비하여 전통적 철학에 새로운 각도에서 빛을 비춰 재구축(개조)하고자 한 것이군요.

히크먼　예. 듀이는 이《철학의 개조》에서 평소 순한 성격으로 알려진 그가 보기 드물게 서양철학에 강한 비판을 덧붙였습니다. 듀이는 서양철학이 오랫동안 '진정한 인간의 문제'에 대처하지 못한 점을 신랄하게 비판했습니다.

듀이는 전부터 윌리엄 제임스나 F. C. S. 실러*와 함께 '철학혁명'을 시도했는데 그들의 노력은 많은 철학자의 완고한 저항을 받았습니다.

그들을 비판한 철학자들은 모두 자신들의 학문을 상아탑 안에 두고 싶은 것이었습니다.

이케다　잘 알았습니다. 폐쇄된 세계의 지성을 사람들을 위해 소생시키고 활짝 개방하는 투쟁이었군요.

듀이 박사는《철학의 개조》속에서 진보가 없는 종래의 지성을 이렇게 엄하게 지탄했습니다.

"지성은 단번에 손에 넣을 수 있는 것이 아니다. 지성은 부단한 형성과정에 있으며 이것을 지키고 유지하려면 끊임없이 방심하지 않고 결과를 관찰하는 태도, 순수한 학습의욕, 재적응의 용기가 필요하다.

이 실험적이고 재적응하는 지성에 비하면 역사상 합리주의가 설하는 이성이라는 것은 경솔하고 거만하며 무책임하고 완고한, 요컨대 절대주의적인 부분이 있었다고 하지 않을 수 없다."[10]

'배운다'고 하는 영위의 본질을 얼마나 훌륭하게 통찰한 말씀인가요. 바로 여기에 지성의 탐구자가 돌아가야 할 원점이 있다고 저는 생각했습니다.

더욱이 박사는 이렇게도 말했습니다.

"철학이 많은 문제에 관해, 이른바 '해체 분석이냐 아니면 완고한 종합이냐'라는 두 가지 움직일 수 없는 반대물의 어느 쪽을 임의대로 선택하게끔 했기에, 근대 세계는 계속 고통을 겪어야 했다."[10]

박사는 이런 양자택일식 논의에서 철학을 해방시키는 일이 '철학혁명'을 위해서 매우 중요하다고 주장했습니다.

개리슨 듀이는 '합리성(rationality)'이라는 말보다 '지성(intelligence)'이라는 말을 훨씬 좋아했습니다. 왜냐하면 '지성'은 변전(變轉)해 마지않는 세계에 적응하고자 늘 재구축을 되풀이해야 하는 '인간의 정신활동에 갖춰진 창조적 특질'을 정확하게 나타내고 있기 때문입니다.

고정적인 개념과 범주를 가진 정적인 '합리성'과 달리 '지성'은 개별적으로나 집합적으로도 자신이 형성하려는 세계 속에서 스스로도 늘 계속 재구축합니다.

intellect(지력, 이성)나 intelligent(지성적)라는 말은 라틴어의 intellectus에서 파생되었습니다. 이 라틴어는 '~속에서 뽑힌' 혹은 '이해된'이라는 뜻으로 inter(간에, 속에)와 legere(뽑다)로 이루어진 복합어입니다.

지성에는 합리성을 무시할 뿐 아니라 멸시하는 것이 많이 포함되어 있습니다. 듀이는 어떤 질적 상황이 적절하게 기능하는 것을 저해하는지 직관하는 데서 모든 탐구가 시작된다고 여겼습니다.

따라서 듀이는 '질적사고(質的思考)'라는 논문에서 "직관은 개념에 선행하고 또 개념보다도 깊은 차원에 도달한다"[11]고 말했습니다.

이에 덧붙여 어떤 상황을 명확하게 인식하려면 올바른 데이터가 필요하고, 그 상황에 존재하는 각종 잡다한 것 속에서 '지성'으로 그것을 현명하게 골라내야 합니다.

그리고 어떤 상황에 대처할 때 우리는 늘 자신의 요구와 관심, 바람, 사고방식 그리고 가치관에 바탕을 두고 주의를 기울여야 할 것을 선택합니다. 만약 우리가 인간으로서 타락했다면 상황을 정확하게 직관하거나 올바른 선택을 하기는 우선 불가능하겠지요. 그럴 경우 우리의 사고 자체가 아무리 올바르다 해도 그 상황을 적절하게 이겨낼 수 없습니다.

이케다　실로 명석하게 말씀해주셨습니다.

지성이라고 해도 우리의 가치관과 윤리관, 또 창조성과 감성 등 그 기반이 되는 인간으로서의 자질을 연마하는 자세가 무엇보다도 중요하군요.

개리슨　그렇습니다. 듀이는 또 상상력과 감정을 지성의 일부로 중시했습니다. 듀이는 저서《경험으로서의 예술》에서 이렇게 말했습니다.

"상상력을 배제한 합리성만의 '논리적 사고'로는 진리에 도달할 수 없다. (중략) 탐구자는 상상적 감정으로 움직이고, 취사선택을 해야 한다. '이성'만으로는 극한의 상황에서조차 진리를 완전히 파악하는 것도, 완전한 확증을 얻을 수도 없다. 그러려면 상상력, 다시 말해 감정에 뒷받침된 이념의 구현화(具現化)에 의존해야 한다."[12]

듀이는 합리성이란 '다종다양한 소원(所願)의 균형을 잡기 위한 실용적인 조화'[13]라고까지 말했습니다.

따라서 '이성', 더욱 적절하게는 '지성'이라 부를 만한 것은 고정적인 것이 결코 아니라 계속 진화하는 생명 기능의 하나입니다.

'독화살의 비유'와 '프로크루스테스의 침대'

이케다　매우 예리한 통찰입니다.

듀이 박사는 추상적인 개념이나 이데올로기에 사로잡혀 현실사회에서 유리되는 어리석음을 엄하게 경계했습니다.

박사의 경종은 불전에 설해진 '독화살의 비유'를 우리에게 떠올리게 합니다.

석존 곁에 '세계는 무한한가 유한한가', '영혼과 육체는 하나인가 별개인가' 등 늘 관념적인 질문만 하는 수행자가 있었습니다.

그런데 석존은 그런 질문에는 전혀 상대하지 않았습니다. 수행자는 그것이 불만스러워 어느 날 "세존(석존)이시여! 언제까지나 제 질문에 대답해주지 않으신다면 저는 석존 곁을 떠나겠습니다"라고 화를 냈습니다.

그러자 석존은 그 수행자를 타이르듯 이렇게 말했다고 합니다.

"독화살에 맞아서 괴로워하는 사람이 있었다. 거기에 친구와 친척들이 달려와 화살을 뽑으려고 했다. 그런데 그 사람은 화살을 쏜 사람의 이름과 가문, 몸의 특징 등을 물으며 그것을 모른 채 화살을 뽑고 치료하면 안 된다고 말했다. 그뿐만 아니라 화살의 재질 등을 꼬치꼬치 묻는 사이에 마침내 죽고 말았다. 자네의 경우도 세계가 무한한가 유한한가를 알지 못하면 수행에 힘쓰지 않겠다는 둥 말하는 사이에 아무것도 깨닫지 못하고 죽고 말 것이다."

석존은 이 비유를 들어 사고(思考)의 유희로 시종일관할 뿐이어서는 아무런 인생의 현실적 문제를 해결하지 못함을 가르쳤습니다.

어디까지나 중요한 점은 '인간의 행복을 위해' 지혜를 내는 것이고, 실제 남을 위해서 행동하는 것입니다. 그를 위한 철학입니다. 이것은 듀이 박사의 생각과도 상통하지 않을까요.

히크먼　실로 훌륭한 비유군요.

현실세계의 여러 문제에 영지를 다해 진력하는 자세가 얼마나 중요한지를 알기 쉽게 가르쳐준 이야기입니다.

듀이는 쓸데없이 헛된 사고를 거듭하는 것, 다시 말해 그가 '순수주지주의(純粹主知主義)'라고 부른 것에 특히 비판적이었습니다. 왜냐하면 그것은 사고와 행동을 분리해 버린다고 여겼기 때문입니다.

환경과학과 식품바이오테크놀로지, 의학연구와 의료 그리고 특히 교육 등 우리 모든 것에 영향을 미치는 난제에 대응하는 학문분야에서 지금 철학자들이 공헌하는 것을 안다면 듀이는 분명히 기뻐했을 것이 틀림없습니다.

'순수주지주의'로는 21세기의 사람들이 맞닥뜨린 여러 문제에 우리는 대처할 수 없습니다.

이케다 지당한 말씀입니다.

인간을 이데올로기 등의 고정화한 관념의 틀에 가둬버리면
어떻게 되는가. 듀이 박사는 중국에서 한 강연에서 철학자
윌리엄 제임스가 싫어한 것은 그가 '프로크루스테스의 침대'
에 비유한 폐쇄적 우주라고 말했습니다.[14]

아시다시피 프로크루스테스는 그리스 신화에 등장하는 인물
로 '프로크루스테스의 침대'는 나그네를 붙잡아 침대에 눕혀
키가 침대 길이에 맞도록 침대보다 길면 발을 자르고, 침대
보다 짧으면 억지로 다리를 길게 늘렸다는 이야기입니다.

제임스는 이 비유를 통해 기존의 기준으로 매사를 판단하려
는 독단적인 철학을 통렬히 비판했습니다.

만물은 순간순간 변화하므로 인간의 가치기준이나 행동도
그 변화에 유연하게 대응할 수 있어야 합니다.

듀이 박사는 이 점에 관해 "변화는 끊임없이 나아가고 있기
에 중요한 것은 변화를 충분히 공부해 이것을 지배하는 힘을
가지는 것, 이것을 우리가 바라는 방향으로 이끄는 힘을 가
지는 것이다"[10]라고 통찰했지요. 실로 함축적인 말입니다.

히크먼 이케다 회장의 관점은 듀이 철학의 핵심을 제대
로 찌릅니다.

듀이는 같은 탐구라 해도 인간이 경험한 과정에서 발전한 것

이외를 기반으로 하는 탐구에는 끊임없이 반론을 덧붙였습니다. 그 반론의 대상이 된 것에는 공리공론이나 모든 종류의 권위주의적 시스템이 포함됩니다.

듀이는 아리스토텔레스의 논리조차도 회장이 언급하신 예로 간주하면 '프로크루스테스적'인 획일주의라고 비판했습니다. "아리스토텔레스는 경험을 스스로의 논리형식에 맞추려고 시도했지만 실로 생산적인 탐구는 그런 것이 아니라 논리형식을 도구로 하여 발전시키고, 한층 더 경험을 만들어내지 않으면 안 된다." 듀이는 그렇게 생각했습니다.

이 점에서 듀이는 추상개념 그 자체에 반대한 것이 아니라, 추상개념을 절대적인 것으로 다루는 자세에 반대했습니다. 듀이에 따르면 추상개념은 도구이고 탐구의 도구에 지나지 않는다고 적정하게 이해해야 하는 것이었습니다.

엄격한 탐구의 길을 피하는 방법은 얼마든지 있습니다. 그중 하나가 기성 이론에 침묵하고 따르면서 충분히 검증되지 않은 슬로건이나 만들어진 주장을 안이하게 복창하는 식의 방법이고 이는 일종의 지적(知的) 태만입니다.

이에 관해 저는 정보가 폭발적으로 증가하고 넘쳐나는 현재 학생들이 인터넷을 사용할 때도 비판적 정신을 갖고 검증하고 이용하는 중요성을 가르칠 필요가 있다고 생각합니다.

개리슨 전부터 준비된 권위주의적이고 프로크루스테스적인 기준을 사용하는 것은 근대과학과 민주주의 시대에 봉건적인 신조와 가치관을 그대로 남겨두는 셈이 됩니다.

그와 같은 반성 없고 무분별한 규정과 규범, 관례는 낡은 질서를 그대로 유지하려는 것이고, '과학'을 쉽게 '과학만능주의'로 멸시하고 나아가서는 군산학(軍産學) 복합체*가 뜻대로 될 수 있게 만듭니다.

듀이는 《낡은 개인주의와 새로운 개인주의》의 결론으로 자리매김한 논문 '건설과 비판' 속에서 이렇게 썼습니다.

"우리는 자신이 정말 무엇을 원하는지 알지 못하고, 또 무언가를 발견하는 데도 별로 노력을 기울이지 않는다. 게다가 우리는 자기의 다양한 목적과 욕구를 바깥에서 강요하는 데 내맡긴다. 우리는 또 자신이 바라는 것을 실행하는 데도 싫증나 있다. 왜냐하면 그 욕구가 자신의 가치판단에 그다지 깊이 뿌리내린 것이 아니기 때문이다."[15]

사려와 반성이 없고 또 지성이 결여된 삶은 단지 도덕적으로 타락할 뿐 아니라 미적 관점에서도 무미건조하고 지루하고 타성적인 삶이 되어 버립니다.

제가 교육자의 한 사람으로 진심으로 걱정하는 점이 있는데 그것은 바로 타인, 다시 말해 정치가나 미디어나 산업계의 유력자 등을 일방적으로 비난하는 풍조입니다. 그것이 얼마나 교육상 나쁜 영향을 주는지 헤아릴 수 없습니다. 어떤 형태의 교육이든 대부분 사람들을 기존 정치적, 경제적, 사회적 질서에 교묘히 가담시키기 위한 수단으로 변질되었습니다.

미국에서는 학습 기준과 표준화된 커리큘럼, 그리고 수치적인 측정이나 통계적 평균치가 중시되는 테스트가 학교교육 분야를 지배하고 관리합니다. 그 경향은 서서히 고등교육에도 미치고 있습니다. 듀이는 이런 표준화를 극히 혐오해 그것은 '질적인 민주적 개인주의'를 파괴한다고 생각했습니다. 그의 생각에 따르면 민주적인 교육자나 교육기관의 책무는 개인의 잠재능력을 키우고 각자 자신의 능력에 걸맞게 공헌할 수 있게 만드는 것입니다.

제임스의 철학과 다윈의 진화론

이케다 교육자로서 늘 계속 되물어야 할 주제이자 관점이군요.

그런 인간적인 성장을 촉구하는 교육환경 실현은 교육자뿐만 아니라 정치가나 종교인도 철학자도 그리고 과학자도 함께 협력해 대응해야 할 과제라고 생각합니다.

그런데 듀이 박사의 사상을 이해하는 데에 중요한 열쇠가 되는 것이 앞서 화제가 된 철학자 제임스의 영향이지요.

개리슨 예. 듀이는 인간의 심리를 생물학적으로 포착하는 제임스의 사고방법에 깊이 감명하고 제임스의 깊은 생명관과 행동하는 생명이라는 관점에서 생명을 고찰하는 지혜를 크게 상찬했습니다.

듀이는 그런 '생명 중시의 자세'야말로 제임스 철학의 '혁신', '자유', '개성'의 개념을 올바르게 이해하기 위한 중요한 열쇠라고 지적했습니다.

또 자신이 받은 영향에 관해 "제임스의 생물학적인 심리학 연구법 덕분에 각각에 독자성 있는 사회적 카테고리, 특히 커뮤니케이션이 얼마나 중요한지를 알게 되었다"[(16)]고 말했습니다.

　　이케다　'생명'의 특질은 무엇인가.

듀이 박사는 이렇게 말했습니다.

"생명이 있으면 반드시 행동이 있고 활동이 있다. 생명이 이어지려면 그 활동은 지속적이어야 하고 환경에 적응해야만 한다."[(10)]

듀이 박사는 '활동'과 함께 '적응'이라는 말을 사용했는데 그 것은 결코 수동적인 의미가 아닙니다.

단순히 환경에 순응하는 것이 아니라, 환경에 작용하는 '교류'이고 환경과 나누는 '커뮤니케이션'입니다. 예를 들면 외부에서 산소나 영양을 공급받아 자신의 몸을 만들고 또 외부로 행동하고 에너지를 발산한다. 그와 같이 생물은 늘 외부와 에너지나 물질을 교환하며 계속 생성 변화합니다.

요컨대, '변화'와 '커뮤니케이션'이야말로 생명의 큰 특질이라고 할 수 있겠지요. 여기에 듀이 박사는 주목했군요.

개리슨 그렇습니다.

철학자 제임스와 함께 근대생물학의 대표적 인물인 다윈에 관해서 듀이가 어떤 점을 평가했는지를 보면 그 자신의 사고를 잘 알 수 있습니다.

듀이는 논문 '다윈주의가 철학에 준 영향' 속에서 이렇게 말했습니다.

"자연과 지식에 대한 철학을 2,000년 동안이나 지배한 다양한 개념, 사고활동에서 익숙한 교양으로서의 모든 개념은 고정적이고 최종적인 것이 우월성을 가진다고 하는 전제에 바탕을 두고 있다. (중략)《종의 기원》은 절대적인 항구성이라는 누구도 건드리지 못한 성스러운 궤짝에 손을 대어 (중략) 하나의 사고형식을 도입한 것이다. 그 사고법은 필연적으로 마침내 지식의 윤리를 변혁하고 끝내는 도덕과 정치, 종교를 다루는 방식까지 변혁하게 되었다."[(17)]

이케다 다윈의 진화론에 관해서는 '생존경쟁(struggle for existence)'의 개념이 잘 알려져 있는데 이는 '다른 것을 배척한 경쟁'이라기보다 말 그대로 '생존하기 위한 노력', 다시 말해 개개의 생명이 끝까지 살기 위한 목숨을 건 활동이나 행동을 중시한 관점이군요.

다윈은 고정적인 '영원', '불변'을 전제로 하여 거기에서 생명을 본다는 전통적인 철학의 접근법을 비판했습니다. 변화하는 생명에 즉응해 그 실상을 있는 그대로 본다는 '지식 논리'를 구축한 것입니다.

그렇기 때문에 그 지식 논리는 생물학의 영역을 초월해 사회와 역사, 정치 등에 대한 사람들의 사고방식을 변화시켰다. 듀이 박사는 다윈 사상의 본질을 그렇게 통찰했습니다.

개리슨 듀이는 다윈주의가 서양철학에 극적인 영향을 주리라는 것을 깨달았습니다.

첫째, 듀이는 고정적이고 최종적인 '실재(실체)'라는 개념을 완전히 배제한 것은 인류 혹은 인간 개개의 실재에 관한 깊은 의미를 가진다고 이해했습니다.

둘째, 끝없이 계속 진화하는 이 우주에서 절대적인 기원과 절대적인 종말을 말할 수 없다는 것을 알았습니다.

더욱이 절대적인 기반이라는 것이 아니라, 혹은 상대적으로 안정된 구조라는 것도 배웠습니다. 산도 결국 무너지면 바다로 빠집니다.

이 사상의 영향을 반드시 받을 것이라고 여긴 것 중 하나가 그야말로 '선(善)'과 '악(惡)'의 개념이었습니다.

듀이의 사상과 불교에 공통된 '선악관(善惡觀)'

이케다　　그렇군요. 듀이 박사는 전통적인 철학과 신학에서 커다란 주제인 '선'과 '악'의 문제에 대해서도 고정화된 이원론이 아니라 실천적인 과제로서의 접근을 제시했습니다. 듀이 박사는 이렇게 논했습니다.

"개인이든 집단이든 혹은 고정적인 결과에 대한 원근으로 판단하는 것이 아니라 나아가는 방향으로 판단하게 될 것이다. 나쁜 인간은 지금까지 선했다 해도 현재 타락하기 시작한 인간, 선이 줄어들기 시작한 인간을 말한다. 선한 인간은 지금까지 도덕적으로 무가치했더라도 선한 방향으로 움직이는 인간을 말한다. 우리는 이런 사고방식으로 자신을 판가름함에 엄격해지고 타인을 판가름함에 인간적이 된다."[(10)]

지당한 말씀입니다. '어떤 악인도 선과 무관하지 않고, 악과 전혀 무관한 선인도 없다. 그 출발점에 서면 자기가 늘 선이고 대립하는 타인이 늘 악이라는 관계성도 성립되지 않는다.' 이것은 대승불교의 사상과도 깊이 공명하는 바입니다. 불교에는 '선악무기(善惡無記)'라는 사고방식이 있습니다. 니치렌불법에서는 "선에 배반함을 악이라 하고, 악에 배반함을 선이라고 한다. 고로 심외(心外)에 선이 없고 악이 없으며, 이 선과 악에서 떨어짐을 무기(無記)라고 하느니라. 선악무기, 이외에는 마음이 없고 마음 외에는 법이 없는 고로"(《어서》 563쪽)라고 설합니다. 여기서 말하는 '무기'는 '선'이나 '악'이라고 정해져 있지 않다는 뜻입니다.

예를 들면 '분노'가 인간의 존엄을 위협하는 데 대한 분노는 '선한 작용'이 되고, 에고에만 자극받아 생긴 분노는 '악한 작용'이 되듯이, '선'이나 '악'이라 해도 그것은 무언가 고정적인 실체가 있는 것이 아니라, 환경과 자신의 일념의 관계성 속에서 변화하고 드러납니다.

저는 2010년에 발표한 'SGI의 날' 기념제언에서도 인간의 실상에서 괴리하여 '선'과 '악', '아군'과 '적'이라 했듯이 사람들이나 만사를 단순히 고정화하는 '추상화의 정신'이 갖는 위험성에 관해 말씀드렸습니다.

불교의 '선악무기' 사고방식은 그 '추상화 정신'의 함정을 초월해 자신과 눈앞의 현상을 똑바로 응시하고 언제까지나 생성유동(生成流動)하는 '현실'과 마주하라고 촉구하는 사상입니다.

히크먼　저는 불교의 주요 사상과 저서를 가까이할수록 그것들이 듀이 철학과 아주 흡사하다는 사실을 실감합니다. 듀이는 특히 어떤 상황을 이해하려면 늘 그 맥락을 고려할 필요가 있다고 하는 사고방식을 주장했습니다.

그렇지만 이것은 듀이가 반드시 '어떤 사물도 전부 마찬가지로 선하다'고 주장하는 듯한 상대론자였다는 의미가 아닙니다.

듀이가 이미 재구축이 필요하지 않을 만큼 충분히 보증받고 단정할 수 있는 윤리적인 이념이 수없이 많다고 여긴 점을 언급할 필요가 있습니다.

예를 들면 남북전쟁 이전의 미국 남부에서 그러했듯이 현대의 교양 있는 사람들이 노예제도를 좋은 제도로 간주하는 듯한 시대가 다시 찾아온다는 것은 누구나 상상하기 어렵겠지요.

이런 종류의 윤리적 판단을 듀이는 '플랫폼'이라 명명했습니다. 이는 비교적 안정성을 갖춘 윤리적 기반으로 그것을 토대로 우리는 더한층 윤리상(倫理上)의 탐구를 할 수 있습니다. 그러나 이 플랫폼은 견고한 기반과는 별개임을 알아야 합니다. 데카르트* 등의 철학자는 자신의 사고(思考)에 관한 확고한 기반을 추구하고자 했으나 전부 좌절했습니다. 듀이의 사고는 완전히 다른 것으로 그는 확실한 기반 탐구의 목적지가 불행한 결말을 맞는다는 것을 간파했습니다. 그래도 우리는 자신이 서 있는 '플랫폼'을 활동의 토대로 하여 이해와 지식의 다음 수준을 구축할 수 있습니다. 최초의 '플랫폼'이 어디에 있는지를 묻는 것은 그다지 의미가 없겠지요. 왜냐하면 그것은 인류 이전 선조의 아득히 먼 과거의 안개에 감싸여 있기 때문입니다. 이와 같이 듀이는 자신의 철학적 사고의 실마리를 데카르트가 아닌 다윈에게서 얻었습니다.

이케다 실로 견지해야 할 것은 그런 인류가 긴 역사와 경험 위에서 배운 황금률이라고도 부를 만한 윤리관이나 도덕이겠군요.

예를 들면 석존의 말에 "'그들과 내가 마찬가지이고, 나도 그들과 마찬가지'라고 생각하여 내 몸에 견주어 (살아 있는 것을) 죽이면 안 된다. 또 타인으로 하여금 죽이게 하면 안 된다"[18] 고 있습니다.

여기에도 두 가지 중요한 관점이 있습니다.

첫째, '내 몸에 견주어'라고 있듯이 지켜야 할 계율을 외재적인 룰로 규정하는 것이 아니라 같은 인간으로서의 시선에서 자기 성찰적인 질문을 던진다는 점입니다.

둘째, '타인으로 하여금 죽이게 하면 안 된다'라고 있듯이 단순히 자신이 살생을 저지르지 않을 뿐 아니라, 다른 사람들도 생명존엄 사상을 관철하도록 작용한다는 점입니다.

이 '자기 성찰적 물음'과 '타인에 대한 작용'의 왕복작업, 끊임없이 자신을 성찰하며 상대의 선성을 믿고 작용하여 자타 함께 향상을 지향해야 함을 불법에서는 설합니다.

개리슨 저는 이케다 회장의 《법화경의 지혜》를 몇 번이나 읽었습니다.

온갖 장애를 초월해 악을 극복하는 방도를 발견하는 것이 자기인식과 도덕적 성장을 위해 얼마나 중요한지,《법화경의 지혜》를 읽고 그 점을 처음으로 깊이 자각했습니다.

특히 마음에 남는 부분은 다음 구절입니다.

"선도 악도 실체(實體)가 아닙니다. 공(空)이고 관계성에 의해 생깁니다. 그러므로 끊임없이 선으로 향하는 마음이 중요하고, 행동이 중요합니다."[19]

이 말을 접하고, '선'과 '악'에 관한 이해가 단숨에 깊어지고 크게 달라졌습니다. 그래서 이 주제에 관한 듀이의 저서를 다시 읽었더니 다음과 같은 부분을 발견했습니다.

듀이는 이렇게 말했습니다.

"이 세상에는 선과 악의 혼합이 존재한다. 만약 조금이라도 그것을 이상적인 목표로 제시되는 선의 방향으로 재구축하려고 한다면 그것은 끊임없는 협조적인 노력으로 이루어져야 한다."[20]

얼마나 멋진 일치인가요!

제가 완전히 이해한 것은 아니지만 회장의 통찰에 감사드립니다.

이케다　황송합니다. 저야말로 이 간담에서 두 박사에게서 많은 것을 배울 수 있어 진심으로 감사합니다.

불도수행의 방법론 중 하나로 널리 '사정근(四正勤)'이 설해져 있습니다. 올바른 깨달음에 이르기 위한 네 가지 노력이라는 의미입니다.

첫째, 이미 생긴 악은 없애려고 노력함.

둘째, 악이 생기지 않도록 노력함.

셋째, 선이 생기도록 노력함.

그리고 넷째, 이미 생긴 선은 더욱 커지도록 노력함.

여기에서 말하는 선은 사람들을 자타 함께 행복으로 이끄는 방향으로 작용합니다. 악은 자타 함께 불행과 파괴로 떨어뜨리는 작용입니다.

그러므로 이런 불도수행의 방법을 나타내며 석존은 제자들에게 "여러 가지 현상은 지나가는 것이다. 게을리하지 말고 수행을 완성하라"[21]라는 말을 남겼습니다.

우리는 늘 변화하는 현실 속에서 자신을 생기 있게 혁신하며 '자타 함께 행복'을 구축하는 최선의 길을 골라 그리고 용기 있게 행동하고 앞으로 앞으로 나아가야 합니다.

그 부단한 노력이야말로 자기 생명의 무한한 가능성을 열고, 성장시키고, 새로운 가치를 창조하며 커다란 '창조적 생명'을 꽃피우지 않을까요.

글로벌시대
종교의 사명

듀이가 펼친 '종교적 휴머니즘'

　　이케다 　종교의 목적은 '인간의 행복'에 있습니다. 어디까지나 '인간을 위한 종교'이지 '종교를 위한 인간'이면 안 됩니다.

이는 '생명의 세기'의 종교 르네상스를 지향하여 줄곧 행동한 우리 SGI의 근본이념이고 출발점입니다.

그래서 다음은 듀이 박사의 종교론《공통의 신앙》에 초점을 맞춰 박사가 주장한 '종교성의 복권'이 갖는 의의와 현대사회에서 종교의 역할 등을 대화했으면 합니다.

《공통의 신앙》은《경험으로서의 예술》과 같은 시기에 간행되었습니다. 두 책 모두 경험과 상상력이라는 요소에 착안하여 인간이 본래 지닌 선성을 발휘하기 위한 방도를 모색한 듀이의 후기사상을 대표하는 저서라고 평가됩니다.

그 속에서 박사는 기성 종파와 교의 등을 나타내는 '종교 (religion)'와 인간 한 사람 한 사람 안에 갖춰진 '종교적인 것(the religious)'을 엄격히 구별합니다.

그리고 후자야말로 현대에 필요한 것이라며 '종교'에서 '종교적인 것'을 해방할 필요성을 역설했지요.

히크먼 그렇습니다. 듀이의 종교관 안에서 제가 특히 중요하게 강조하고 싶은 것은 '종교 교단은 인간의 정신적 가치를 독점하려고 하면 안 된다'는 듀이의 주장입니다.

이케다 회장이 지적하셨듯이 듀이는 인간에게는 자신과 '종교적인 것'으로 더 넓은 뜻으로는 '정신적인 것'으로 향하는 경향성이 있다고 생각했습니다.

이 때문에 듀이는 인간의 그런 경향성이 재구축되고 거기에서 인생의 새로운 의미와 풍부한 가치가 끊임없이 생산되기를 열망했습니다.

종교 교단이 그런 새로운 의미 창출을 지원하는 것은 중요하지만 창출에 이르는 대처가 좁은 뜻의 신학적인 틀에 끼워 맞추는 듯하면 안 됩니다.

이케다 듀이 박사는 '종교적인 것'을 종파나 계급, 민족 등에 제한받지 않는 '공통의 신앙'이라 불렀습니다. 그리고 이 '인류에게 공통된 누구나 믿는 신앙'을 '더욱 선명하고 더

욱 발랄하게 만드는 것'이 우리에게 '남은 일'이라고 말했습니다.[22]

박사는 기성종교에는 일상생활에서 유리된 '초자연적'인 것이나 그 사고방식에서 파생한 다양한 것 다시 말해, '협잡물(挾雜物)'이 있다고 생각했습니다.

그리고 전통종교는 종교가 본래 가진 이상적인 요소와는 직접 관계없는 각 시대의 신앙과 제도나 관습적 행사 등의 무거운 짐을 지게 한다고 통찰했습니다.

불교에서는 의식이나 제도를 '화의(化儀, 화도의 의식)'라 하고, '화법(化法, 교화하기 위해 설한 법)'과 분리하고 있습니다. 이 '화의'에 관해서는 시대와 지역에 따라 변천이 있고, 어디까지나 '방법'이나 '수단'이지 종교의 목적 자체는 아니라고 봅니다.

토인비 박사도 종교의 본질적인 것에서 역사의 산물인 '부수적인 것'을 선별하여 본질을 남기고 부산물을 버리라고 강조하셨습니다.[23] 이른바 종교의 '본질박리(本質剝離)'라는 명제입니다. 실로 이것은 듀이 박사의 사상과 부합하는 주장이 아닐까요.

개리슨 맞습니다.

듀이는 어느 시점에 교회를 버리고 이후 독자의 '종교적 휴머니즘'을 전개했습니다.

듀이가 '종교적 휴머니즘'에서 추구한 '가능성의 이상형'은 인간의 다양한 가치가 '상상력' 풍부하게 미래에 투영되는 것이었습니다.

그러려면 우주에 존재하는 자연의 힘만을 바탕으로 인류가 공동으로 분투하고 노력할 필요가 있습니다.

듀이는 이렇게 생각했습니다.

"우리는 용기를 내어 우주 속의 '선'한 것과 일체화하고, 그 '선'을 활용하며 '악'과 싸워야 한다.

그럼으로써 비로소 한 사람 한 사람이 의의 깊은 인생을 보낼 수 있다. 그리고 그러려면 각자가 각 지역사회에서 사람들과 힘을 합쳐, 인간의 고뇌를 없애는 이상적인 가치를 창조할 필요가 있다. 각 개인은 이와 같이 하여 자기의 통일을 꾀하며 동시에 인간다운 행복을 확대할 수 있다"고 말입니다.

이케다　듀이 박사가 말하는 '종교적 휴머니즘'의 핵심이군요.

생각해보면 토인비 박사도 저와 나눈 대담에서 "새로운 문명을 낳고, 그것을 지탱해야 할 미래의 종교는 지금 인류의 생존을 심각하게 위협하는 모든 악과 대결하고 이것들을 이겨낼 힘을 인류에게 주는 것이어야 합니다"[5]라고 강조하셨습니다. 이 말에는 듀이 박사의 종교적 휴머니즘과 일치하는 종교의 사명과 이상이 단적으로 나타나 있습니다.

듀이 박사가《공통의 신앙》을 출판한 때는 1934년입니다. 대공황으로 사회가 황폐해지고 제2차 세계대전으로 파멸의 길을 걷기 시작한 시대였습니다.

그 속에서 박사가 현실에서 유리된 기성종교를 비판하고 사회변혁을 위한 선한 행동을 낳는 '종교적 휴머니즘'을 제기한 것은 주목할 만한 일입니다.

'종교적 휴머니즘'은 그것이 어떠한 형태든 현실사회의 행동 속에서야말로 인간의 행복과 성장을 위해 진가를 발휘하고, 또 단련됩니다. 이는 진리를 탐구하는 데 사회적 실천을 중시한 대승불교의 사상과도 깊이 공명합니다.

부처란 본래 산스크리트어의 '붓다(깨달은 사람이라는 뜻)'에서 유래하여 '각자(覺者)', '지자(智者)'라고 한역되었습니다. 다시 말해 끝없이 변전(變轉)하는 이 현실세계를 있는 그대로 지견(知見)하고 진리를 스스로 체현하여 타인과 사회를 좋은 방향으로, 가치 있는 방향으로 인도하는 '열린 마음'과 '지혜'를 가진 사람을 가리킵니다.

듀이 박사가 이 '종교적 휴머니즘' 다시 말해, 현실에 착안하여 행동에 초점을 맞춘 종교관을 형성하는 데 어떤 인물이나 사상에 영향을 받았을까요?

개리슨 듀이의 '종교적 휴머니즘'은 영국 시인 콜리지의 '상상력'의 개념이나 워즈워스*의 '자연에 대한 경외'의 관념에 기반을 둔 것이었습니다.

특히 듀이는 아직 젊은 대학시절에 콜리지의 저서 《성찰의 도움》을 읽고 계발되어 그 영향이 언제까지고 계속되었다고 스스로 인정했습니다.

콜리지가 이 책에서 주장한 것은 인간은 저마다 기독교의 지혜를 자기의 내면에서 추구하고, 그 지혜를 이용해 이 세상의 고뇌를 누그러뜨리고자 노력해야 한다는 점이었습니다.

듀이는 이 책을 읽고 실천적인 지혜의 힘이 소중하다고 생각했습니다. 그 지혜의 힘이란 이상을 현실로 결부시켜 자기 내면에 통일을 가져오는 것이었습니다.

그 뒤 듀이는 헤겔의 사상을 공부하고 그로 인해 그의 종교적인 사항에 관한 사고방식의 폭이 넓어졌습니다. 헤겔의 관념론(觀念論)은 종래 기독교의 교설과는 크게 다른 것으로, 인간의 노력으로 이상을 실현하는 데에는 이상과 현실의 통일을 꾀하는 일이 불가결한 과정이라고 했습니다. 다만 그것이 실현되는 것은 역사의 최종단계입니다.

이케다 이 '종교적 휴머니즘' 형성에서 듀이 박사는 앨리스 부인의 영향도 받은 것 같습니다.

개리슨 예. 앨리스 부인이 그의 '종교적 휴머니즘' 사상 형성에 크게 공헌한 것 같습니다.

이케다 회장은 '지구헌장(地球憲章)' 기초 시기에 초안을 작성

히크먼 소장이 존 듀이 연구센터의 '인간교육공헌상'을 이케다 SGI 회장에게 증정했다
(2001년 6월, 도쿄)

한 중심자 중 한 사람인 스티븐. C. 록펠러* 씨와 의견을 나누셨지요. 록펠러 씨 또한 듀이 종교철학의 연구자로서 높이 평가받는 인물입니다.

그의 사고에 따르면 듀이가 모든 인간관계에 존재하는 '종교적인 것'을 구체적으로 실감하는 데에 부인 앨리스와 맺은 깊은 부부애야말로 그에게 큰 도움이 되었다고 합니다. 듀이 박사 가정은 애정과 배려 넘치는 가족이었던 것 같습니다. 그것은 성인이 된 듀이의 자녀들이 훗날 이야기한 증언에서도 잘 알 수 있습니다.

듀이 일가에는 존과 앨리스 부인, 아이들 거기에 돌아가시기

전까지 함께 산 존의 부모님이 계셨습니다.

이케다 그렇군요. 이는 듀이 박사의 사상을 이해하는 데 중요한 핵심입니다.

토인비 박사도 '조부모와 부모, 자식이 함께 살고 진정으로 인간다운 생활을 나누는 삼대(三代) 가족'을 하나의 이상으로 내거셨습니다.[24]

좋은 인생, 좋은 가정, 그리고 좋은 사회를 만들기 위한 철학을 지향한 듀이 박사가 아니면 있을 수 없는 일화라 할 수 있습니다.

히크먼 듀이는 '어떤 종교적 신조도 다양한 학문과, 다시 말해 모든 사람이 지적(知的)으로 믿고 있는 것과 타협이 잘 이뤄져야 한다'는 강한 신념을 품었습니다.

그러나 그는 절대 자기 혼자서 이런 결론에 도달한 것이 아닙니다. 아내 앨리스나 존스홉킨스대학교에서 대학원생 시절의 은사 존 모리스, 또 다윈의 책에서도 중요한 영향을 받았습니다.

그리고 지금까지도 화제가 된 제인 애덤스 또한 틀림없이 듀이의 사상에 강한 영향을 끼쳤습니다.

애덤스는 자신이 창설한 이민자나 가난한 노동자를 지원하는 세틀먼트 하우스(인보관) 경영에 주력했는데 자신의 노력은 초기 기독교에서 볼 수 있는 인도주의적 정신을 부흥시킨 일환이라고 포착했습니다.

애덤스는 재구축된 기독교는 필시 '단순하고 자연스러운 형태로 표현되는 사회적 유기체(생명체로서의 사회)를 지향할 것이다'[25]라고 생각했습니다.

다시 말해 듀이와 마찬가지로 제인 애덤스는 예수가 결코 '종교'라는 꼬리표를 붙일 수 있는 특별한 진리를 설한 것이 아니라 '행동만이 진리를 받아들이고, 진리를 내 것으로 하기 위한 (인간에게) 유일한 수단'이라고 믿었습니다.[25]

'인간의 내면 변혁에 종교성의 열쇠가 있다'

이케다   애덤스는 세틀먼트 활동을 통해 듀이 박사의 종교관에도 크게 영향을 주었군요.

사람들이 연대하여 새로운 공동체를 형성하기 위한 '인간을 위한 종교', 그것은 또 인간성이 소외되어 인간과 인간의 분단이 우려되는 현대사회에서 한층 더 요구되는 종교의 바람직한 모습이라고도 할 수 있지 않을까요.

히크먼   이케다 회장의 책을 읽고 저는 초자연적인 힘이나 신에게 의지하는 것은 적어도 다음 두 가지 이유에서 멀리해야 한다는 점에서 회장과 듀이의 견해가 합치한다고 느꼈습니다.

첫째, 과학적인 세계관에 따르는 개념적 질서 속에서는 그와 같은 초자연적인 힘이나 존재가 있을 곳이 전혀 없다는 점입니다.

둘째, 그와 같은 초자연적인 힘이나 존재에 의지하는 것은 이제껏 인류가 온갖 현상에 대해 실행하여 그 유효성을 증명하고 앞으로도 계속 증명할 성실하고 엄격한 탐구 그 자체를 뒤집는 결과가 되어 버리기 때문입니다.

이케다 깊은 이해에 감사드립니다.

듀이 박사가 《공통의 신앙》에서 '초자연적인 것'을 비판한 까닭은 '눈에 보이지 않는 힘'을 의지하고, 거기에 자신의 모든 운명을 맡기는 일은 노력을 포기하는 것으로 연결될지 모른다고 걱정했기 때문이었지요.

박사는 이렇게 말했습니다.

"(각 기성종교가 '이상을 실현하는 유일한 초자연적인 방법을 점유한다'는) 그 주장이 자연적인 인간 경험 속에 본래 갖춰진 종교적인 가치를 명확히 자각하고 실현하는 데 방해가 된다."[22]

"자연적인 지반 위에 현실에 실현될 수 있는 가치나 훌륭함이 있다. (중략) 그것들은 우리 안에 이미 있다. 그것들은 바람직한 것으로 존재한다. 그리고 그것들 속에서 우리는 우리의 이상적 목적을 형성해간다."[22]

다시 말해 "이상은 현실 속에 있는데 지금은 발달되어 있지 않다. 따라서 현실 속에서 맞서 싸우고, 조금씩 그 이상을 형태로 만드는 노력 그 자체에 이미 가치가 있다. 어딘가 저 멀리 존재하는 '천상의 세계' 등으로 인간의 가치가 부여되는 것이 아니다"라고 듀이 박사는 주장했습니다.

거기에는 인간이라는 존재 그 자체에 대한 깊은 신뢰가 있습니다. 인간의 한없는 가능성에 대한 예리한 통찰이 있습니다. 저는 소설 《인간혁명》의 주제를 "한 사람의 위대한 인간혁명은, 이윽고 한 나라의 숙명도 전환하고 나아가 전 인류의 숙명전환도 가능케 한다"고 썼습니다.

인간이야말로 운명을 스스로 개척하는 주체자이고, 이 인간의 가능성을 크게 개화시키는 '인간혁명'의 종교야말로 요구된다는 신조에서입니다.

히크먼 우리가 추구해야 할 이상이 실은 우리 안에 '선'으로 존재한다는 듀이의 신념과 인간정신의 내면적 혁명에 바탕을 둔 '가치창조'에 도전하는 SGI의 인간주의 운동 사이에는 깊이 상통하는 바가 있습니다.

이케다 회장이 말씀하셨듯이 듀이는 '인간 내면의 변혁에 바로 종교성의 열쇠가 있다'고 생각하기에 이르렀습니다. 그는 그토록 심취한 헤겔이 주장한 이상적 '절대자'의 작용이라는 개념에서 떠나 다른 새로운 사상에 도달한 것입니다.

그 새로운 사상은 '살아 있는 유기체'로서의 사회변혁은 추상관념과 이상적 절대자의 힘에 의지하는 것이 아니라 인간 개개인의 의식과 행동을 재구축하고 쇄신함으로써 달성되어야 한다는 주장이었습니다.

앞에서도 말씀드렸듯이 이는 그의 아내 앨리스나 은사 존 모리스, 제인 애덤스, 나아가 우인이자 철학자인 윌리엄 제임스 등으로 인해 길러진 사상입니다.

이케다　그렇군요. 듀이 박사는 현재와 미래의 인류 전체에 대해 자신들이 무엇을 남길 수 있을까 하는 책임감에서 기성 종교에 대해 비판했습니다.

그것은 자신을 안전지대에 두고 하는 무책임한 방관자적 비판이 아닙니다. 그 예리한 비판은 강한 책임감에 뒷받침되어 있습니다.

제가 만나 뵌 세계의 지성도 대부분 이 깊은 책임감에서 새로운 종교관의 필요성을 말씀하셨습니다.

듀이 박사의 엄격하게 비판하는 목적은 어디에 있는가. 그것은 '종교'의 본디 원점으로 사람들을 되돌아가게 하고, '누구나' 기저에 있는 '종교성'으로 눈을 돌리게 만드는 데 있었다고 느끼고 있습니다.

히크먼　맞습니다. 그런 의미에서 듀이는 '반(反)종교인'을 소리 높이 자인하는 사람들도 비판했습니다.

이케다　지당한 말씀입니다. 예를 들면 듀이 박사는 사람들이 빠지기 쉬운 폐해에 관해서 이렇게 말했습니다.

"많은 사람이 오늘날 존재하는 종교의 지적 내용이나 도덕적 내막을 보고 강한 혐오와 반발을 느낀다. 그리고 그 결과로 이런 사람들은 자기 안에 있는 것도 간과한다. 그것이 열매를 맺으면 순수하게 종교적인 것이 된다는 자기 안의 잠재된 목소리를 미처 알아차리지 못한다."[22]

모든 종교 현상에 대한 폐색감, 거부감이 앞선 나머지, 사람들은 본디 자기 안에 잠자고 있는 '더욱 잘 살고자 하는 선성(善性)'까지 간과하고 그것을 충분히 발휘하지 못한다고 경종을 울렸습니다.

듀이 박사는 혼란한 시대에는 인간에게 본래 갖춰진 싹튼 상태의 선성을 꽃피우고 사회에 펼쳐가기 위한 '종교성의 복권'이 긴급하게 필요하다며 이렇게 말했습니다.

"그것(종교적 경험)은 현재 뿔뿔이 흩어져 있는 인간의 흥미와 정력을 통합하는 힘을 가진다. 그것은 행동에 방향을 제시하며, 감정의 열과 지성의 빛을 만들어낸다."[22]

종교인이 완수해야 할 사명과 역할

이케다 듀이 박사의 종교론에 대해서는 신학자를 비롯해 기성종교의 관점에서 다양한 비판이 있는 것도 사실입니다.

그러나 박사의 논점은 오늘날과 같은 글로벌화(지구일체화) 시대의 종교 역할을 재검토하는 점에서 실로 시사하는 바가 크다고 저는 느꼈습니다.

이 점에 관해서는 어떠신지요?

히크먼 '오늘날 글로벌화하는 시대에 종교는 어떤 역할을 완수해야 하는가'라는 문제제기는 실로 요점을 정확히 포착한 질문입니다.

종교는 관용을 체현할 뿐으로는 충분하지 못합니다. 세계의 여러 종교가 단순한 관용을 초월하여 상호이해를 낳는 적극적인 대응이 필요합니다.

이케다 전적으로 찬동합니다.

우리 SGI도 미력하나마 이슬람과 기독교를 비롯해 '세계의 종교를 맺는 가교'가 되자는 마음으로 행동했습니다.

2011년 2월, 우리 도다국제평화연구소가 모로코의 무슬림 학술자연맹과 공동개최하여 수도 라바트에서 '공통된 미래를 위한 글로벌 비전'이라는 제목으로 국제회의를 열었습니다. 거기에서도 종교 간 대화가 큰 주제가 되었습니다. 참석자들은 새삼 대화의 중요성을 이구동성으로 말씀하셨습니다. 저희는 더욱 적극적으로 이런 대화를 추진하고자 합니다.

글로벌화가 추진되는 현대세계에서 종교인의 사명은 더욱더 크다고 생각합니다. 다양한 가치관과 문화가 급속한 기세로 만나는 오늘날의 사회에서는 다른 타인을 존중하고, 타인에 게서 배우고 그리고 서로 돕는 정신이 중요합니다.

타인을 존중하는 정신과 서로 돕는 마음은 형태는 달라도 각 종교가 가르치는 바입니다. 또 각국, 각 민족에게 전해지는 전통문화와 민화(民話)의 지혜 속에도 생생하게 맥동하고 있 습니다. 그것을 사람들의 마음, 특히 젊은 세대에 전하고 넓 혀가는 일이 중요하지 않을까요.

히크먼 동감합니다. 그리고 또 하나 중요한 점은 자신들 이 믿는 종교의 성전(聖典)을 더욱 진보적이고 더욱 폭넓은 견 지에서 해석하려고 해야 합니다.

각 종교 간 대화를 한층 활발하게 하는 일도 중요합니다. 또 학생들의 교류, 특히 종교단체가 설립한 학교에서 배우는 학 생 간 교류도 중요하지요.

더욱이 제가 특히 덧붙이고 싶은 것은 종교적 휴머니스트와 세속적 휴머니스트가 서로 관심을 갖고 걱정하는 여러 문제 에 관해서 협력관계를 강화해야 한다는 점입니다.

하나의 밝은 조짐이 있습니다. 다양한 종교단체에 소속된 미 국인 사이에서도 신학이론이나 종교의 교조에만 무게를 두 는 경향이 어쩐지 희박해지고 있다는 점입니다. 그리고 대체 로 종교적인 건물과 장소를 지역에 열린 장소나 교육과 사회 봉사를 펼치는 곳으로 하자는 의식이 높아지는 것 같습니다.

이케다 그러한 움직임은 최근 저도 자주 듣습니다.

일본에서도 2011년 3월에 일어난 동일본대지진을 계기로 자원봉사 활동과 지역 커뮤니티의 중요함이 더한층 인식되고, 다양한 사람들과 단체가 존귀하게 헌신하는 모습이 넓혀지고 있습니다.

그 속에서 종교인이 함께 행동하며 생명의 존엄성, 한 사람을 소중히 여기는 정신을 힘차게 발신하는 일이 중요하다고 생각합니다.

법화경이 설하는 만물의 '평등'과 '존엄'

개리슨 저는 불교를 믿지는 않지만 이케다 회장의 사상과 행동에서 계발되어 '법화경'을 읽었는데 멋진 경험이 되었습니다. 실은 감동하여 두 번이나 읽었습니다.

예를 들면 '약초유품(藥草喩品)'에 설해진 '법우(法雨)'라는 인간의 윤리적 평등성을 표현한 감동적인 메시지에 깊은 감명을 받았습니다.

그리고 법화경을 읽다 보니 눈이 확 뜨이는 순간이 있었습니다. 그것은 나 자신의 더할 나위 없는 가능성을 자각하는 최고의 기회가 내 인생에 찾아온 특별한 순간이었습니다.

'제바달다품(提婆達多品)' 마지막에 나오는 용왕의 여덟 살 난

딸 용녀(龍女)*의 '즉신성불(卽身成佛)'을 읽을 때인데, 소름이 돋는 듯한 큰 감동을 받았습니다. 그때 저는 몇 가지 소중한 것을 순식간에 이해하게 됐는데 그 뒤에도 새로운 발견을 원할 때면 가끔 그 장을 다시 읽습니다.

그다음에 제가 감득한 것은 깊은 윤리적인 평등관이었습니다. 그것은 단지 남녀가 평등하다고 하는 것이 아니라, 살아 있는 모든 것에 대한 평등관이었습니다.

이케다 '약초유품'은 에머슨이나 소로 등 초절주의자들의 잡지 〈다이얼〉에 처음 영어번역이 실려 당시 미국 사회에 소개된 것으로도 잘 알려져 있습니다.

'법우' 이야기는 '삼초이목(三草二木)의 비유'인데, 작은 풀이든 큰 나무든 비는 평등하게 내리듯이 살아 있는 모든 것에 부처의 자비는 평등하게 쏟아진다, 어떤 사람도 또 만물이 전부 평등하게 부처의 자우(慈雨)를 맞아 성장할 가능성이 있다는 비유입니다.

또 '제바달다품' 이야기에 관해서 니치렌(日蓮) 대성인은 "이품(品)의 의(意)는 인축(人畜)으로 말하면 축생인 용녀조차도 부처가 되었거늘"《어서》388쪽)라고 쓰셨습니다.

축생의 몸인 여성으로 게다가 어린 용녀가 쟁쟁한 불제자를 제치고 먼저 부처가 되었습니다. 이 성불을 석존의 고제(高弟)인 사리불(舍利弗) 등 이승(二乘)*은 믿으려 하지 않았습니다. 이에 대해 용녀는 "그대의 신력(神力)으로써 나의 성불을 관(觀)하소서"《묘법연화경병개결》한국SGI판, 409쪽)라고 외칩니다.

니치렌불법에서는 이 의의에 관해 "사리불이 용녀의 성불이라 생각하는 것은 벽사(僻事)이니라. 자신의 성불이라 관하라고 책하였느니라"《어서》747쪽)라고 설합니다. 다시 말해 '남의 성불을 자신의 성불'로 보아야 한다고, 지식계층의 오만과 에고를 가책한 말이라고 하는 뜻입니다. 더욱이 이 품에서는 악인인 제바달다(提婆達多)*도 성불하고 십계(十界)의 중생이 모두 성불할 수 있는 법리를 설합니다.

여기에서의 대화의 주제에 즉(卽)하여 말하면 선(善)을 구하고, 선한 생명을 발휘하는 행동에서 남녀의 차별은 없고, 어른과 아이의 차별도 없습니다. 그리고 살아 있는 모든 것이 평등하고 존엄하다는 강력한 선언임에 분명합니다.

말하자면 법화경의 가르침에는 '공통의 신앙'에 통하는 정신이 전개되어 있다고 할 수 있겠지요.

개리슨 이 세계에 살아 있는 것은 전부 우주의 작용에 대해서 무언가의 가치 향상에 기여하고 있습니다. 어떤 사람도, 어떤 때라도, 또 어떤 모습의 생물이었다고 해도 저 악인인 제바달다조차 별안간 선한 것, 혹은 더 큰 자아에 눈떠 선한 작용을 할 수 있습니다. 우주에는 희망을 낳는 소지가 늘 존재합니다.

제가 SGI에서 깊은 감명을 받은 것은 무엇보다도 제가 만난 많은 멤버의 모습에서입니다. 어떤 종교도 진짜 시금석이 되는 것은 그 종교가 실천자에게 어떤 영향을 주느냐입니다. SGI 멤버는 예외 없이 자신들이 믿는 신앙이 인생에 얼마나 큰 변화를 가져왔는지를 열심히 이야기했습니다.

도다 제2대 회장은 '부처란 생명 그 자체'라고 깨달으셨다고 하지요. 저는 그것을 깊이 사색함으로써 SGI가 인류 전체의 행복과 번영을 위해 평화·문화·교육에 세계적인 규모로 헌신하는 행위는 불교가 설하는 모든 생명의 존엄에 대한 깊은 존중심에 연원이 있음을 깊이 이해하게 되었습니다.

SGI는 아직 젊은 개화기에 해당합니다. 그 운동이 개방적이고 유연성을 유지하는 한 '가르치는' 동시에 '배우는' 의욕에 넘쳐 있는 한, SGI는 반드시 계속 성장할 것입니다.

희망찬 미래는
청년에게서, 여성에게서

많은 여성과 청년에게서 겸허히 배운 듀이

이케다　듀이 박사의 사상을 일본에 소개한 철학자 중 한 사람인 쓰루미 슌스케* 씨가 흥미 깊은 지적을 하셨습니다. 남성 철학자 중에는 여성과 아이들에게서 '전혀 영향을 받지 않는 사람'도 있다. 하지만 듀이 박사는 여성과 아이들에게서 분명히 영향을 받았다[26]고 말입니다.

실로 듀이 박사는 그 열린 인격으로 다른 사람의 좋은 것을 겸허하게 배우고 흡수하여 성장의 양식으로 삼은 위대한 진리 탐구자였습니다.

박사가 앨리스 부인과 제인 애덤스를 비롯해 많은 여성의 영향을 받고, 자신의 철학을 심화했음은 지금까지도 이야기 나눈 대로입니다.

여담이지만 슌스케 씨는 어릴 적 제 은사인 도다 회장의 저서 《추리식지도산술》등을 배운 일을 회상하고 그 책이 '인생 경험을 활용하여 공부할 수 있게' 잘 만들어져 있어[27] "갑자기 공부할 의욕이 생긴 기억이 난다"는 증언을 남겨주셨습니다.

도다 회장도 또한 위대한 여성의 힘을 최대한 존중하고 아이들의 미래성에 한없는 기대를 보낸 위대한 교육자이자 민중 지도자였습니다.

개리슨　잘 알고 있습니다.

듀이는 진보주의의 개혁운동에 참여하는 형태로 많은 여성과 교류를 깊이 다졌습니다. 그 여성들이 듀이의 사상에 영향을 준 것은 의심할 여지가 없습니다.

그가 공공연히 옹호한 사회활동가 에마 골드만*, 또 제인 애덤스와 공동으로 헐 하우스를 창립한 엘렌 스타* 등을 들 수 있습니다.

그리고 이것은 별로 알려져 있지 않지만 듀이는 자신의 저서 《민주주의와 교육》의 서문 속에서 당시 컬럼비아대학교 대학원의 여학생인 엘시 클랩에게서 받은 '많은 비판과 시사'에 고마움을 표했습니다.[28]

그 뒤 클랩은 진보주의 교육분야에서 중요한 연구를 하고 큰 반향을 불러 일으킨 책을 집필했는데 듀이는 그 저서에도 서문을 기고했습니다.

이케다 당시 듀이 박사는 이미 미국 철학계를 대표하는 인물이었습니다.

그런 위대한 학자가 자신의 중요한 책 속에서 한 학생에게 받은 '많은 비판과 시사'에 대해 진심으로 감사를 표한 일은 실로 신선한 일화입니다.

박사는 그 뒤에도 여학생의 성장을 지켜보며 계속 격려한 것 같군요. 여기에도 듀이 박사의 따스한 인품과 겸허하고 성실한 교육자이자 학구자(學究者)다운 모습이 나타납니다.

저도 '우리 소카대학교는 학생 제일로' 나아가기 바라는 마음에서 듀이 박사의 모범적인 행동을 기회 있을 때마다 교직원들에게 말했습니다.

설령 자신이 희생되어도 후계의 학생들을 훌륭히 육성한다는 것이 창가교육의 정신이고, 마키구치 초대 회장, 도다 제2대 회장의 실천이었습니다. 두 회장이 듀이 박사를 중시한 것도 잘 알았습니다.

그런데 듀이 박사는 미국 대도시 학교조직에서 여성으로서는 첫 시카고교육청 교육장이 되고 '전미교육협회' 첫 여성 총재가 된 교육자 엘라 플래그 영에게서도 큰 영향을 받았지요.

히크먼 그렇습니다. 이케다 회장이 엘라 영을 언급하신 것은 정말 기쁘기 그지없습니다.

듀이는 1915년에 영의 생애와 사적(事績)에 관한 전기를 쓴 존. T. 마크매니스 씨 앞으로 날짜가 없는 편지를 보냈는데 그 속에서 영을 이렇게 칭찬했습니다.

"'자유'라든가 '자유의 존중'은 실은 각 개인이 하는 탐구와 고찰의 과정에 경의를 표하는 것을 의미한다. 그리고 외적인 억압에서 해방된 자유와 표현의 자발성 다시 말해 일반적으로 '자유'라고 하는 것이 중요한 의미를 가지는 것은 그것이 인간의 사고활동과 관계되는 경우로 국한된다. 이런 것을 나는 실은 그녀에게서 배웠습니다."[29]

이케다 영에 대한 솔직한 감사와 함께 듀이 박사의 '자유'에 대한 사고가 단적으로 나타난 말이군요. 진정한 자유는 결코 다른 데서 주어지는 것이 아니고, 자신이 성장하는 과정에서 내발적으로 얻을 수 있는 것이라고 할 수 있겠지요.

시카고교육청 교육장을 지낸 영은 50대에 들어서면서부터 듀이 박사 곁에서 철학을 배우고 시카고대학교의 실험학교에도 참여했습니다.

한편 듀이 박사도, 오랜 교직 경험을 하고 시카고공립학교의 교사들에게서도 신뢰가 두터운 영에게서 많은 것을 배웠습니다.

이 끊임없는 향상심과 유연한 사고 그리고 열린 인격에 듀이 박사가 스스로 나타낸 '성장'의 중요한 열쇠가 있다고 할 수 있습니다.

히크먼   예. 지금의 이야기는 실로 인격 면에서 듀이의 특징을 적확히 나타낸다고 생각합니다.

저는 '듀이의 교사들(듀이의 실험학교 등에서 활약한 교육자)'이라 부르는 방식은 몇 가지로도 해석할 수 있는 흥미로움 때문에 오히려 정말 절묘한 표현이라 생각합니다.

교사들은 대부분 여성이었는데 듀이와 함께 연구에 매진했습니다. 다시 말해 여교사들은 존경하는 듀이에게 많은 것을 배우고, 듀이는 교육을 천직으로 여기는 여교사들을 뒷받침하고 육성했습니다. 그런 의미에서 여교사들은 '듀이가 육성한 교사들'이었습니다.

그러나 다른 의미에서 '듀이의 교사들'이기도 했습니다. 듀이는 실제 학교에서 가르치는 여교사들에게서도 크게 배웠습니다. 다시 말해 여교사들이 현장에서 얻는 경험의 피드백에 얼마간의 도움을 받아 자신의 교육이념을 끊임없이 검증하고 재고하고 또 수정했습니다.

여성은 남성에 비해 지적으로 열등하다고 널리 여기던 시대에 듀이는 여성에게 빛을 비춰 거기에 통찰과 지적 실천의 원천을 발견한 것입니다.

여성교육에 진력한 듀이와 마키구치 회장의 선견성

이케다 '듀이의 교사들'의 두 가지 의의에 감명받았습니다. '가르치는 것'과 '배우는 것'이 깊이 연동하고 서로 '교사'가 되고 '학생'이 되어 함께 배울 때 인간의 연대가 얼마나 풍부하게 넓혀질까요.

듀이 박사는 남녀분리가 주류인 당시 대학교육에 관해서도 여성의 능력이 남성보다 떨어지지 않는다고 주장하여 남녀공학의 의의를 강력히 호소했습니다.

예를 들면 "여자는 남자를 겁먹게 만들 정도로 남학생보다 성적이 좋다"[30] 등을 써서 남겼습니다.

듀이 박사와 같은 고향에 컬럼비아대학교 동료인 헌법학자 토마스. R. 파웰[*]도 박사에 관해 "저는 컬럼비아로 옮길 당시 공학, 여성참정권, 노동조합에 혐오감을 갖고 있었는데 여성에 관해서는 듀이와 나눈 대화를 통해 눈이 뜨였다"라고 솔직히 말했습니다.

전에도 언급했지만 마키구치 초대 회장도 또한 지금으로부터 1세기 이상이나 전인 봉건적인 일본 사회에서 이미 여성의 우수한 특성과 가능성에 빛을 비추고 여성교육의 중요성을 외쳤습니다.

그리고 1905년에는 일본에서 서민 여성을 위한 통신교육의 선구라 할 수 있는 '고등여학강의' 사업에 매진하셨습니다. 일반교양을 중심으로 한 이 통신강좌는 여성들의 자립을 목적으로 시작되었습니다. 경제적으로 힘든 학생들에게는 입학금을 면제하거나 매달 내는 학비를 반액이나 전액 면제하는 등의 제도도 있었습니다.

마키구치 회장이 발행한 여성월간잡지 〈대가정(大家庭)〉에는 다음과 같은 주장이 담겨 있습니다.

"지금의 세상에 여성교육의 필요성을 느끼지 못하는 자가 있는가. '여성에게 학문은 무용지물이다. 위험하다'며 향학심을 억압하는 시대는 지났다."(요지)

신시대를 알리는 선언이었습니다. 여성교육의 흐름을 만든 선인들의 존귀한 노력이 그립습니다.

히크먼 여성의 본격적인 사회참여에 관한 미국의 몇 가지 조사결과에 따르면 1900년대부터 1930년대까지는 남녀 학생수 비율이 거의 같았습니다. 제2차 세계대전 후에는 남학생의 비율이 비약적으로 늘었는데 1980년대에 들어서자 남녀 거의 동률이 되었습니다.

현재는 전국 평균 비율이 여성이 60퍼센트, 남성이 40퍼센트입니다. 학생의 남녀 비율이 여성으로 너무 쏠린 대학이 있다고 하는 소리도 나올 정도로 여성의 진출이 두드러집니다. 다만 이 경향은 공학이라든가 자연과학 등의 학문분야에는 들어맞지 않습니다. 이런 분야에서는 아직 남성 비율이 여성을 훨씬 웃돌고 있습니다.

이케다 최근에는 세계 어느 대학에서나 우수한 여학생의 활약이 빛을 발합니다.

캐나다 몬트리올대학교의 전(前)총장이자 암 연구의 권위자인 르네 시머드*박사와 간담할 때 "힘든 공부를 끝까지 관철하는 학생은 대부분 여성입니다. 끝까지 분발해 졸업을 따내는 비율도 여성이 많습니다", "남성보다 커뮤니케이션에 능통한 여의사가 많으면 환자와 의사의 관계도 더 부드러워진다고 생각합니다"[31]라고 말씀하신 일이 떠오릅니다.

창가교육에서도 소카여자학원(현재는 공학인 간사이소카학원)과 소카여자단기대학교는 여성교육을 중시한 마키구치 초대 회장의 구상을 연원으로 합니다.

또 소카대학교와 SUA도 여학생의 활약이 눈부십니다.

사회공헌의 숭고한 사명을 짊어지는 여성들이 다양한 분야에서 활약하고 힘을 발휘해야만 평화와 공생의 세계를 창조하는 커다란 힘이 되는 것이 틀림없습니다.

그런 의미에서도 일본 사회는 여성들이 그 뛰어난 실력을 꽃피우고 십분 살릴 수 있게 더 변화해야 한다고 생각합니다.

개리슨 미국에서는 정치를 비롯해 공적 분야에서 여성이 점점 더 존재감을 높이고 있습니다.

남성과 여성은 가정 내에서든 사회적인 장소에서든 반드시 모든 문화적 역할을 완벽히 같은 형태로 짊어질 필요는 없다고 생각합니다. 실제 이런 역할의 바람직한 형태는 공사를 불문하고 앞으로 모든 분야에서 계속 변화하겠지요.

불과 한 세대 이전에 사람들은 대부분 미국의 고등교육에서 여학생 수가 남자를 능가하리라고는 생각도 못했겠지요. 그러나 지금은 그것이 현실이 되었습니다.

가장 중요한 것은 누구에 의한 것이든, 인간의 행복에 기여하는 활동을 똑같이 존중하고, 칭찬해야 한다는 점입니다. 인류 전체를 위해서 우리가 지향해야 할 최종 목표는 한 사람한 사람의 인간이 성별에 관계없이 각각의 문화적 역할을 완수하며 그 사람만이 가진 가능성을 발휘하고 그 사람만이 할수 있는 공헌을 사회에서 달성하는 것입니다.

히크먼　여성의 사회 진출이라는 주제를 둘러싸고 듀이에게 흥미 있는 일화가 있습니다. 진위 여부는 확실치 않지만 듀이다운 일화이기에 여기서 소개하고자 합니다.

어느 날, 듀이가 건물에서 큰길로 나오자 여성 참정권을 요구하는 시위행진을 만나게 됐습니다.

듀이는 때마침 떨어진 플래카드를 주워서 높이 들고 행진 중인 여성들 속으로 들어갔습니다. 플래카드에 뭐라고 씌어 있는지 그는 신경도 쓰지 않았습니다.

그런데 구경꾼들이 너무 웃어서 언뜻 보니 '남성은 투표할 수 있는데 왜 나는 안 되는가?'라고 크게 씌어 있는 것이었습니다(웃음).

말씀드린 대로 이 일화는 반드시 전부 진실이라고는 할 수 없을지 모릅니다. 그렇지만 듀이가 지적으로나 도덕적으로도 남성과 동등한 존재로 간주한 여성의 권리 획득을 위해 헌신한 모습을 무엇보다 잘 말해주는 이야기입니다.

이케다 정말 흐뭇한 일화입니다.

여성을 존경하고 여성의 목소리를 수용하는 사람, 그리고 청년을 진심으로 경애하고 청년들 편이 되어 자기 이상의 대인재로 육성하는 사람이 진정한 현자입니다. 그것이 미래에 책임을 질 지도자가 갖춰야 할 모습입니다.

듀이 박사는 자신이 가르치는 아이뿐 아니라 많은 청년을 소중히 여겼습니다. 컬럼비아대학교에서 가르칠 때는 해외에서 온 유학생에게도 세심하게 마음을 쓰신 것 같습니다.

실은 마키구치 회장도 중국에서 온 유학생을 위한 학교 '홍문학원(弘文學院)' 교단에 서서 학생들을 진심으로 소중히 대하셨습니다. 이 '홍문학원'은 당시 문호 루쉰(魯迅)을 비롯한 중국의 혁명에 일어선 많은 청년이 공부한 곳으로도 알려져 있습니다.

마키구치 회장의 《인생지리학》 강의에 감명받은 유학생들은 그 내용을 중국어로 번역하여 잡지에 게재하거나 책으로 출판하기도 했습니다. 현재 베이징사범대학교와 푸단대학교, 쑤저우대학교를 비롯해 중국 각지의 대학 도서관 등에 소장되어 있는 것을 확인했습니다. 중국에서 소카대학교에 온 교환학생이나 교환교수, 또 소카대학교에서 중국으로 유학을 간 학생들이 조사한 내용입니다.

마키구치 회장이 유학생 청년들을 진심으로 소중히 여기고 그리하여 싹튼 씨앗이 두 나라의 우호 유대를 강화하고, 바다를 건너 확실한 족적을 남기고 있음에 저는 다시 한번 감동했습니다.

청년은 예리합니다. 정의감이 있습니다. 비판정신도 강합니다. 진짜인지 가짜인지를 간파합니다. 따라서 진실과 성실로 대해야 하는 것이 무엇보다 중요합니다.

'청년은 모든 악의 근원에 다가가는 철학을 받들 것'

개리슨 정말 그렇습니다.

듀이는 늘 담화나 강연 속에서 청년들에게 말을 걸고 세계의 재구축을 통해 세상의 고뇌 해결을 위해 진력하도록 촉구했습니다.

1929년 12월 19일 뉴욕대학교에서 듀이의 강연 내용을 보도한 〈뉴욕타임즈〉에는 듀이가 청년들에게 한 호소가 이렇게 씌어 있습니다.

"청년은 하나하나 나타나는 악을 시정하기보다 그런 모든 악의 근원에 다가가는 철학을 받들어야 한다. (중략) 신시대의 철학은 각 개인이 일을 할 권리가 도덕적으로나 법적으로도 인정되도록 그 확실한 방도를 찾아내지 않으면 안 된다.

새로운 사회철학은 공중위생적인 철학이어야 한다. 바꿔 말하면 우리가 필요로 하는 정치와 경제는 세상의 모든 악을 미연에 방지하는 것이어야지 그 희생자들이 길가에 쓰러진 뒤에 돌보는 듯한 정치와 경제이면 안 된다. (중략) 그런 철학을 형성하는 데 필요하고 중요한 것은 다른 사람들을 깊이 생각하는 동시에 사상의 독립성을 확보하는 것이다."[32]

듀이가 청년에게 한 이 호소는 1929년 당시와 마찬가지로 지금도 바른 말이라고 할 수 있습니다.

이케다 진심으로 찬동합니다.

'청년은 모든 악의 근원에 다가가는 철학을 받들어야 한다.' 이 듀이 박사의 외침에 청년과 같은, 아니 청년이 본래 가진 열렬한 사명감과 책임감을 저는 느낍니다.

마침 같은 무렵, 세계공황의 참상을 목격하고 사람들의 생활 향상을 바라며 경제학의 길로 나아간 갤브레이스* 박사와 나눈 대담이 떠오릅니다. 박사는 저와 대담하는 속에서 이렇게 말씀하셨습니다.

"만약 자식들이 불행한 사람들의 힘이 되지 못한다면 그들이 어떤 훌륭한 사회적 위치에 있더라도 아버지인 내게는 슬퍼해야 할 일입니다. 문명사회에서 가장 중요한 것이 무엇인가. 그것은 다른 사람들, 그리고 인류 전체에 대해 깊이 배려할 줄 아는 인간의 존재입니다."[33]

갤브레이스 박사도 청년이 강한 정의감과 배려심을 갖고 빈곤과 사회격차 등의 불평등과 싸워야 한다고 기대하셨습니다.

그와 마찬가지로 듀이 박사의 말에서는 차대를 짊어질 청년들에 대한 깊은 신뢰와 애정이 그리고 함께 행동하고자 하는 정의로운 마음이 느껴지는군요.

히크먼   예. 듀이가 가르치는 학생들에게 관심을 가지고 있음을 말해주는 일화는 많습니다.

듀이는 학생들의 의견을 자주 경청한 것으로도 알려져 있는데 그것도 건성으로 듣는 것이 아니라 진심으로 귀를 기울였습니다.

듀이 서거 후 동료인 후배 교사는 듀이의 첫인상을 "자기에게 오는 청년들에게 늘 마음을 쓰고 그들이 하는 어떤 말도 진지하게 받아들이고, 자신에게 온 편지에는 그 인물이 아무리 비상식적이라도 또 내용이 아무리 바보스럽게 보여도 전부 성실하게 응답한다. 그렇게 하지 않고서는 못 견디는 사람이었다"[34]고 썼습니다.

실은 후년의 연구자에게는 듀이가 젊은 사람들과 나눈 편지 다수가 그의 내면세계와 사생활 및 저작의 배경이나 집필의 동기를 아는 데 중요한 실마리가 되었습니다.

이전에도 말했지만 예를 들면 미 육군의 어떤 병사의 의문에 답한 편지가 있습니다. 그 속에서 듀이는《공통의 신앙》을 집필한 동기를 명확히 밝혔습니다.

청년 한 사람 한 사람을 성실히 대하고 마음을 쓴 듀이

이케다　학문을 연구하는 사람이기에 앞서 한 사람의 성실한 인간이고자 한 듀이 박사의 진지한 모습을 잘 말해줍니다.

박사는 연구로 분주했지만 한 사람 한 사람의 청년을 위해 성실하게 마음을 쓰셨습니다. 정말 위대한 인간교육자의 실상입니다. 한 통 한 통의 편지는 그 숭고한 행동의 증명서이기도 합니다.

마키구치 회장도 어떤 때라도 청년을 신뢰하고 소중히 여기는 교육자셨습니다. 마키구치 회장은 군부정부하 악명 높은 치안유지법 및 불경죄 혐의로 부당하게 체포되기 며칠 전에도 도쿄상과대학(지금의 히토쓰바시대학교) 학생들과 친숙하게 간담하고 격려했습니다.

또 체포 직전까지 청년들에게 니치렌 대성인의 '입정안국론(立正安國論)' 강의를 계속하셨습니다. 당시는 청년들이 '나라를 위해 죽는 것'을 인생 최고의 목표로 주입받던 시대입니다. 그런 암담한 군국주의 일본 사회에서 마키구치 회장은 최후까지 청년들에게 올바른 인간철학을 가르치고, 민중에게 희망과 용기의 빛을 보내고자 노력하셨습니다. 그것은 인간의 선성에 크나큰 신뢰를 보내고, 그 무한한 가능성을 강하게 확신했음이 틀림없습니다.

듀이 박사는 《인간의 문제》 속에서 '인간성은 바뀌는가'라는 장(章)[35]을 두고 '인간성은 분명히 바뀐다'고 결론짓고 인간의 변화와 성장에 큰 기대를 보내셨습니다.

'인간은 자신을 변혁할 수 있다, 게다가 좋게 달라질 수 있다.' 저도 그렇게 확신합니다. 제가 은사의 유지를 이어받아 《인간혁명》과 《신·인간혁명》이라는 표제로 반세기 가까이에 걸쳐 소설을 계속 쓴 이유도 인간 자신의 변혁이야말로 인류 사회의 모든 과제를 해결하는 근본 열쇠라고 생각했기 때문입니다.

우리 SGI의 교육·문화·평화운동도 이 '인간혁명' 사상에서 출발했습니다. 그러므로 '인간성 향상'을 강하게 호소하신 듀이 박사의 철학에서도 더 깊이 계속 배우고 싶습니다.

이번 대담에서는 인류의 빛나는 지성의 보배이자 재산인 듀이 박사의 탁월한 사상에 관해서 경애하는 두 선생님과 다각적인 대화를 나눴습니다. 듀이 박사의 위대한 정신의 유산을 우리는 21세기의 리더인 청년들에게 어떻게 전하고 남기면 좋을지, 이 점에 관해서 두 선생님은 어떻게 생각하시는지요?

히크먼　이케다 회장은 듀이 철학이 '인간에 대한 신뢰'로 관철되어 있다고 지적하셨습니다. 이 견해는 지금의 이케다 회장의 질문, 다시 말해 그의 정신유산이 21세기에 주는 의의에 그대로 연결됩니다.

듀이는 시카고대학교 시절 아이들을 대상으로 한 교육실험에서 "인간에게는 자기변혁하기 위한 헤아릴 수 없는 커다란 능력이 있다, 특히 인간에게는 '성장'이라고 그가 이름 붙인 것, 바꿔 말하면 '가치창조'를 위한 커다란 가능성이 숨겨져 있다"고 확신했습니다.

이처럼 듀이는, 인간은 개인적인 경험이나 집단적인 경험까지 포함해서 스스로의 경험에 주의를 깊이 기울이고 거기에서 배움으로써 비로소 '더한층 높은 경험이 질서 있고 풍부함 속에서 자란다'고 생각했습니다.

듀이는 인간의 경험이 가져오는 커다란 가능성을 깊이 믿었습니다. 그것은 '민주주의와 교육은 같은 것을 다른 말로 표현한 것'이라는 그의 사상에 나타납니다.

이런 그의 사상의 선견성을 앞으로 살려가려면 우리가 교육의 기회를 더욱 추진하고 확대하여 그 결과로서 민주적인 생활을 실현하는 것이 가장 바람직하겠지요.

이케다 회장은 자신의 필생의 사업으로 일본과 미국에 두 개의 훌륭한 대학을 설립하고 초등교육과 중등교육 등의 기관을 몇 개나 설립하셨습니다.

'21세기의 리더인 청년들에게 듀이의 정신유산을 어떻게 전하느냐'는 문제에 관해 말하면 이케다 회장의 이런 업적 그자체가 이미 훌륭하게 모범을 보이고 있다고 생각합니다.

그리고 지금 말씀하신 '인간에 대한 신뢰'와 '인간성 향상'이라는 말이야말로 이케다 회장이 평생에 걸쳐 구축하신 사적과 듀이의 정신유산을 단단히 결부시키는 것입니다.

개리슨 그렇습니다. 인간성이라는 것은 바뀌는 법입니다. 그리고 더욱 일반적으로는 '진정한 인간다움'이 의미하는 바는 세대를 초월해 진화할 수 있다고 인식해야 합니다.

그러나 그것만으로는 충분하지 않습니다. 법화경에서 설한 '용녀'만큼의 극적인 변화는 아닐지라도 우리는 누구나 각자가 일생 동안에 자기변혁을 달성할 가능성이 있음도 인식해야 하겠지요.

저는 듀이의 사상과 그 행동을 탐구하고 실천하는 한 사람으로서 인류의 미래에 믿음을 두고, 인간성이 향상할 것이라 믿고 계시는 이케다 회장을 강하게 지지하고 싶습니다.

SGI가 내건 이념은 대부분 듀이의 프래그머티즘에 끌린 사람들의 마음을 사로잡은 이념과 같습니다. 두 사람의 사상은 어떤 종교든 신앙자의 일상생활에 무언가 변화를 낳지 못한다면 생명존엄을 올바로 통찰하는 종교라고 할 수 없다는 인식에 서 있습니다.

게다가 두 사람은 결코 현실생활에서 도망치려 하지 않습니다. SGI의 철학과 듀이의 프래그머티즘은 함께 이상과 현실의 합치를 추구합니다. 그리고 전 인류를 구성하는 인간 각 개인의 생명에 본래 갖추어진 잠재능력을 철저히 중시합니다.

SGI와 듀이의 사상은 함께 인간의 다양성을 인정하고, 그것을 올바르게 평가하면서 생물과 환경, 깨닫는 사람과 깨달은 것, 자신과 타인, 개인과 사회 등의 대치를 비롯한 다양한 이원론을 초극하고자 노력합니다. 그리고 양자 모두 자신과 자신이 속한 사회를 위해 동시에 도움이 되는 형태로 가치를 창조함으로써 장해를 극복하고 고뇌를 개선하고자 합니다.

SGI는 듀이의 정신을 빛내는 최대의 희망

이케다   우리 창가교육, 그리고 SGI 운동의 의의를 따뜻하고 깊은 시선으로 정확하게 포착하고 높이 평가해주셔서 거듭 감사드립니다.

저에 관해서야 어쨌든, 마키구치 초대 회장이나 도다 제2대 회장도 듀이 철학연구의 권위자이신 히크먼 박사와 개리슨 박사가 지금 하신 말씀을 들으면 얼마나 기뻐하실지 모르겠습니다.

두 분의 이야기야말로 앞으로 사회의 바람직한 모습과 사람들의 행동규범을 제시하는 중요한 시사를 내포합니다.

'교육의 기회를 더욱 확대하여 거기에서 민주적인 생활을 실현하는' 것, 또 '다양성을 인정하고 그것을 올바로 평가하며 다양한 이원론의 극복을 지향하는' 것은 불법을 기조로 우리가 펼치는 운동의 방향성과 합치합니다.

개리슨   니치렌불법과 듀이의 프래그머티즘은 표현방법은 달라도 놀랄 만큼 상통하고 있음에 저는 몹시 강한 인상을 받았습니다.

불법의 '연기(緣起)' 사상은 듀이의 '트랜잭션(상호교섭)의 개념'과 상통하는 데가 있고, 듀이의 반이원론을 불법의 기본이념인 '의정불이(依正不二)', '색심불이(色心不二)'로 결부시키기 쉽습

431

니다. 이케다 회장은 듀이가 중도주의와 종교적 휴머니즘의 제창자라고 명쾌하게 통찰하셨습니다. 또 그 밖에도 공통점이 많습니다.

그리고 이런 공통된 사상은 두 분이 함께 내건 이상 실현을 뒷받침하는 것이 되겠지요. 그 이상은 끊임없이 계속 진화하는 우주 속에서 개별적 상황에 맞춰 가치를 창조하고 고뇌를 구제함으로써 미(美)를 낳고, 인류 사회에 자타 함께 행복을 가져오는 행동을 의미합니다.

두 분의 이념과 이상은 이 21세기에 극히 커다란 매력을 발휘하리라 믿습니다. 왜냐하면 지금 많은 사람이 기성 정치 이데올로기나 교조적인 종교에도 또 근거 없는 인간의 이성에 대한 과신에도 이미 한계를 느끼기 시작했기 때문입니다. SGI는 평화와 문화와 교육, 그리고 지금 여기에 우리가 완결한 '대담'을 비롯해 다양한 '대화'에 헌신해오셨습니다.

그런 헌신은 창가(가치창조)의 정신을 전진시키는 것이고, 듀이의 프래그머티즘 정신을 유지하고 소생시키는 최대의 희망이기도 합니다.

이런 SGI의 범례를 따름으로써 듀이의 프래그머티즘도 또 인류에 관한 다른 유익한 전망도 그 빛을 더할 것입니다.

이케다 깊은 이해의 말씀에 거듭 감사합니다.

저희도 두 박사의 기대에 부응할 수 있도록 더욱 노력하고,

더욱 향상해 갈 결의입니다. 듀이 박사의 철학은 교육과 사회발전, 그리고 인간의 전진을 위한 위대한 빛이 되고 힘이 됩니다.

종교에도 중요한 것은 현실 속에서 사람들을 위해 어떻게 공헌할 수 있느냐입니다. 그리고 앞으로 태어날 사람들에게 어떻게 용기와 희망을 줄 수 있느냐입니다.

종교는 결코 민중을 향한 안테나를 망가뜨리면 안 됩니다. 지금 그리고 앞으로의 민중이 무엇을 추구하고, 필요로 하는지를 예리하게 간파해야 합니다. 그런 의미에서 듀이 박사의 프래그머티즘은 우리에게 한없이 커다란 가치를 줍니다.

저는 두 박사에게 최대로 감사드립니다. 정말 고맙습니다.

히크먼 저는 이케다 회장, 개리슨 박사와 이렇게 장기간에 걸쳐 대담할 기회를 얻어 진심으로 감사합니다.

다양한 식견의 교환은 이케다 회장과 그리고 마키구치 초대 회장이나 도다 제2대 회장의 사상과 듀이가 마음속에 그린 '민주주의와 교육의 이념이 존중받는 세계'의 비전이 가진 많은 접점에 관해서 큰 깨우침을 주었습니다.

이런 의견교환을 통해 이케다 회장과 개리슨 박사에게 수많은 것을 배울 수 있어 제게도 멋진 성장의 기회가 되었습니다.

이 대담에서는 현재 인류사회가 맞닥뜨린 가장 중요한 문제 몇 가지를 다루며 논의했습니다. 교육문제는 학교에서 '집단괴롭힘'이나 세계시민 육성을 위한 대학의 역할, 가정의 학습 환경, 그리고 평생학습의 중요성 등에 관해서 대화를 나눴습니다.

또 어떻게 하면 과학기술이 인간의 행복에 기여할 수 있는지. 어떻게 하면 종교적 체험을 '공통의 신앙'으로 표현할 수 있는지. 그리고 분쟁을 대화로 해결하려면 어떻게 하면 좋은지에 관해서도 논의했습니다. 더욱이 또한 다양한 습관과 관심을 가진 사람들이 민주적 공동체 속에서 공존하기 위한 방도에 관해서도 사색했습니다.

이 대담을 시작한 이후 세계는 대규모로 또 중요한 변화를 이루었습니다. 일본의 여러분도 지금 심각한 자연재해의 복구와 부흥에 몰두하고 있습니다. 북아프리카와 중동 사람들은 정치적인 격변을 체험하고 있습니다. 또 미국과 유럽은 여전히 경제의 신용위기에서 벗어나지 못하는 상태입니다.

우리가 서로 이야기한 이념과 이상은 실로 이와 같은 시대에 도움이 될지 여부로 진가가 결정됩니다. 저는 이 대담이 많은 사람에게 안심과 격려의 원천이 되기를 그리고 성장과 가치창조를 더한층 고무하는 계기가 되기를 바랍니다. 그것은 또 이케다 회장과 개리슨 박사의 바람이기도 할 것이라 생각합니다.

【제1장】

*존 듀이(1859~1952년) 　미국의 교육철학자. 프래그머티즘(실용주의 철학)을 발전시키며 미국 철학계를 이끌었다. 아동교육에 관심을 가져 시카고대학교 재직 중에 '실험학교'를 설립했다. 세계 각국의 교육제도를 시찰하고 일본과 중국에서도 강연했다. 1904년부터 컬럼비아대학교 교수를 지냈다. 저서로는 《학교와 사회》, 《민주주의와 교육》, 《논리학》 등 다수가 있다.

*도다 조세이(戶田城聖: 1900~1958년) 　창가학회 제2대 회장. 1930년, 마키구치 쓰네사부로 초대 회장과 창가교육학회를 창립했다. 군부정부에 저항하여 1943년, 마키구치 회장과 함께 투옥되었다. 제2차 세계대전 뒤 창가학회를 재건하여 1951년, 회장에 취임했다. '원수폭금지선언'과 지구민족주의를 제창했다.

*마키구치 쓰네사부로(牧口常三郎: 1871~1944년) 　창가학회 초대 회장. 교육자, 교육학자, 지리학자. 초등학교 교장을 지내면서 지리학, 교육학에 관한 선구적 연구에 힘썼다. 1930년, 도다 조세이와 창가교육학회를 창립했다. 사상통제를 강화하는 군부정부에 저항하다 1944년 11월 18일에 옥사했다. 저서로는 《인생지리학》, 《창가교육학체계》 등이 있다.

*전쟁비합법화운동 　전쟁을 위법으로 규정하는 국제법 제정과 국제분쟁 해결을 위한 국제재판소 설치를 요구한 미국의 시민운동. 미국의 법률가 레빈슨이 제창했다. 1921년 '전쟁비합법미국위원회'를 설립하여 듀이도 여론을 환기하는 데 큰 역할을 했다.

*다윈 (1809~1882년) 　찰스 로버트 다윈. 영국의 생물학자. 진화론의 제창자 중한 사람. 의학, 박물학을 배운 뒤 1831년부터 해군의 관측선 비글호를 타고 브라질, 페루, 갈라파고스제도, 오스트레일리아 등을 조사했다. 진화론에 확신을 갖고 앨프리드 월리스의 논문과 함께 자신의 주장을 발표했다. 1859년에 《종의 기

원》을 출판하자 큰 반향을 일으켰고, 생물학과 사회학 등 여러 방면에 많은 영향을 미쳤다.

*토머스 헉슬리(1825~1895년) 토머스 헨리 헉슬리. 영국의 생물학자. 런던대학교에서 의학을 배운 뒤 영국지질조사소 등에서 연구에 힘썼다. 다윈의 《종의 기원》을 비판하는 것에 대해 적극적으로 반론하며 다윈의 이론을 변호하고 지지했다. '불가지론(不可知論)'을 창시한 것으로도 유명하다.

*알도 레오폴드(1887~1948년) 미국의 생태학자. 미국산림청에서 산림관으로 근무하면서 자연보호활동에 눈을 떠 자연생활을 기록하고 잡지 등에 수필을 기고했다. 미국생태학협회 회장, 유엔자연보호위원 등을 지냈다. 자연과 공생하는 사상을 담은 저서 《야생의 노래가 들린다》는 베스트셀러가 되어 환경보호운동에 큰 영향을 미쳤다.

*의정불이(依正不二) 의(依)는 의보(依報, 환경·국토), 정(正)은 정보(正報, 주체인 중생의 몸과 마음)를 가리킨다. 주체와 환경이 실제로는 분리할 수 없는 상의상관(相依相關) 관계(불이, 不二)에 있다는 뜻. 중국의 천태(天台)가 법화경을 해석한 것에 대해 묘락(妙樂)이 해설하면서 세운 법문 중 하나.

*찰스 퍼스(1839~1914년) 찰스 샌더스 퍼스. 미국의 논리학자, 수학자, 철학자, 과학자. 수학교수인 아버지가 재능을 발견하여 소년 시절에 화학, 수학, 논리학을 습득했다. 하버드대학교를 졸업한 뒤 미국연안측량국에서 약 30년간 근무했다. 하버드대학교 천문대 조수, 존스홉킨스대학교 강사 등을 지냈다. 살아 있을 때 퍼스의 공적은 세간의 주목을 받지 못했지만, 죽은 뒤에 기호론이나 프래그머티즘의 창시가 높이 평가받았다.

*윌리엄 제임스(1842~1910년) 윌리엄 제임스. 미국의 철학자, 심리학자. 하버드대학교 교수. 영국경험론, 신칸트파, 찰스 퍼스 등의 영향을 받아 독자적인 실용주의를 주장했다. 저서로는 《프래그머티즘》, 《근본적 경험론》 등이 있다.

*프래그머티즘(Pragmatism) 실용주의, 실제주의, 도구주의라고도 번역된다. 진리와 의미는 행동으로 옮겼을 때 실제로 도움이 되느냐 마느냐로 밝혀진다는 사고방식으로, 관념의 중요성은 그 결과로 결정된다는 관점. 19세기에 미국의 철학자 퍼스가 제창하고 제임스, 듀이 등이 발전시켰다.

*남북전쟁 미국에 일어난 내전(1861~1865년). 노예 해방·상공업 중심의 북부

와 노예제 유지·농업 중심의 남부가 대립하는 상황에서 노예해방론자 링컨이 대통령에 당선되자 남부의 11개주가 연방을 이탈하여 전쟁이 벌어졌다. 북부가 승리하여 남북은 재통합되고, 노예제는 폐지되었다.

*제인 애덤스(1860~1935년)　미국의 사회운동가, 평화활동가. 1889년, 런던의 토인비 홀을 참고하여 시카고에 미국 최초의 세틀먼트 하우스 '헐 하우스'를 설립했다. 제1차 세계대전을 계기로 여성국제평화자유연맹 회장을 지내는 등 평화활동에 힘썼다. 1931년, 노벨평화상을 받았다.

*세틀먼트 하우스(인보관: 隣保館)　빈곤과 차별 등의 문제를 안고 있는 지역주민에게 원조를 하는 사회복지사업 시설. 인보관이라고 번역된다. 영국의 경제학자 아널드 토인비(역사가 아널드 토인비의 숙부)가 1870년대에 노동자의 빈곤문제를 해결하기 위해 환경을 정비하는 시설을 제창하고 설치를 주장한 세틀먼트 운동을 원류로 한다.

*니토베 이나조(1862~1933년)　사상가, 농학자. 이와테현 모리오카 출생. 삿포로농학교를 졸업한 뒤 미국과 독일에 유학했다. 교토제국대학교 교수, 제1고등학교 교장 등을 지내고, 국제연맹 사무차장으로도 활약했다. 니토베와 야나기타 구니오가 발기인으로 나선 '향토회(鄕土會)'에는 마키구치 쓰네사부로(창가학회 초대 회장)도 참여했다. 저서로는《무사도(武士道)》,《수양(修養)》,《농업본론(農業本論)》등이 있다.

*칸트(1724~1804년)　임마누엘 칸트. 독일의 철학자. 쾨니히스베르크대학교 교수.《순수이성비판》,《실천이성비판》,《판단력비판》등을 저술하고 비판철학을 수립하여 근대사상에 큰 영향을 주었다. 독일관념론철학의 시조라고 부른다. 그외 저서로는《영원한 평화를 위해》,《인륜의 형이상학》등이 있다.

*헤겔(1770~1831년)　게오르크 빌헬름 프리드리히 헤겔. 독일의 철학자. 베를린대학교 교수와 총장을 지냈다. 독일관념론철학을 완성하여 마르크스, 키르케고르 등을 비롯해 후세에 큰 영향을 주었다. 변증법논리학에서 설한 지양(止揚, 아우프헤벤, Aufheben) 개념이 유명하다. 저서로는《정신현상학》,《대논리학》,《엔치클로페디》,《법철학》등이 있다.

*듀이십진분류법　1876년에 미국의 도서관학자 멜빌 듀이가 고안한 도서 분류법. 서적 분류에 십진법을 채용하여 열 가지 대분류, 100가지 중분류, 1000가지

소분류를 만들었다. 이를 통해 모든 서적의 분류를 숫자로 나타내는 방법이다.

°미국과학재단　과학공학 분야에서 기초연구와 교육을 촉진하고자 1950년에 설립한 미국연방정부기관.

°바이마르공화국　1919년, 제1차 세계대전 중 독일혁명으로 제정독일이 무너진 뒤 그해 8월에 제정·공포된 바이마르헌법에 입각해 발족한 독일의 정치체제. 바이마르공화정이라고도 한다. 1933년, 히틀러의 정권 장악으로 사실상 붕괴했다.

°포스트모더니즘　본디 건축·디자인 영역에서 생겨난 개념으로 기능적·합리적인 모더니즘(근대주의)에서 벗어나 과거와 현대의 여러 가지 것들을 조합하여 새로운 것을 만들어내려는 사고방식.

°문화상대주의　모든 문화에는 고유의 가치가 있기에 이를 외부에서 평가하거나 비판할 수 없고, 우열을 가릴 수도 없다고 보는 윤리적 태도를 말한다.

°도그마　종교상의 교의(敎義)·교조(敎條). 또 종교나 사상에서 생겨난 독단적인 언설을 말한다.

°아널드 토인비(1889~1975년)　아널드 조지프 토인비. 영국의 역사가. 런던대학교 교수 등을 지냈다. 세계문명의 생성·발전·붕괴 과정을 분석하여 예리한 문명비평을 전개했다. 저서《역사의 연구》외에 다수의 저서를 펴냈다. 이케다 SGI 회장과 대담집《21세기를 여는 대화》를 발간했다.

°대공황　1929년 10월 24일, 뉴욕 월가의 주식시장이 대폭락한 것을 계기로 세계 각국의 금융·경제에 파급된 사상 최대 규모의 세계공황. 미국에서는 대공황을 극복하기 위해 1933년에 대통령에 당선된 프랭클린 루스벨트가 '뉴딜 정책'을 실시하여 1936년에는 공황 이전의 수준을 회복했다.

°국제대화센터　평화, 학술, 대화를 추진하기 위한 학술기관으로 미국 매사추세츠주 케임브리지에 있다. 1993년, 이케다 SGI 회장이 '보스턴21세기센터'라는 이름으로 창립하여 평화구축, 문명 간 대화, 환경보호 등을 주제로 각종 포럼을 열고 출판활동을 전개했다. 2009년 '이케다국제대화센터'로 개칭했다.

°동양철학연구소　동양사상과 불교철학을 연구하고 여러 학문 분야에서 학술적 연구를 추진하는 학술연구기관으로 도쿄 하치오지에 있다. 1962년, 이케다 SGI 회장이 설립하여 국내외에서 학술교류와 각종 강연회·전시회를 실시하고 출판활동 등을 전개했다.

*프랭클린 루스벨트(1882~1945년)   프랭클린 델러노 루스벨트. 미국 제32대
대통령(재임: 1933~1945년). 대공황 뒤 1932년 대통령선거에서 '뉴딜' 정책을 공
약으로 내세워 처음으로 당선되었다. 그 뒤 세계공황과 제2차 세계대전이라는
난국 속에서 미국 역사상 유일하게 대통령에 네 번 당선되었다(지금은 헌법을 개
정하여 최대 2선으로 제한했다).

*소크라테스(B.C.469?~B.C.399년)   고대 그리스의 철학자. 아테네에서 태어나
아버지의 뒤를 이어 석공이 되고, 펠로폰네소스전쟁에도 참전했다. 그 뒤 사색활
동에 전념하고 항간에 지자라고 불린 사람들과 계속 대화하여 무지의 자각과 진
리탐구의 길을 제시했다. 플라톤를 비롯해 많은 청년의 마음을 사로잡았지만, 그
를 오해하고 미워하는 사람들에게서 억울한 혐의로 고발되어 사형을 선고받고
옥사했다. 저서는 남기지 않았지만, 그 모습은 플라톤의 대화편에 전해진다.

*플라톤(B.C.427~B.C.347년)   고대 그리스의 철학자. 소크라테스와의 만남과
그의 억울한 죽음에 결정적인 영향을 받았다. 학원 아카데메이아를 창립하여 아
리스토텔레스 등의 인재를 배출했다. 저서로는《소크라테스의 변명》,《국가》 등
여러 대화편(對話篇)이 있다.

*형이상학   현상의 배후에 존재하는 세계의 근본적인 성립과 인간 존재의 의미
등에 대해 생각하는 학문을 말한다. '형이상'은 '형상을 가지고 있지 않은 것', '감
성적인 경험으로는 인식할 수 없는 것'을 의미한다.

*마그누스(1193?~1280년)   알베르투스 마그누스. 독일의 신학자, 스콜라철학
자, 자연과학자. 신학과 철학을 비롯해 연금술과 자연학 등 여러 학문에 통달하
고, 아리스토텔레스에 관한 주석서를 다수 저술했다.

*아퀴나스(1225?~1274년)   토마스 아퀴나스. 이탈리아의 신학자, 철학자. 스콜
라철학의 완성자. 알베르투스 마그누스의 영향을 받아 아리스토텔레스의 책들을
주석하면서 신학과 여러 학문을 통합했다. 주요저서인《신학대전》이 유명하다.

*벤담(1748~1832년)   제러미 벤담. 영국의 철학자, 법학자. 최대다수의 최대행
복을 추구하는 공리주의를 제창했다. 저서에《도덕과 입법의 원리서설》 등이 있
다.

*밀(1806~1873년)   존 스튜어트 밀. 영국의 철학자, 경제학자. 벤담의 공리주의
사상을 집대성했다. 저서에《논리학체계》,《자유론》 등이 있다.

*에머슨(1803~1882년)   랠프 월도 에머슨. 미국의 사상가, 철학자, 작가, 시인. 하버드대학교를 졸업하고 목사가 되지만, 교회와 목사의 역할에 의문을 느껴 목사를 그만두었다. 그 뒤 동부 매사추세츠주 콩코드에 살면서 강연과 저술활동 등을 하여 '콩코드의 철인'이라 불렸다. 그 사상은 '초절주의'라 일컬으며 미국뿐 아니라 세계에 널리 영향을 미쳤다.

*소로(1817~1862년)   헨리 데이비드 소로. 미국의 사상가. 에머슨과 같은 초절주의자들과 친교를 나누면서 많은 영향을 받았다. 1845년부터 2년간 매사추세츠주 콩코드 교외에 있는 월든 호숫가에 오두막을 짓고 살면서 자연 속에서 보낸 체험과 사색을 기록한 책《월든》을 발표했다. 개인의 자유와 독립을 침해하는 정치나 노예제 등의 사회제도에 거세게 항의하고, 투옥된 경험을 바탕으로《시민의 반항》을 저술했다. 저서에《케이프코드》와 죽은 뒤에 편찬된《일지(日誌)》등 다수가 있다.

*아리스토텔레스(B.C.384~B.C.322)   고대 그리스의 철학자. 플라톤의 학원 아카데메이아에서 공부하고, 마케도니아 궁정에서 훗날 대왕이 되는 알렉산드로스의 가정교사를 맡았다. 그 뒤 아테네로 돌아와 학원 리케이온을 설립하여 제자를 육성하고 여러 학문을 방대한 체계로 정리했다.

*하이든(1732~1809년)   프란츠 요제프 하이든. 오스트리아의 작곡가. 고전파음악을 확립하고, 수많은 교향곡과 현악사중주곡 등을 작곡했다. 작품에 〈파리교향곡〉, 〈런던교향곡〉, 오라토리오 〈천지창조〉 등이 있다.

*모차르트(1756~1791년)   볼프강 아마데우스 모차르트. 오스트리아의 작곡가. 잘츠부르크에서 궁정음악가의 아들로 태어나 어릴 때부터 신동 기질을 발휘하면서 음악을 계속 갈고닦았다. 오페라와 교향곡, 협주곡, 성악곡 등을 다수 작곡하고 〈피가로의 결혼〉, 〈마적〉, 〈주피터〉, 〈아이네 클라이네 나흐트 무지크〉 등 여러 걸작을 남겼지만, 가난과 병에 시달려 서른다섯 살에 생을 마감했다.

*헨리 오거스터스 피어슨 토리(1837~1902년)   미국의 교육자, 철학자. 버몬트대학교 철학 교수를 지낸 백부의 가정에서 자라 버몬트대학교를 졸업하고 신학을 배워 목사가 되었다. 백부가 죽은 뒤 버몬트대학교 교수에 취임하여 주로 칸트철학을 연구하고 강의했다. 버몬트대학교 학생이던 존 듀이를 직접 지도하여 많은 영향을 주었다.

*윌리엄 토리 해리스(1835~1909년) 미국의 교육자, 철학자. 초등학교 교사와 시교육감, 교육부장관을 지냈다. 학년제 채용과 학교건축 표준화, 질 높은 교사를 육성하는 사범학교 개설 등 규율과 질서를 중시하는 공교육을 정비했다.

*조지 실베스터 모리스(1840~1889년) 미국의 교육자. 미시간대학교에서 철학과 신학을 가르쳤다. 존스홉킨스대학교에서 한 강연으로 존 듀이에게 영향을 미쳤다. 저서에《영국의 사상과 사상가》,《철학과 기독교》등이 있다.

*조지 허버트 미드(1863~1931년) 미국의 철학자, 사회심리학자. 시카고대학교 교수. 프래그머티즘의 영향을 받아 행동주의적 사회심리학의 새로운 길을 열었다. 특히 언어분석을 통해 정신과 자아를 사회적 동태의 산물로 재해석하여 현대 사회학의 발전에 크게 공헌했다. 저서로는 제자들이 강의노트를 정리하여 발간한《정신·자아·사회》,《행위의 철학》등이 있다.

*제임스 헤이든 터프츠(1862~1942년) 미국의 철학자. 시카고대학교 교수. 듀이, 미드와 함께 시카고에 '실험학교'를 설립했다. 또 듀이와 공저《윤리학》을 발간했다.

*엘라 플래그 영(1845~1918년) 미국의 교육자. 시카고에서 초등학교 교사와 교장을 역임하고, 1889년부터 1905년까지 시카고대학교 교육학부 교수를 지냈다. 1900년에는 존 듀이의 실험학교에 참여하고, 그 뒤 시카고사범학교(훗날의 시카고교육대학교) 교장과 시카고학구교육감을 거쳐 여성 최초로 전미교육협회 총재가 되었다.

*라이너스 폴링(1901~1994년) 미국의 화학자. '현대화학의 아버지'라 부른다. 1954년에 노벨화학상, 1962년에 노벨평화상을 받았다. '러셀·아인슈타인 선언'에 서명한 과학자 11명 중 한 사람이기도 하다. 이케다 SGI 회장과 대담집《'생명의 세기'를 향한 탐구》를 발간했다.

*머틀 맥그로(1899~1988년) 머틀 바이램 맥그로. 미국의 심리학자. 컬럼비아대학교에서 박사학위를 취득한 뒤 뉴욕대학교와 애들피대학교 임시강사를 거쳐 브라이어클리프대학교 교수를 지냈다. 1930년대부터 1940년대까지 유아발달 분야에서 선구적인 연구자로 활약했다. 10대 후반부터 듀이와 많은 편지를 주고받으면서 학문적인 영향을 받았다.

*출람지예(出藍之譽) / 종람이청(從籃而靑) '출람(出藍)'은 순자(중국 춘추시대

의 사상가)의 사상을 정리한 책《순자》의 첫머리에 나오는 말로 '청(靑)은 남(藍) 에서 나와 남보다 푸르다'는 뜻이다. 제자가 스승을 뛰어넘어 훌륭해지는 것을 비 유한 말이다. '출람지예'는 그러한 제자를 칭찬하는 말이다. 또 '종람이청'은 천태 대사의《마하지관》제1권에 나오는 말로 '남에서 나와 더욱 푸르다'고 읽는다. '청 은 남에서 나와 남보다 푸르다'는 순자의 말에서 유래한다.

*욱일장(旭日章)   1875년에 일본에서 최초로 제정한 훈장이다. 사회의 여러 분 야에서 뚜렷한 공적을 세운 인물에게 수여했다.

*소년항공병(예과련: 豫科練)   옛 일본해군의 항공병 양성제도에 의거한 '해군 비행예과연습생'의 약칭이다. 10대 소년을 모집하여 단기간에 항공기 탑승원을 대량으로 양성하는 것을 목표로 삼았다. 전쟁 국면이 악화됨에 따라 전사자도 많 았다.

*코메니우스(1592~1670년)   요한 아모스 코메니우스. 지금의 체코 모라비아 출 신의 교육자, 종교가. 근대 학교교육의 선구가 되는 제도 등을 구상하고, 각지의 요청에 응하여 교육개혁을 지도했다. 저서로는 주요저서인《대교수학(大敎授 學)》외에 어린이용 그림 교과서《세계도회(世界圖繪)》등이 있다.

*루소(1712~1778년)   장 자크 루소. 프랑스의 사상가, 문학자. 스위스 출생. 파 리에서 디드로 등의 문화인과 친교를 맺고《학문예술론》이 학술공모전에 당선되 었다. 그 뒤《인간불평등기원론》,《에밀》,《사회계약론》과 소설《신엘로이즈》를 저술했다. 자연상태의 자유로운 인간을 이상으로 삼는 교육과 사회의 모습에 대 해 논하여 프랑스혁명에 큰 영향을 주었다.

*페스탈로치(1746~1827년)   요한 하인리히 페스탈로치. 스위스의 교육자. 취리 히대학교에서 신학을 배우고 사회 개선에 뜻을 두었다. 농민 구제를 목표로 농원 을 열고, 그 뒤 농원을 고아원으로 바꾸어 민중교육을 개선하는 데 힘썼다.《은자 (隱者)의 황혼》,《라인하르트와 게르트루트》등의 교육서를 저술하고, 아이들의 개성에 맞추어 자연적인 능력을 발달시켜야 한다고 주장했다. 그 뒤에도 스탄츠, 부르크도르프, 이베르동 등에서 학교를 경영하며 자신의 교육이념을 실현하고자 노력하여 근대 초등교육의 기초를 세웠다.

*헤르바르트(1776~1841년)   요한 프리드리히 헤르바르트. 독일의 철학자, 교육 학자. 페스탈로치를 만나 그 사상에 공감하고, 교육의 논리적·과학적 연구에 뜻

을 두었다. 주요저서로는《일반교육학》등이 있다.

*핵확산금지조약(NPT) 핵불확산조약이라고도 한다. 핵무기 보유국의 증가를 막고, 군축을 진행하기 위해 제정한 국제조약이다. 핵무기 보유국(제정 시 핵보유국은 미·소·영·불·중 5개국)이 핵무기 비보유국에 핵무기를 양도하는 것을 금지하고, 핵무기 비보유국이 핵무기를 제조하거나 취득하는 것을 금지한다. 1968년에 62개국이 체결하여 1970년에 발효되었다. 일본은 1970년에 체결하여 1976년에 비준했다. 체약국은 현재 약 190개국이고, 인도, 파키스탄, 이스라엘 등이 비체약국이다. 5년에 한 번 재검토회의를 개최한다.

*마르크스(1818~1883년) 카를 하인리히 마르크스. 독일의 혁명가, 철학자, 경제학자. 부유한 변호사의 아들로 태어났다. 1847년, 공산주의자동맹에 참여하고, 그 동맹의 위촉을 받아 '공산당선언'을 발표했다. 망명을 되풀이하고 가난에 시달렸지만, 절친한 벗 엥겔스의 재정적 지원에 힘입어 생계를 부지했다. 대저《자본론》저술에 몰두하지만, 완성을 보지 못한 채 서거했다.

*히틀러(1889~1945년) 아돌프 히틀러. 독일의 정치가. 나치스 당수. 제1차 세계대전 뒤 독일에서 반유대주의와 독일 민족의 우월성을 설하여 세력을 확대하고 정권을 탈취했다. 1934년, 총통에 취임하여 독재권을 손에 넣었다. 세계정복이라는 야망을 위해 침략을 강행하여 제2차 세계대전을 일으켰다. 이 기간에 유태인대학살로 대표되는 비인도적 만행을 저질렀다. 대전 말기, 항복 직전에 자살했다.

*스탈린(1879~1953년) 이오시프 스탈린. 옛 소련의 정치가. 소련공산당 초대 서기장(재임: 1922~1953년). 본명은 이오시프 비사리오노비치 주가슈빌리. 러시아혁명의 지도자 레닌이 죽은 뒤 소련의 실권을 잡고 30여 년에 걸쳐 독재적인 지위로 군림했다. 반대파를 '숙청'이라는 이름 아래 대량으로 학살하고, 가혹한 억압정책을 펼친 것으로 유명하다.

*그룬트비(1783~1872년) 니콜라이 프레데리크 세베린 그룬트비. 덴마크의 종교가, 정치가, 작가. 목사로서 국교회 개혁을 시도하다 일시적으로 추방처분을 받았다. 교육을 통한 민중의 자립을 목표로 국민고등학교(폴케호이스콜레, Folkehojskole)를 창설하고, 북구신화 연구 등에서도 활약하여 근대 덴마크 흥륭의 아버지라 부른다. 저서에《북방신화학》이 있다.

*간디(1869~1948년)   모한다스 카람찬드 간디. 인도의 사상가, 정치가. 마하트
마(위대한 혼)라는 이름으로 잘 알려져 있다. 비폭력·불복종운동, 항의를 위한
행진, 단식 등을 통해 인도의 독립운동을 지도했다.

【제2장】

*식육(食育)기본법   국민의 식생활이 최근 크게 변화하여 편중된 영양이나 먹
거리 안전, 생활습관병 문제 등이 증가한 점을 들어 2005년 '건전한 식생활을 실
천할 수 있는 인간을 키우는 식육을 추진하는 것(식육기본법 전문에서)'을 목적
으로 제정된 법률.

*페니런치   20세기 초, 미국의 교사가 영양상태가 나쁜 아동을 위해 시작하여
서서히 보급한 급식제도. 1센트로 급식을 준비했는데 1센트짜리 동전을 페니라
고도 불렀기 때문에 '페니런치'라는 이름이 붙었다.

*빅터 프랭클(1905~1997년)   빅터 에밀 프랭클. 오스트리아의 정신과 의사, 심
리학자. 제2차 세계대전 중 나치스에 의해 강제수용소로 보내졌다. 이 체험을 기
반으로 쓴《밤과 안개》는 일본어를 포함해 세계 17개 언어로 번역되어 세계적 베
스트셀러가 되었다.

*〈교육연구〉특별호   2009년 45권 제2호.

*수연진여(隨緣眞如)의 지(智)   연에 따라 자유자재로 나타나는 진실한 지혜.
불변진여(不變眞如)의 이(理)의 상대어. 불변하는 진리에 의거함으로써 현상세
계에 다양한 지혜의 작용을 나타내는 것.

*마음의 지능   자신의 감정을 인식하며 자제하거나 다른 사람을 공감하고 이해
하는 능력을 가리킨다. 미국 심리학자 다니엘 골먼이 IQ 등 자칫 지식에 편중하
기 쉬운 교육에 경종을 울린 저서《EQ, 마음의 지능지수》속에서 주장한 개념.

*제로섬 게임   게임 종류의 하나로 각 플레이어에게 배분되는 이득의 합이 늘
제로가 되는 게임을 말함. 미국의 경제학자 레스터 서로는 이를 경제에 응용하여
어떤 사람의 파이가 늘어나면 다른 사람의 파이가 적어지는 사회를 '제로섬 사회'
라고 불렀다.

*미즈타니 오사무(1956년~)   가나가와현 태생. 조치대학교 문학부 졸업. 1983

년부터 2004년 요코하마시립고등학교 교사. 중고등학생의 비행과 약물중독 방지를 위해 전국 각지의 번화가에서 일명 '야간순찰'을 하면서 약물추방을 위한 강연도 정력적으로 계속하고 있다.

*페미니즘 여성의 사회적, 정치적, 법률적, 성적인 자기결정권을 주장하고 남성지배적 문명과 사회를 비판하고 변혁하려는 사상과 운동.

*주간돌봄 노인이나 정신질환이 있는 사람에게 주간에 건강관리, 기능유지, 회복훈련, 집단생활, 오락, 식사 서비스, 목욕 서비스 등을 시설에서 제공하는 것.

*리버럴 아트 칼리지 대학의 일반교양과정(학사)을 말함. 인문과학, 자연과학, 사회과학을 포괄하는 분야를 가리킨다. 미국의 리버럴 아트 칼리지는 기초적인 교양과 사고방식을 기르는 데 중점을 두고 있는 점에서 전문 학과나 직업과정 등과 대비된다.

*커뮤니티 칼리지 미국에서는 공립 2년제 대학을 가리킨다. 커뮤니티 칼리지에서 교양과목을 취득하고 나서 4년제 대학 편입을 목표로 하는 학생도 많다.

*줄리어드음대 1905년 유럽에서 저명한 음악가를 모아 설립한 음악예술연구소와 1924년에 오거스터스 줄리어드의 유산으로 설립한 음악가가 무료로 배울 수 있는 대학원을 1926년에 합병한 뉴욕의 사립대학교. 음악부문, 무용부문, 연극부문으로 구성된다.

*카티야르(1935년~) 사르바기야 싱 카티야르. 생화학과 유전공학 분야에서 세계적으로 저명한 인도의 과학자. 인도 아그라대학교에서 공부하고 이학박사학위를 취득. 찬드라세카르아자드농산공과대학교 부총장, 차트라파티 사바지 마하라지대학교 부총장 등을 역임. 인도과학자회의연맹 회장으로도 활약.

*사도브니치(1939년~) 빅토르 안토노비치 사도브니치. 러시아의 과학자, 교육자. 기계와 수학의 기능이론, 기능분석학 분야에서 세계적 연구가. 소련 붕괴 후 총장으로 모스크바대학교의 교육수준을 유지하고, 재정 회복에 진력했다. 이케다 SGI 회장과 《새로운 인류를 새로운 세계를》, 《배움은 빛 문명과 교육의 미래를 말하다》, 《내일의 세계 교육의 사명》의 대담집 3권을 간행.

*《침묵은 잘못이다》 Lucinda Roy. No Right to Remain Silent: The Tragedy at Virginia Tech (Harmony)

*퍼그워시회의 모든 핵무기와 모든 전쟁 폐기를 호소하는 과학자의 국제회의.

1955년 당시의 세계 일류 과학자 11명이 핵무기 폐기와 과학기술의 평화적 이용을 주장하는 '러셀·아인슈타인 선언'을 발표했다. 이 선언을 받아 1957년에 캐나다 퍼그워시에서 제1회 회의가 열렸는데 그 뒤 핵군축, 전쟁 근절와 각국의 신뢰관계 양성을 목적으로 한 국제조직이 되었다.

*로트블랫(1908~2005년) 조지프 로트블랫. 폴란드 태생의 영국 물리학자, 평화운동가. 미국의 맨해튼계획(원폭개발)에 참여하지만 이탈. 제2차 세계대전 후는 핵군축을 호소하는 과학자의 국제조직 '퍼그워시회의' 창설에 참여하여 사무국장, 회장, 명예회장을 지냈다. 1995년 이 회의와 함께 노벨평화상을 수상. 이케다 SGI 회장과 대담집 《지구평화를 향한 탐구》를 발간했다.

*히포크라테스 선서 의사의 윤리와 임무 등에 관한 그리스 신에 대한 선서문. 예나 지금이나 의사가 갖춰야 할 도덕적 최고 지침으로 여겨진다. '의학의 아버지'라 일컫는 고대 그리스의 의사 히포크라테스(기원전 460년경~기원전 375년경), 혹은 그가 속한 코스파 의사집단이 만들었다고 했는데 현재는 그보다 나중 시대에 성립했다고 고찰된다.

*조지 산타야나(1863~1952년) 스페인 출신의 미국 철학자, 시인, 소설가. 마드리드에서 태어나 미국에서 교육을 받은 뒤 하버드대학교 교수 등을 지냈다. 1912년 이후 유럽으로 돌아와 로마에서 사망. 《미의식론》, 《이성의 생명》, 소설 《최후의 청교도》 외 저서 다수.

*초자연주의 철학, 종교학 등에서 이성으로는 설명할 수 없는 현상의 존재를 인정하고 이를 초자연적 힘이나 신의 계시, 기적 등으로 해석하려는 관점.

*풀브라이트(장학금) 연구자 1946년, 미국의 상원의원 제임스 윌리엄 풀브라이트가 '세계 각국의 상호이해를 높일 목적'으로 발안한 계획에 입각하여 국제교환 프로그램과 장학금 제도를 설립했다. 이 프로그램에 따라 연구자를 풀브라이트 연구자라 부른다.

*에라스무스 프로그램 EU 가맹국의 각종 인재양성계획. 과학, 기술분야의 인물교류협력계획 중 하나. 대학 간 교류협정 등에 따른 공동교육프로그램을 거듭함으로써 유럽의 대학 간 네트워크를 구축하고 EU 가맹국 간 학생 유동을 높이려는 계획. 1995년 이후는 교육분야의 더욱 폭넓은 프로그램인 소크라테스 프로그램의 일부로 자리매김했다.

*소크라테스 프로그램** 에라스무스 프로그램과 기타 다수의 동종 계획은 1994년에 EU가 책정한 소크라테스 프로그램으로 통합되었다. 이 프로그램은 1999년 말에 끝나고 2000년 1월 24일부터 소크라테스 프로그램Ⅱ가 되었다. 그리고 2007년 1월 1일부터 EU 평생학습프로그램(2007~2013년)으로 통합되었다.

토지공여대학(랜드 그랜트 유니버시티) 모릴 토지 허여(許與)법(1862년 제정)에 따라 설립된 미국의 대학. 이 법은 이과계열 고등교육기관을 설치하기 위해서 연방정부의 땅을 주(州)정부에 공여하기로 정한 법안.

〈US뉴스〉 리포트 〈US뉴스&월드 리포트(U. S. News and World Report)〉는 미국의 3대 뉴스 주간지 중 하나. 1980년대에 이 잡지가 싣기 시작한 대학 순위가 최초의 고등교육 순위가 된다. 이 잡지의 2014년도 리포트에서 미국소카대학교는 전미 리버럴 아트 칼리지 중에서 종합 41위, '베스트 벨류(best value) 스쿨부문'에서 5위에 오른다.

윌리엄 블레이크(1757~1827년) 윌리엄 블레이크. 영국의 화가, 시인, 동판화 장인. 어릴 때부터 그림에 소질을 보여 미술학교에서 다니며 조각가에 입문했다. 만년은 단테에게 심취하여 《신곡》의 삽화를 병상에서 그렸으나 미완성으로 끝난다. 시인으로서는 시집 《순수와 경험의 노래》가 유명.

세계인권선언 1948년 12월 10일, 유엔총회에서 채택된 모든 인민과 모든 국민이 달성해야 할 기본적 인권에 관한 선언. 이 선언은 그 뒤 유엔에서 채택된 각종 인권조약의 기초가 되었다. 1950년 열린 유엔총회에서는 12월 10일을 '세계인권의 날'로 정하고, 세계 각지에서 기념행사를 하기로 결의했다.

우려하는 과학자동맹 1969년에 설립된 10만 명 이상의 시민과 과학자들로 이루어진 국제적인 비영리단체. 환경, 원자력발전, 유전자 조작 등 분야에서 과학적인 분석과 정보공개를 활동의 중심으로 한다.

【제3장】

제임스 토머스 패럴(1904~1979년) 미국의 소설가, 비평가. 경제적인 기회의 평등을 전제로 하는 미국 사회의 기만성을 비판하여 1930년대 미국 문학의 대표적인 존재가 되었다. 저서에 《스터즈 로니건》 등 다수가 있다.

*파시즘 제1차 세계대전 뒤 이탈리아의 파시스트당이 내세운 전체주의적·배외적 정치이념, 또는 그 정치체제. 자유주의를 부정하고 일당독재를 통한 전제주의·국수주의를 취하여 지도자에 대한 절대복종과 반대자에 대한 탄압 등을 특색으로 했다.

*스탈린주의 비밀경찰 등의 강제력을 배경으로 독재정치를 펼친 소비에트연방의 지도자 스탈린(1879~1953년)의 사상과 스탈린이 시행한 정치·경제체제의 총칭. 구체적으로는 1929년부터 1953년에 걸쳐 형성된 독재체제를 가리킨다.

*새뮤얼 테일러 콜리지(1772~1834년) 영국의 시인, 비평가, 사상가. 윌리엄 워즈워스와 공동시집 《서정가요집》을 간행하여 낭만주의운동의 선구자가 되었다. 산문도 높은 평가를 받았으며 저서에 《문학적 자전》 등이 있다.

*장카이위안(章開沅: 1926년~) 중국의 역사학자, 화중사범대학교 전(前)총장. 중국근대사, 특히 신해혁명 연구의 제일인자. 저서에 《신해혁명사》, 《무창봉기》 등 다수가 있다. 이케다 SGI 회장과 대담집 《인간승리의 춘추》(제삼문명사 간행)를 펴냈다.

*타오싱즈(陶行知: 1891~1946년) 중국의 사회교육가. 미국에 유학하여 듀이에게 가르침을 받았다. 귀국 후 프래그머티즘의 교육학설을 중국에서 실천하고 농촌사범학교와 유치원을 창설하는 등 진보적인 사회교육운동을 전개했다. 국민당 정부의 박해를 받아 일본으로 망명한 뒤 항일구국을 호소하며 활동했다.

*전질변화(全質變化) 기독교 신학에서 나온 개념으로 성찬(聖餐)의 빵과 포도주를 그리스도의 피와 살로 변화시키는 것.

*휘트먼(1819~1892년) 월트 휘트먼. 미국의 시인. 식자공(植字工), 신문기자 등을 지내면서 시작(詩作) 등의 문필활동에 힘썼다. 시집 《풀잎》의 증보·개정을 생애 지속했다. 자유로운 형식으로 인간찬가를 노래하여 미국의 사상과 문학에 큰 영향을 주었다.

*바이츠제커(1920~2015년) 리하르트 폰 바이츠제커. 서베를린 시장을 거쳐 1984년에 서독 제8대 대통령에 취임했다. 재선한 뒤 1990년에 독일 재통일을 맞아 통일독일의 초대 대통령이 되었다. '독일의 양심'이라 불리며 평화를 목표로 탁월한 리더십을 발휘했다. 독일패전 40주년 의회연설은 명연설로 유명하다.

*고르바초프(1931년~) 미하일 세르게예비치 고르바초프. 옛 소비에트연방의

초대 대통령(재임: 1990~1991년). 1985년에 공산당 서기장에 취임하여 페레스트로이카(개혁)와 글라스노스트(정보공개)를 추진하고 냉전을 종결하기 위해 힘썼다. 소련 해체와 함께 대통령을 사임했다. 1990년에 노벨평화상을 받았으며 이케다 SGI 회장과 대담집 《20세기 정신의 교훈》을 발간했다.

*로그노프(1926년~)　아나톨리 알렉세예비치 로그노프. 러시아의 물리학자. 모스크바대학교 총장(1977~1992년), 국립고에너지물리연구소 소장 등을 역임했다. 이케다 SGI 회장과 대담집 《제3의 무지개 다리》, 《과학과 종교》를 발간했다.

*철의 장막(帳幕)　제2차 세계대전 뒤 세계를 둘로 나눈 '동서냉전(자본주의·자유주의 진영과 공산주의·사회주의 진영의 대립)'의 긴장상태를 표현한 말. 1946년, 영국 총리 처칠이 미국 웨스트민스터대학교에서 연설하면서 언급하여 유명해졌다.

*베를린장벽　1961년에 건설되어 베를린시를 동서로 갈라놓은 벽. 동서냉전의 상징. 제2차 세계대전 뒤 독일은 자본주의 서독과 공산주의 동독으로 분단되고, 동독 내에 있는 베를린시 자체도 동서 양 진영으로 분할되었다. 동독 정부는 서베를린으로 시민들이 도망치는 것을 막기 위해 벽을 건설했지만, 1989년 11월 동유럽 국가들의 민주화 물결 속에서 동서의 통행이 사실상 가능해졌고 벽도 민중의 손으로 붕괴되었다.

*아타이드(1898~1993년)　아우스트레제실로 드 아타이드. 브라질의 문학자, 언론인. 브라질문학아카데미 총재(재임: 1959~1993년). 리우데자네이루연방대학교를 졸업한 뒤 신문기자로 활약했다. 파시즘이 대두한 1930년대에 권력의 언론탄압으로 체포와 투옥을 경험했다. 1948년, 세계인권선언 초안 작성에 브라질 대표로 참여하여 중요한 역할을 했다. 이케다 SGI 회장과 대담집 《21세기의 인권을 말한다》를 발간했다.

*북아일랜드분쟁　1922년, 아일랜드섬 32개주 가운데 26개주가 아일랜드자유국(훗날 공화국으로 독립)을 수립하여 북부 6개주가 영국(연합왕국) 영토로 남았다. 북아일랜드에서는 가톨릭과 프로테스탄트, 영국과의 연합유지파와 독립파가 복잡하게 대립했다. 여러 사병조직과 영국 육군, 북아일랜드 경찰 사이에 항쟁이 이어져 수많은 테러희생자를 냈지만, 1998년에 벨파스트협정이 성립되어 평화가 진전되었다.

°조지 미첼(1933년~) 　조지 존 미첼 주니어. 미국의 정치가. 미국의 중동 특사. 벨파스트퀸스대학교 전 총장. 연방상원의원(1980~1995년) 임기를 마치고 북아일랜드 특사로서 북아일랜드분쟁의 평화과정에서 활약했다. 끈기 있는 대화로 모든 당이 참여한 평화교섭을 이끌어 '벨파스트협정'(1998년)을 성사시키는 데 중요한 역할을 했다.

°베티 윌리엄스(1943년~) 　베티 윌리엄스. 북아일랜드의 평화활동가. '세계아동자애센터' 창설자. 1976년, 어린 아이들이 희생된 사건을 계기로 북아일랜드분쟁의 종결을 호소하고, 여성들의 '평화대행진' 등을 벌여 여론을 환기했다. 풀뿌리 평화운동이 높은 평가를 받아 1976년에 노벨평화상을 수상했다.

°항일운동 　일본의 침략에 대한 중국민중의 저항운동. 1915년, 일본이 중국에 강요한 '21개조 요구' 이후 배일운동이 격화되고, 1937년에는 항일민족통일전선이 결성되었다.

°루거우차오사건 　중일전쟁의 발단이 된 사건. 1937년 7월 7일 밤, 베이징 서남쪽의 융딩강(永定河) 위에 세운 루거우교 부근에서 여러 발의 총성이 울렸다. 야간훈련을 하던 일본군은 이것을 중국군이 저지른 불법행위로 간주하고 다음날 8일 이른 아침, 중국군에 대한 공격을 시작했다. 일시적으로는 정전협정이 이루어졌지만, 일본정부의 파병결정에 따라 다시 충돌하여 중일 양국은 전면전쟁에 돌입했다.

°두 일본인 사업가 　오노 에이지로(당시 일본흥업은행 부총재)와 사업가 시부사와 에이치가 초빙했다.

°5·4운동 　1919년 5월 4일에 중화민국 베이징에서 시작된 반일운동. 이해 1월, 제1차 세계대전이 종결됨에 따라 파리강화회의가 개최되어 베르사유조약을 통해 일본이 독일로부터 빼앗은 산둥성의 권익이 국제적으로 인정되었다. 이에 항의하여 학생시위, 노동자 동맹파업이 전국으로 넓혀졌다.

°후스(1891~1962년) 　중국의 학자, 사상가. 미국에 유학하여 듀이에게 프래그머티즘을 배웠다. 귀국한 뒤 베이징대학교 교수, 총장에 취임했다. 난해한 문어(文語)를 지양하는 백화운동(白話運動, 언문일치운동)을 제창했다. 사상적으로는 사회주의와 마르크스·레닌주의를 비판하고, 중국 내전에서 공산당이 승리하자 미국으로 망명했다. 그 뒤 타이완으로 이주했다.

*무위(無爲) 인위를 가하지 않은 자연 그대로의 존재라는 것.

*구밍위안(顧明遠: 1929년~) 중국교육학회 회장, 베이징사범대학교 교육관리학원 명예원장. 지금까지 '전국우수교사'로 뽑힌 것 외에 베이징시 '인민교사' 칭호, 홍콩교육학원 명예박사 등의 칭호를 받았다. 저서에 《비교교육학》, 《교육전통과 변혁》, 《중국교육의 문화적 기반》 등 다수가 있다. 이케다 SGI 회장과 대담집 《평화의 가교 인간교육을 말한다》를 발간했다.

*마오쩌둥(1893~1976년) 중국의 정치가. 후난성 샹탄현 출생. 중국 공산당 지도자로서 항일전과 내전에서 승리를 거두었다. 1949년, 중화인민공화국을 건국함과 동시에 정부주석으로 선출되었다. 또 1954년, 국가주석에 취임하여 신중국의 건설을 지도했다.

*《논어》 중국의 사상서. 《맹자》, 《대학》, 《중용》 등 유교의 기본문헌 '사서(四書)'의 하나. 고대 중국 춘추시대의 사상가이자 유교의 시조인 공자(B.C. 551~B.C479)의 언행이나 제자들과 나눈 문답 등 총 20편으로 구성되어 있다. 공자가 죽은 뒤 한대(漢代) 무렵까지 지금과 같은 형태로 편찬되었다.

*클라크(1826~1886년) 윌리엄 스미스 클라크. 미국의 교육자. 매사추세츠농과대학교(지금의 매사추세츠대학교 애머스트캠퍼스) 총장을 지내고 1876년, 삿포로농학교 초대 교장으로 부임한 뒤 이듬해 귀국했다. 'Boys be ambitious(소년이여, 큰 뜻을 품어라)'라는 말을 한 것으로 유명하다. 일본의 청년들에게 큰 영향을 주었다.

*프런티어 국경, 변경이라는 뜻. 특히 17세기 이후 북아메리카의 개척지와 미개척지의 경계선(프런티어 라인) 지대를 가리킨다. 유럽인의 미국 이주는 동해안에서 시작되었는데, 선교사와 사냥꾼, 농민 등이 미개척지를 향해 이주하여 경계선은 급속히 서쪽으로 이동했다.

*메뉴인(1916~1999년) 예후디 메뉴인. 세계적인 바이올린 연주자, 지휘자. 유태계 러시아인으로 태어나 일곱 살 때 독주자로 데뷔했다. 그 뒤 유명한 교향악단과 공연하고 음악학교를 설립하는 등 음악계에 큰 공적을 남겼다.

*데이비드 리스먼(1909~2002년) 미국의 사회학자, 변호사. 하버드대학교 법학부 졸업. 시카고대학교 교수, 하버드대학교 교수를 지냈다. 1920년대 이후의 미국 사회와 사람들의 생활변화를 명석하게 분석했다. 저서에 《고독한 군중》, 《개

인주의의 재검토〉,《현대문명론》,《군중의 얼굴》 등이 있다.

*수방비니(隨方毘尼)   불교의 계율 중 하나. 불교의 본의(本義)에 어긋나지 않는 한 그 토지와 지역에 전해지는 풍속·관습이나 시대의 풍습 등에 따라도 좋다는 가르침. 수방은 수방수시(隨方隨時)라고도 하며 시대와 지역의 풍습에 따르는 것. 비니는 계율을 뜻한다.

*아마르티아 센(1933년~)   인도의 경제학자. 캘커타대학교를 졸업한 뒤 영국 케임브리지대학교에서 박사학위를 받았다. 하버드대학교 교수, 케임브리지대학교 트리니티 칼리지 학장 외에 미국경제학회 회장 등을 역임했다. 유엔대학세계개발경제연구소를 설립하는 데도 힘썼다. 빈곤의 극복을 경제학의 목적으로 삼았고, 소득분배의 불평등과 빈곤에 관한 이론으로 1998년에 노벨경제학상을 받았다.

*대니얼 벨(1919~2011년)   미국의 사회학자. 뉴욕시립대학교를 졸업하고 컬럼비아대학교 대학원에서 사회학 박사학위를 받았다. 컬럼비아대학교 교수, 하버드대학교 교수를 거쳐 하버드대학교 명예교수가 되었다. 저서《이데올로기의 종언》과《탈공업사회의 도래》에서 현대사회의 본질을 날카롭게 파헤쳤다.

*마틴 루서 킹(1929~1968년)   마틴 루서 킹 주니어. 미국 공민권운동의 지도자. 간디의 사상 등에 영향을 받아 인종차별 철폐를 위한 비폭력운동을 추진했다. 1964년, 노벨평화상 수상. 1968년에 암살당했다.

【제4장】

*C. P. 스노(1905~1980년)   찰스 퍼시 스노. 영국의 물리학자, 소설가. 케임브리지대학교 크라이스트 칼리지 특별연구원, 영국 정부와 대기업 등의 요직을 역임했다. 과학과 문화의 관계에 관해 제언한 강연《두 문화와 과학혁명》은 폭넓은 논의를 불러 일으켰다. 저서에《인간 이 다양한 존재》,《타인과 동포》 시리즈 등 다수가 있다.

*프랜시스 베이컨(1561~1626년)   영국의 철학자, 정치가. 국회의원과 대법관 등을 역임하고 퇴임한 뒤에는 저술에 전념. 귀납법에 따른 과학적 방법론을 주장해 데카르트와 나란히 근대 합리주의 철학의 창시자라 한다. 저서에《신 오르가논

신기관(新機關)》,《학문의 진보》,《베이컨수상록》등이 있다.

＊오귀스트 콩트(1798~1857년)　　프랑스의 사상가. 사회학의 창시자. '사회학의 아버지'라 부른다. 프랑스혁명의 뒤의 혼란에 질서를 확립하고자 발전의 '3단계 법칙'을 제창하고, 실증적 연구를 추진했다. 저서에《실증철학강의》등이 있다.

＊산업혁명(産業革命)　　18세기 중반부터 19세기에 걸쳐 영국에서 시작되어 유럽 각국을 비롯해 전 세계로 확산된 산업, 경제, 사회의 대혁명. 기술혁신에 따라 공장제 기계공학이 도입되어 제품의 대량생산이 가능해진 데서 사회구조가 변화하고 근대 자본주의 경제가 확립되었다.

＊맨해튼계획　　제2차 세계대전 중 미국에서 원자폭탄의 개발과 제조를 위해서 망명한 유대인을 중심으로 한 과학자와 기술자를 총동원한 국가계획.

＊하이데거(1889~1976년)　　마르틴 하이데거. 독일의 철학자. 현상학을 제창한 후설에게 사사(師事)하고 현상학의 수법을 이용해 존재론을 전개. 야스퍼스와 함께 훗날 실존주의 등에 많은 영향을 끼쳤다. 1933년 프라이부르크대학교의 총장 취임과 때를 같이하여 나치스에 입당. 이듬해 총장을 사임. 저서에《존재와 시간》,《형이상학입문》등이 있다.

＊호르크하이머(1895~1973년)　　막스 호르크하이머. 독일의 철학자, 사회학자. 프랑크푸르트학파의 지도자. 프랑크푸르트대학교의 사회연구소 소장에 취임하지만 나치스 정권하에 미국으로 망명. 제2차 세계대전 후인 1949년에 귀국하여 이 대학 총장도 지냈다. 마르크스주의를 실천적으로 펼쳐 '비판이론'을 제창. 사회와 문화를 비판했다. 저서에《계몽의 변증법》(공저),《이성의 상실》등이 있다.

＊야스퍼스(1883~1969년)　　칼 데오도르 야스퍼스. 독일의 철학자, 정신과 의사. 개인의 주체성과 현실을 중시한 실존주의 철학자 중 한 사람. 아내가 유대인계라는 이유로 나치스의 박해를 받아 하이델베르크대학교 교수직에서 쫓겨났다가 전쟁이 끝난 뒤 복직. 나중에 스위스 바젤대학교의 교수를 지냈다. 저서에《철학》,《현대의 정신적 상황》등이 있다.

＊F. C. S. 실러(1864~1937년)　　페르디난드 캐닝 스콧 실러. 영국의 철학자. 독일 태생. 옥스퍼드대학교에서 공부하고 동 대학에서 가르쳤다. 윌리엄 제임스의 영향을 받아 영국에서 프래그머티즘(실용주의)의 창시자라 일컫는다. 저서에《휴머니즘 연구》,《신앙의 문제》등이 있다.

*군산학(軍産學) 복합체　　제1차 세계대전 이후 세계 각국에서 보인 군부(군인), 산업(산업계), 연구기관(학자)의 3자가 형성하는 정치, 군사, 경제세력의 연합체를 말함. 제2차 세계대전이 일어나기 전 일본에서도 해군을 중심으로 조선업계와 대학이 긴밀한 관계를 구축한 뒤 군사력 강화를 비롯해 학술, 기술수준의 향상과 생산시스템 확립 등의 산업구조 강화를 추진했다고 한다.

*데카르트(1596~1650년)　　르네 데카르트. 프랑스 태생의 철학자, 자연철학자, 수학자. 《방법서설》을 써서 이성에 바탕을 둔 진리 탐구의 길을 확립하여 근대철학의 아버지라 일컫는다. 형이상학, 자연철학, 수학 등의 연구에 전념해 평면좌표와 수식 표기법도 고안했다. 독일, 네덜란드 등에서 활약한 뒤 스웨덴 왕실의 초대를 받고 스웨덴에서 병사(病死).

*워즈워스(1770~1850년)　　윌리엄 워즈워스. 영국의 낭만파 시인. 고전주의를 벗어난 뛰어난 서정시를 집필. 1843년 계관시인이 된다. 작품에 시인 콜리지와 공저인 《서정시집》 외에 《서곡》, 《소요(逍遙)》 등이 있다.

*용녀(龍女)　　용궁에 산다고 여겨지는 사갈라용왕의 딸로 뱀의 몸을 가진 축생. 법화경 회좌에 열석하여 성불의 상(相)을 나타냈다. 여인과 축생의 성불이 법화경 제바달다품 제12에서 설해지는 용녀의 성불로 인해 비로소 밝혀졌다.

*이승(二乘)　　생명 경애를 열 종류로 나눈 십계(十界) 중 성문과 연각의 두 종류의 경애를 말함. 성문은 부처의 가르침을 듣고 수행에 힘쓰는 사람이고, 연각은 자신의 지혜로 부분적인 깨달음을 얻는 사람.

*제바달다(提婆達多)　　석존을 박해한 악비구(惡比丘). 석존의 사촌이라 일컫는다. 석존이 출가 성도하자 제자가 되지만 어릴 때부터 석존에게 반항한 제바달다는 대중 앞에서 석존에게 교만한 마음을 질책받자 원망을 품고 퇴전했다. 교단을 분열시키고 석존을 살해하려 꾀하며 비구니를 때려죽이는 등 삼역죄(파화합승, 출불신혈, 살아라한)를 저질렀다. 땅이 갈라져 산 채로 아비지옥에 떨어졌다고 한다. 법화경 제바달다품 제12에는 과거세의 모습이 석존이 수행할 때 스승이었음이 밝혀져 천왕여래(天王如來)로 미래의 성불을 약속받음으로써 악인성불(惡人成佛)의 법리를 나타낸다.

*스티븐. C. 록펠러(1936년~)　　스티븐 클라크 록펠러 미국 미들베리대학교 명예교수. 각국 정부와 NGO가 협력해서 지구시민으로서 행동규범을 정리한 '지구

헌장'의 기초위원회 의장을 지냈다. 듀이에 관한 저서로는《존 듀이 종교적 신앙과 민주적 휴머니즘》이 있다.

*쓰루미 슌스케(1922~2015년)　일본의 철학자, 평론가. 하버드대학교 철학과에서 공부하고 제2차 세계대전 후 일본의 언론계에서 중심적 인물로 활약. 일본에 미국의 프래그머티즘을 소개한 한 사람. 마루야마 마사오, 스루 시게토 등과 1946년 〈사상의 과학〉을 창간. 저서에《미국철학》,《전시기(戰時期) 일본의 정신사》,《전후 일본의 대중문화사》 등 다수.

*에마 골드만(1869~1940년)　사회활동가, 여성해방운동가. 리투아니아 태생. 미국에 건너간 뒤 산아제한운동과 반전(反戰) 활동 등을 하다 투옥되었다. 만년(晚年)에는 스페인 시민전쟁에서 공화파를 지원했다.

*엘렌 스타(1859~1940년)　엘렌 게이츠 스타. 미국의 사회사업가. 제인 애덤스와 공동으로 1889년에 헐 하우스를 설립. 사회사업가로 활동한 뒤 1894년 시카고시민예술학교를 설립해 교장을 지냈다. 만년(晚年)은 노동자의 권리확보와 문화, 예술 진흥을 위해 진력했다.

*토마스. R. 파웰(1880~1955년)　토마스 리드 파웰. 미국의 헌법학자, 정치학자. 컬럼비아대학교 교수, 하버드대학교 법과대학원에서 교수, 명예교수 등을 지내고 미국 법무장관 특별보좌관 등을 역임했다.

*르네 시머드(1935년~)　캐나다의 생물학자, 의학박사. 몬트리올대학교의 암연구소 소장과 총장을 지내고 캐나다의학연구평의회 의장 등을 역임. 저서에《캐나다 파괴인가 재생인가 교육, 과학, 기술향상의 케이스》 등 다수가 있다. 이케다 SGI 회장, 기 부르조 박사와 간담으로《건강과 인생 생로병사를 말하다》가 있다.

*갤브레이스(1908~2006년)　존 케네스 갤브레이스. 캐나다 출신의 미국 경제학자. 하버드대학교 교수, 미국경제학회 회장 등과 그밖에 루즈벨트 정권의 경제고문, 케네디 정권의 정책브레인을 맡았고 2미터가 넘는 큰 키와 어우러져 '경제학의 거인'이라 불렸다. 저서에《풍요로운 사회》,《불확실성의 시대》 등 많은 세계적 베스트셀러가 있다. 이케다 SGI 회장과 대담집《인간주의의 위대한 세기를 자기 인생을 장식하라》를 간행했다.

인용·참고문헌

인용문과 도서명 중 일부는 현대어로 고쳐 표기했다. 해외문헌 중 존 듀이 전집(서던일리노이대학교 출판부 발행) The Early Works of John Dewey, 1882-1898; The Middle Works of John Dewey, 1899-1924; The Later Works of John Dewey, 1925-1953. ed. Jo Ann Boydston(Southern Illinois University Press)은 각각 EW, MW, LW로 줄여서 표기하고, 권수를 기재했다.

【제1장】

(1) "민주주의는 대화에서…" 콜리스 라몬트 지음《듀이를 둘러싼 대화》나가노 요시오 외 옮김, 슌주사, 참조

(2) 제1차 세계대전 뒤에 듀이 박사 등이… 야마무로 신이치《헌법9조의 사상수맥》아사히신문출판, 쓰루미 슌스케《인류의 지적유산60 듀이》고단샤 등을 참조

(3) '듀이(Dewey)'라는 가문의 이름은 플라망어 이름인 '드 웨이(de Wei)'라는 말에서… 야마다 히데요《인간과 사상23 J. 듀이》시미즈서점, 참조

(4) "삶이라는 과정은…" 《논리학탐구의 이론》우오즈 이쿠오 옮김, 우에야마 슌페이 지음《세계의 명저48 퍼스 제임스 듀이》수록, 중앙공론사

(5) 동시대의 일본 지식인에게는… Public Opinion in Japan(MW13)

(6) 그 옛날 불꽃처럼 빛나던 빛은… 쓰루미 슌스케《인류의 지적유산60 듀이》고단샤

(7) "설령 손바닥만 한 '작은 땅'이라 해도…" 《마키구치 쓰네사부로 전집》제1권, 제삼문명사, 참조

(8) '물밑의 완만한 움직임' 《시련에 선 문명》후카세 모토히로 옮김, 사회사상사

(9) "역시 플라톤의 철학을…" / "그것은 진리를 발견하고자…" / 그것은 '대학교수의 원형으로 취급하는…' / "토리 교수는 본디 내성적이라…" From Absolutism to Experimentalism(LW5)

(10) 가장 완전한 의미에서 '경험'은… Creative Democracy: The Task Before

Us(LW14)

(11) "플라톤의 책은 전에도 없고…" / '플라톤 속에 살아 있는 소크라테스'　하야시 다케지 《젊고 아름다워진 소크라테스》 다바타서점

(12) "당신의 광대무변한 자비는 저를…"　《도다 조세이 전집》 제3권, 세이쿄신문사

(13) "한 사람이, 또는 한 집단이…"　기시모토 히데오 《공통신앙 듀이종교론》 슌주사

(14) "문명 속에서 우리가 소중히…"　A Common Faith(LW9)

(15) "인간은 고뇌 속에서도…"　Ethics(LW7)

(16) 교육의 목적은 '아이들의 행복'에… / '생명이 신장(伸長)하는 데 도움을…' / "자타 함께 개인과 전체의…"　《마키구치 쓰네사부로 전집》 제5권, 인용·참조

(17) 《철학 회복의 필요성》　The Need for a Recovery of Philosophy(MW10)

(18) "내 인생철학은 본질적으로는…"　조지 디쿠이젠(George Dykhuizen) 《존 듀이의 생애와 사상》 미우라 노리오·이시다 리 옮김, 시미즈코분도

(19) "총명하고 마음이 풍요로운 벗과…"　Ralph Waldo Emerson, The Conduct of Life(Ticknor and Fields)

(20) "제가 핵무기를 반대하는 자세를…"　《'생명의 세기'를 향한 탐구》, 《이케다 다이사쿠 전집》 제14권 수록, 세이쿄신문사

(21) "'나처럼 위대해져라' 이러한…"　《마키구치 쓰네사부로 전집》 제6권

(22) '서양 근대문화의 근본성격'에 대해서는…　문부성 편찬 《국체의 본의》 내각인쇄국

(23) "생활이 첫째다…"　《학교와 사회》 미야하라 세이치 옮김, 이와나미문고

(24) "생활법은 생활해봐야만…"　《마키구치 쓰네사부로 전집》 제10권

(25) "인종이 다른 사람들이나…"　《오늘날 세계의 민주주의와 교육》 미우라 노리오 옮김, 스기우라 히로시·다우라 다케오 편역 《인간의 문제》 수록, 메이지도서출판

(26) '권세의 자리에 있는 소수의 자'가…　《민주주의와 교육》 가네마루 히로유키 옮김, 다마가와대학출판부

(27) "새로운 시대에는 새로운 평화…"　What Kind of a World Are We Fighting to Create?(LW17)

(28) "만약 우리가 진심으로 세계평화의…"　The Collected Works of Mahatma Gandhi. Vol. 48(The Publications Division. Ministry of Information and Broadcasting. Government of India)

【제2장】

(1) "우리는 아이들 편에 서서…" / "그 목적은 (중략) 사회적인 역량과 통찰력을…" / "아이들은 활동하는 순간에…" / "학교는 아이들이 실제로 생활하는 장소이고…"　《학교와 사회, 어린이와 커리큘럼》 이치무라 다카히사 번역, 고단샤학술문고

(2) "교육을 받는 사람이 행복한 생활을…" / 많은 부모가 자녀를 아무 목적관도 없이… / "입학난, 입시 지옥, 취업난 등으로 천만 명이나 되는"　《마키구치 쓰네사부로 전집》5, 제삼문명사

(3) '우리가 두뇌와 소화기 양쪽을 갖춘 존재로서…'　Beliefs and Existences(MW3)

(4) "의학과 의술이 일취월장 발달하듯이…"　《마키구치 쓰네사부로 격언집》 쓰지 다케히사 펴냄, 제삼문명사, 취의

(5) 우리 인간은 개개인이 온갖 환경에서…　Viktor Frankl, Man's Search for Meaning(Beacon Press)

(6) '인격이 결정적으로 형성되는…'　《21세기를 여는 대화》(하) 세이쿄와이드문고

(7) "교과라 부르는 것은 산수, 역사, 지리…"　《경험과 교육》 이치무라 다카히사 번역, 고단샤학술문고

(8) "일본인의 두뇌는 대부분…"　《마키구치 쓰네사부로 전집》9

(9) '집단괴롭힘 방지는 범죄의 방지'라는 조사보고서…　"Bullying Prevention Is Crime Prevention"(Fight Crime: Invest in Kids,2003,http://www.fightcrime.org/)

(10) "악인의 적이 될 수 있는 용자(勇子)가 아니면…" / "소극적인 선량함에 안

주하지 않고 나아가 적극적으로…" / "교사는 자신이 존경의 대상이 되는 왕좌에서…" / "교육은 지식의 전수가 목적이 아니라…" 《마키구치 쓰네사부로 전집》 6

(11) "아이들을 존중해야 할 인격을 갖춘 존재로서…" '세이쿄신문' 1992년 6월 6일자

(12) "가장 훌륭하고 현명한 부모가 자기 자녀를 위해 원하는…" 《학교와 사회》 미야하라 세이치 번역, 이와나미문고

(13) "아이들은 자연히 가정 안에서…" '나가사키 평화포럼 2002'에서('세이쿄신문' 2002년 8월 7일자)

(14) "타인과 관계에 충실한 행위를 통해서…" Ethics(LW7)

(15) "본디 가장 편안한 장소여야 하는 가정이…" 제35회 '코스모스세미나'강연에서('세이쿄신문' 2010년 2월 27일자)

(16) 몇몇 자료… Mark Mather, "U.S. Children in Single-Mother Families" (Population Reference Bureau, 2010, http://www.prb.org)

(17) '전국 부성(父性) 이니셔티브'의 어느 조사… "Pop's Culture: A National Survey of Dads' Attitudes on Fathering"(National Fatherhood Initiative, 2006, http://www.fatherhood.org)

(18) "대학교육의 영속적이고 유의미한 귀결은…" / "학생은 대학에서 배움으로써 자신의 흥미를…" A Course: What Should I Expect from It? (EW3)

(19) 반드시 연구자가 동시에 교직자일 필요는… / "지적 직업의 훈련을 받은 모든 사람이…" 《21세기를 여는 대화》(상) 인용 참조

(20) "연계라든가 연대에 의한 활동은 어떤 공동체를…" / "가장 깊고 풍부한 의미에서 공동체는…" / "'얼굴과 얼굴을 맞댄 공동체'를 재구축…" The Public and Its Problems (LW2)

(21) 리버럴 아트 칼리지 졸업생은… Social Porces, December 2010

(22) "모든 위대한 것은 우리가 그것을…" 에커먼 《괴테와의 대화》. 번역문은 데즈카 토미오 《생기 넘치게 살아라 괴테에게 배운다》 고단샤, 를 따랐다.

(23) "현재 사회생활의 모든 양식과 관심에서…" / 그리고 '지리'와 '역사'라는 학문은… 《민주주의와 교육》(하) 마쓰노 야스오 번역, 이와나미문고, 인용 참조

(24) 듀이는 '지리와 역사는 모든 학과 중 가장 중요한…   Democracy and Education (MW9)

(25) 1993년 하버드대학교 강연   《이케다 다이사쿠 전집》2, 세이쿄신문사에 수록

(26) "세계를 이해하려고 사람이 향토를 떠나…" / 자신이 입고 있는 옷이나 몸에 걸치는 것이…   《마키구치 쓰네사부로 전집》1, 참조

(27) "한 알의 모래에서 세계을…"   《대역 블레이크 시집 영국시인선(4)》마쓰시마 쇼이치 펴냄 , 이와나미문고

(28) "교육의 목적은 사람들이 자신들의 교육을…"   《민주주의와 교육》(상), 마쓰노 야스오 번역, 이와나미문고

(29) "나는 교육이 사회진보와 사회개혁의…"   My Pedagogic Creed (EW3)

(30) '단지 학교교육이라는 의미뿐 아니라…' / "우리는 무한한 지성의…" / "지성이 지역적 공동사회를…"   《현대정치의 기초》아베 히토시 번역, 미스즈서방

(31) "최근에 나는 이런 기분이 든다. 다시 말해 민주주의의…"   Creative Democracy: The Task Before Us (LW14)

(32) "세상은 정치, 경제, 예술의 각 분야를 통해…"   《마키구치 쓰네사부로 전집》8

【제3장】

(1) "듀이의 재미있는 특징 중 하나는…"   콜리스 라몬트(Corliss Lamont) 지음 《듀이를 둘러싼 대화》나가노 요시오 외 옮김, 슌주사

(2) "언어는 말하는 사람뿐 아니라 듣는 사람이 있어야…"   Art as Experience(LW10)

(3) "어머나, 달걀장수 아니신가요!"   야마다 히데오《인간과 사상23 존 듀이》시미즈쇼인, 참조

(4) "뉴잉글랜드문화의 유산을 받아들이면서 내 마음에…" / "내가 생각할 때 언제까지나 철학이 유럽…"   From Absolutism to Experimentalism(LW5)

(5) "(직업을 위한 교육이 아닌) 직업을 통해…" / "철학은 교육의 일반이론이라고

까지…"　Democracy and Education(MW9)

(6) 교육자 타오싱즈(陶行知)가 듀이철학의 '교육즉생활'…　Zhang Kaiyuan and Wang Weijia, "Tao Xingzhi and the Emergence of Public Education in China" in Ethical visions of Education: Philosophies In Practice, ed. David T. Hansen(Teachers College Press)

(7) "모든 영위 중에서 커뮤니케이션만큼…" / "모든 영위 중에서 커뮤니케이션만큼 경이로운 것은 없다. 사물이…" / "왜냐하면 예술은 그 외의 사물을…" Experience and Nature(LW1)

(8) "행성은 태양계 안에서 운행된다" "인간의 정신도 다른 사람과의…" Ethics(LW7)

(9) "전체가 인연의 실로 하나로 엮여 있음에도 하나하나가…"　《풀잎》(하), 사카모토 마사유키 옮김, 이와나미문고

(10) "모든 악의 위협을 이겨내는 것은 '대화'를 통한…"　《21세기의 인권을 말한다》세이쿄와이드문고

(11) "정의를 확립하기 위해 아무리 시간이 걸린다 해도…"　제인 애덤스 《헐 하우스에서 20년》 재단법인 이치카와 후사에 기념회·누이다 세미나 옮김, 재단법인 이치카와 후사에 기념회 출판부

(12) "나는 애덤스에게 이렇게 물었소…" / "나는 휘트먼의 책을 깊이 읽으면서…" The Correspondence of John Dewey. Vol. 1. ed. Larry A. Hickman(CD-ROM, InteLex)

(13) 애덤스가 듀이에게 가르친 것은 아무것도 모른 채…　Marilyn Fischer, "Jane Addams's Critique of Capitalism as Patriarchal" in Feminist Interpretations of John Dewey, ed. Charlene H. Seigfried(Pennsylvania State University Press)

(14) '서로 공감하고 상대를 아는 것이야말로…'　Jane Addams, A New Conscience and an Ancient Evil(Macmillan)

(15) "공감은 자아를 초월하여 사고를 확장시켜…" / 애덤스는 적대(敵對)와 반목(反目)이 무익하고…　Ethics(LW7)

(16) "나는 사람들 사이에, 나라와 나라 사이에 존재하는 정의는…"　스기모리 나가코 《미국의 여성평화운동사》 도메스출판

461

(17) '독백은 어중간하고 불완전한 사고' The Public and Its Problems(LW2)

(18) 반성적 사고의 인물인 듀이가 머지않아… / "동양에서는 내면화된 사회통제(유기적인)…" / "듀이는 중국이 서양을…" Jessica Ching-Sze Wang, John Dewey in China: To Teach and to Learn(State University of New York Press)

(19) 듀이는 인간이 초자연적인 신을 믿지 않아도… As the Chinese Think(MW13) 및 Jessica Ching-Sze Wang, John Dewey in China: To Teach and to Learn

(20) '부귀하다고 교만하면' / '스스로 허물을 남긴다' 《노자》 하치야 구니오 역주, 이와나미문고

(21) "듀이 박사의 철학과 교육사상이 봉건주의와…" 《평화의 가교인간교육을 말한다》 동양철학연구소

(22) "민주주의를 위협하는 힘겨운 적과 맞서 싸워 이기려면…" / "민주주의가 해야 할 역할은 경험 자체가…" / '민주주의적인 삶은 인간성이 갖춰진…' / '인간성에 갖춰진 잠재능력을 믿는 것이 필요…' / 민주주의의 특징을 '계속 진화하려는 시도라고… Creative Democracy: The Task Before Us(LW14)

(23) "민주주의란 자유롭고 풍요롭게 교제하는 생활에…" 《현대정치의 기초》 아베 히토시 옮김, 미스즈서방

(24) "합중국의 진가를 빠짐없이 명확히 나타내는…" / "모든 진리는 모든 사물 속에서 대기하고 있다" / '나와 내 동료는 토론이나 비유나 압운(押韻)으로…' 《풀잎》(상), 스기키 다카시·나베시마 노리히로·사카모토 마사유키 옮김, 이와나미문고

(25) 휘트먼은 '민주주의는 단순한 통치형태나…' / '인간과 인간의 경험이 자연과 어떻게…' Maeterlinck's Philosophy of Life(MW6)

(26) 민주주의는 '가장 엄밀하고 가장 마음을 풍요롭게 하는 법칙'이고… / "민주주의의 진수에는 결국 종교적…" 《민주주의의 전망》 사도야 시게노부 옮김, 고단샤학술문고

(27) "시는 갖가지 현상에 관계될 때 종교가 된다" / "이상을 향해, 그 달성을 위해 장해와 맞서 싸우는…" A Common Faith(LW9)

(28) "내가 제시하는 것은 가치 그 자체이지…" 《풀잎》(중), 사카모토 마사유키

옮김, 이와나미문고

(29) "치열한 고투를 벌일 때도 늘 내 마음은…"　　Horace Traubel, With Walt Whitman in Camden, vol. 3, ed. Sculley Bradley(Mitchell Kennerley)

(30) "이리하여 예술은 생활 그 자체 속에…"　　The Live Creature and "Ethereal Things"(LW10)

(31) "장래의 문명결합점은 미국일 것"　　《마키구치 쓰네사부로 전집》제2권, 제삼문명사

(32) "일찍이 미국에 이주한 많은 사람은…"　　예후디 메뉴인, 커티스 데이비스(Curtis W. Davis)《메뉴인이 말하는 인간과 음악》벳쿠 사다노리 감역(監譯), 일본방송출판협회(참조부분은 네기시 슈쿄 옮김)

(33) "진정한 교육은 '과학 속에서 시'를, '수학 속에서…"　　히로나카 와카코(廣中和歌子) 편역《앞으로 세계는》소치사

(34) "민주주의는 인간이 지금까지 생각해낸 정치체제…"　　《21세기를 여는 대화》(중), 세이쿄와이드문고

(35) "이미 남의 생각을 따라가는 모방자에서 벗어난 여성들이…"　　Philosophy and Democracy(MW11)

(36) 지금 민주주의 국가로서 인도는…　　《논의를 좋아하는 인도인대화와 이단의 역사가 엮어내는 다문화 세계》사토 히로시·아와야 도시에 옮김, 아카시서점, 참조

(37) "중국 유교의 가르침은 서양식…"　　Daniel A. Bell, Beyond Liberal Democracy: Political Thinking for an East Asian Context(Princeton University Press)

(38) "강해져서 점점 선량한 사람을 박해하는 악인(惡人)에 비해 선인(善人)은…"　　《마키구치 쓰네사부로 전집》제6권

【제4장】

(1) "실증과학과 그 실용적인 동향은 위대한 시인에게는 …" / "아름다운 시 속에는 과학의 성과와 과학에 보내는…"　　《풀잎》(상), 사카모토 마사유키 번역, 이와

나미문고

(2) "과학과 기술은 현재 기본적인 의미에서는 …" / "우리는 컨트롤의 정점에 …" / '과학과 기술이 내포한 의미를 이해하면서…' / "이런 전망에 대한 가장 큰 장애는 …" / '자신들의 목적에 도움이 되기 위해 …' / "과학의 한계를 없애려면 과학의 이용방법을…" 우오즈 이쿠오 펴냄,《세계의 사상가 20 듀이》평범사

(3) "수량화, 기계화, 표준화 바로 이런 것들이 미국화(化)가 …" Individualism, Old and New(LW5)

(4) "표준화는 봉건적인 틀이 여전히 우리에게 압력을 …" Individuality, Equality and Superiority(MW13)

(5) "인간이 가진 기술이 인간의 이기주의나 사악함 등 …" / "새로운 문명을 낳고, 그것을 지탱해야 할…" 《21세기를 여는 대화》(하) 세이쿄와이드문고

(6) "휴머니즘은 인간의 생활이 그것에 의해 …" What Humanism Means to Me(LW5)

(7) "저는 인류를 파괴하는 것이 아니라 인류를 위해 공헌 …" 《지구평화를 향한 탐구》우시오출판사

(8) "테크놀로지는 모든 지적 기법을…" What I Believe(LW5)

(9) "나는 이것으로 세 번 강연을 했는데 그들은 인내심이 강한 …" 《미국 고전문고 22 미국인의 일본론》사에키 쇼이치 해설, 가사이 야리, 다키타 요시코 번역, 연구사출판

(10) '철학상 여러 문제에서 낡은 유형과 새로운 유형' / "지성은 단번에 손에 넣을 수 있는 것이 아니다 …" / "철학이 많은 문제에 관해 움직일 수 없는 반대물의 …" / "변화는 끊임없이 나아가고 있기에 중요한 것은 …" / "생명이 있으면 반드시 행동이 있고 활동이 있다…" / "개인이든 집단이든 혹은 고정적인 결과에 …" 《철학의 개조》시미즈 이쿠타로, 시미즈 레이코 번역, 이와나미문고

(11) "직관은 개념에 선행하고 또 개념보다도 깊은 …" Qualitative Thought(LW5)

(12) "상상력을 배제한 합리성만의 …" Art as Experience(LW10)

(13) '다종다양한 소원(所願)의 균형을 잡기 위한 실용적인 조화' Human Nature and Conduct(MW14)

(14) 철학자 윌리엄 제임스가 싫어한 것 …　오우라 다케시 펴냄《듀이 윤리, 사회, 교육 베이징대학교 철학강의》나가노 요시오 번역, 이즈카서방, 참조

(15) "우리는 자신이 정말 무엇을 원하는지 …"　Construction and Criticism(LW5)

(16) "제임스의 생물학적인 심리학연구법 덕분에 …"　From Absolutism to Experimentalism(LW5)

(17) "자연과 지식에 대한 철학을 2,000년 동안이나 …"　The Influence of Darwinism on Philosophy(MW4)

(18) "그들과 내가 마찬가지이고, 나도 …"　《붓다의 말》나카무라 하지메 번역, 이와나미문고

(19) "선도 악도 실체(實體)가 아닙니다. 공(空)이고 관계성에 의해 생깁니다 …"　《보급판 법화경의 지혜》(중) 세이쿄신문사

(20) "이 세상에는 선과 악의 혼합이 존재한다. 만약 조금이라도 …"　A Common Faith(LW9)

(21) "여러 가지 현상은 지나가는 것이다. 게을리 하지 말고 …"　《붓다 최후의 여행》나카무라 하지메 번역, 이와나미문고

(22) 듀이 박사는 '종교적인 것'을 종파나 계급 … / "(각 기성종교가 '이상을 실현하는 유일한 초자연적인 …" / "자연적인 지반 위에 현실에 실현될 수 있는…" / "많은 사람이 오늘날 존재하는 종교의 지적 내용…" / "그것(종교적 경험)은 현재 뿔뿔이 흩어져 있는 인간 …"　모시모토 히데오《공통신앙 듀이의 종교론》슌주사(일부 표기를 고쳤다)

(23) 종교의 본질적인 것에서 역사의 산물인 …　《한 역사가의 종교관》후카세 모토히로 번역, 사회사상사, 참조

(24) '조부모와 부모, 자식이 함께 살고 진정으로 …'　《21세기를 여는 대화》(상)

(25) 재구축된 기독교는 필시 '단순하고 자연스러운 형태로 … / '행동만이 진리를 받아들이고, 진리를 내 것으로 …'　Steven Rockefeller, John Dewey: Religious Faith and Democratic Humanism (Columbia University Press)

(26) 남성 철학자 중에는 여성과 아이들에게서 '전혀 영향을…　쓰루미 슌스케《인류의 지적유산 60 듀이》고단샤, 참조

(27) 그 책이 '인생 경험을 활용하여 공부 할 수 있게' 잘 ⋯   《쓰루미 슌스케 저
작집》3, 지쿠마서방

(28) 당시 컬럼비아대학교 대학원의 여학생인 ⋯   Democracy and
Education(MW9)

(29) "'자유'라든가 '자유의 존중'은 실은 각 개인이 하는 ⋯"   John T. McManis,
Ella Flagg Young and a Half-Century of the Chicago Public Schools (A.C.
McClurg)

(30) "여자는 남자를 겁먹게 만들 정도로 ⋯"   가게야마 레이코《존 듀이의 여성
교육관》스기우라 히로시 펴냄《현대 듀이사상의 재평가》수록, 세계사상사

(31) "힘든 공부를 끝까지 관철하는 학생은 대부분 ⋯"   《건강과 인생 생로병사
를 말하다》(상) 세이쿄와이드문고

(32) "청년은 하나하나 나타나는 악을 시정하기보다 ⋯"   The Correspondence
of John Dewey, vol. 2, ed. Larry A. Hickman (CD-ROM, InteLex)

(33) "만약 자식들이 불행한 사람들의 힘이 ⋯"   《인간주의의 위대한 세기를 자
기 인생을 장식하라》우시오출판사

(34) "자기에게 오는 청년들에게 ⋯"   Dialogue on John Dewey, ed. Corliss
Lamont (Horizon Press)

(35) '인간성은 바뀌는가'라는 챕터   가이 신이치 번역, 스기우라 히로시·다우라
다케오 편역,《인간의 문제》수록, 메이지도서출판

인간교육을 위한 새로운 흐름

초판 1쇄　2021년 7월 3일
초판 17쇄　2021년 7월 27일

지은이　이케다 다이사쿠 · 짐 개리슨 · 래리 히크먼
펴낸이　서정희
펴낸곳　매경출판㈜
책임편집　고원상 이현경
마케팅　강윤현 이진희 장하라
디자인　김보현

매경출판㈜
등록　2003년 4월 24일(No. 2-3759)
주소　(04557) 서울시 중구 충무로 2(필동1가) 매일경제 별관 2층 매경출판㈜
홈페이지　www.mkbook.co.kr
전화　02)2000-2632(기획편집)　02)2000-2636(마케팅)　02)2000-2606(구입 문의)
팩스　02)2000-2609　**이메일**　publish@mk.co.kr
인쇄 · 제본　㈜M-print　031)8071-0961
ISBN　979-11-6484-287-2(03190)